JN075339

※本書の内容は，2024年4月時点の情報に基づいています。実際の試験とは異なる場合があります。受験の際は，英検ウェブサイト等で最新情報をご確認ください。
※本書は，『DAILY25日間 英検準1級 集中ゼミ［6訂版］』の収録問題を，2024年度の問題一部リニューアルの試験形式に合わせて，問題追加・再編集したものです。

旺文社

はじめに

英検の一次試験まで，あと何日ですか？
一次試験突破のためには，試験本番までの学習計画をしっかり立てることが大事です。

本書は，26日間で英検準1級の一次試験突破を目指す問題集です。1日に取り組む範囲がきっちり決まっているので，学習計画が立てやすくなっています。模擬テストをのぞき，1日に必要な時間は30分程度。毎日の生活の中で，無理なく英検対策ができます。

みなさんが，この本を手に取った今日が「集中ゼミ」のスタートです。これから始まる26日間の学習のイメージができあがったら，早速，1日目の学習に取り組みましょう！

最後に，本書を刊行するにあたり，多大なご尽力をいただきました日本大学文理学部講師 島本慎一朗先生，日本獣医生命科学大学准教授 鴇﨑敏彦先生に深く感謝の意を表します。

旺　文　社

もくじ

基礎編

応用編

執　　筆：島本慎一朗（日本大学），
鴇﨑敏彦（日本獣医生命科学大学），
株式会社CoCo，Richard Knobbs
編 集 協 力：日本アイアール株式会社，鹿島由紀子，Jason A. Chau
装丁デザイン：内津 剛（及川真咲デザイン事務所）
本文デザイン：株式会社ME TIME（大貫としみ）
録　　音：ユニバ合同会社
ナレーション：Jack Merluzzi，Ryan Drees，Ann Slater，
Emma Howard，Julia Yermakov，大武芙由美

本書の構成と利用法

本書は，英検準1級の一次試験に合格するために必要な力を26日間で身につけられるように構成されています。

＼ 赤セルシートつき ／

暗記に使える赤セルシートがついています。ポイントとなる重要事項を覚えたり，解説中の訳や解答を隠して学習したりする際にお使いください。

1日目 ～ 10日目 基礎編

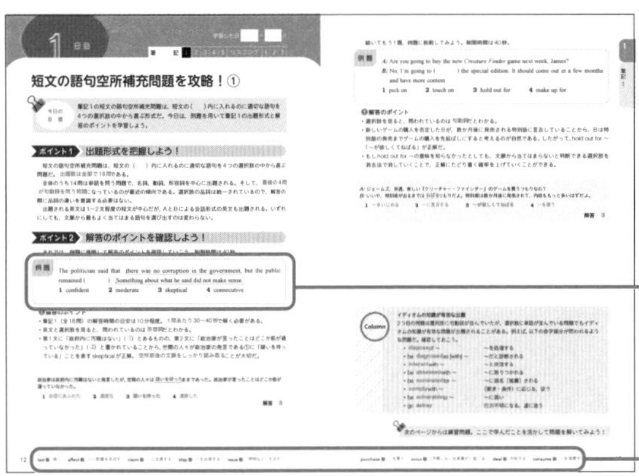

1日の学習は，問題形式ごとに解き方のポイントを解説するページと，そこで学んだことを実践する練習問題のページで構成されています。

例題

実際の試験と同じ形式の問題を使ってポイントを解説します。

よく出る単語

ページ下では，準1級合格に必須となる重要単語を紹介しています。

NOTES欄

重要表現などを取り上げています。自分でも問題の中のわからなかった単語などを調べて，自分だけのノートを作りましょう。

応用編

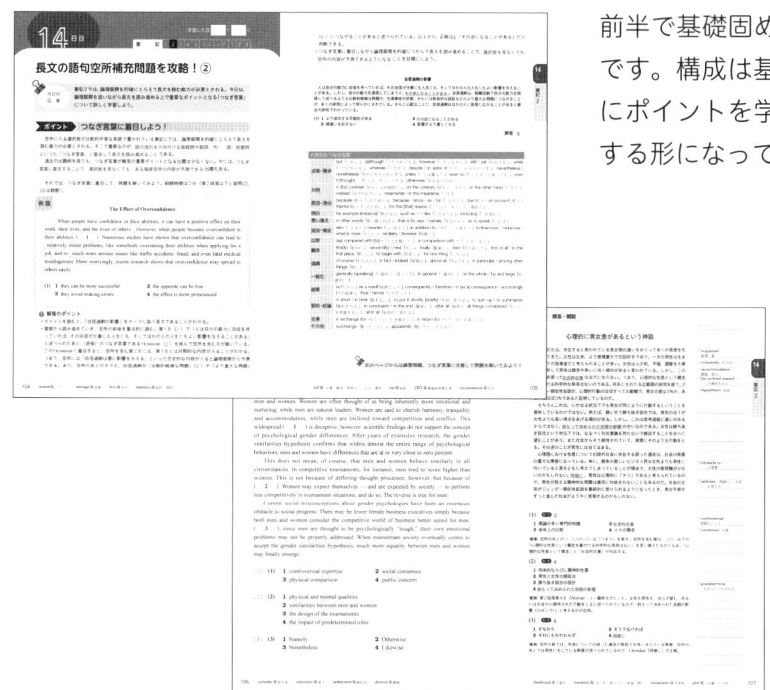

前半で基礎固めができたら，後半は応用編です。構成は基礎編と同様，問題形式ごとにポイントを学んだあと，練習問題で実践する形になっています。

実力完成模擬テスト

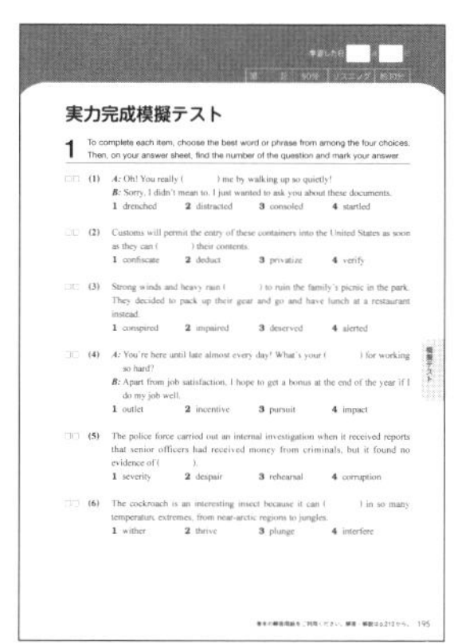

総まとめの模擬テストで，本番の一次試験と同じ所要時間（筆記90分・リスニング約30分）です。時間を計って解いてみましょう。

＼ 公式アプリ「学びの友」対応 ／
カンタンに自動採点ができ，自分の学習履歴を残すことができます。
詳しくはp.7をご覧ください。

※本書に掲載されている英文の内容は，最新の情報でないものや架空のものを含む場合があります。ご了承ください。

付属サービスについて

リスニングの音声を聞く

●収録内容

付属音声に対応した箇所は，本書では 🔊10 のように示してあります。

8日目	リスニング Part 1	例題・練習問題
9日目	リスニング Part 2	例題・練習問題
10日目	リスニング Part 3	例題・練習問題
21日目	リスニング Part 1	例題・練習問題
22日目	リスニング Part 1	例題・練習問題
23日目	リスニング Part 2	例題・練習問題
24日目	リスニング Part 2	例題・練習問題
25日目	リスニング Part 3	例題・練習問題
26日目	リスニング Part 3	例題・練習問題
	実力完成模擬テスト	リスニング Part 1～Part 3

公式アプリ「英語の友」（iOS/Android）で聞く

❶ 「英語の友」公式サイトより，アプリをインストール

https://eigonotomo.com/　　🔍 英語の友 検索

▶右の2次元コードからもアクセスできます。

❷ アプリ内のライブラリより本書を選び，「追加」ボタンをタップ

▶本アプリの機能の一部は有料ですが，本書の音声は無料でお聞きいただけます。
▶詳しいご利用方法は「英語の友」公式サイト，あるいはアプリ内ヘルプをご参照ください。
▶本サービスは予告なく終了することがあります。

パソコンに音声データ（MP3）をダウンロードして聞く

❶ 次のURLにアクセス

https://eiken.obunsha.co.jp/p1q/

❷ 本書を選択し，利用コードを入力してWeb特典サイトへ
利用コード： **pgkzes** （全て半角アルファベット小文字）

❸「音声データダウンロード」からファイルをダウンロードし，展開してからオーディオプレーヤーで再生
音声ファイルはzip形式にまとめられた形でダウンロードされます。展開後，デジタルオーディオプレーヤーなどで再生してください。

▶音声の再生にはMP3を再生できる機器などが必要です。
▶ご利用機器，音声再生ソフト等に関する技術的なご質問は，ハードメーカーまたはソフトメーカーにお願いいたします。
▶本サービスは予告なく終了することがあります。

「実力完成模擬テスト」をアプリで学習する

「実力完成模擬テスト」(p.195) を，公式アプリ「学びの友」でカンタンに自動採点することができます。(ライティングは自己採点です)

- 便利な自動採点機能で学習結果がすぐにわかる
- 学習履歴から間違えた問題を抽出して解き直しができる
- 学習記録カレンダーで自分のがんばりを可視化

❶「学びの友」公式サイトより，アプリをインストール

https://manatomo.obunsha.co.jp/　　学びの友 

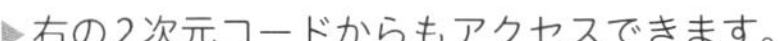

▶右の2次元コードからもアクセスできます。

❷ アプリを起動後，「旺文社まなびID」に会員登録
▶会員登録は無料です。

❸ アプリ内のライブラリより本書を選び，「追加」ボタンをタップ

▶アプリの動作環境については「学びの友」公式サイトをご参照ください。なお，本アプリは無料でご利用いただけます。
▶詳しいご利用方法は「学びの友」公式サイト，あるいはアプリ内ヘルプをご参照ください。
▶本サービスは予告なく終了することがあります。

英検準1級の問題を知ろう

26日間の学習を始める前に，英検準1級一次試験（筆記とリスニング）・二次試験（面接）の問題形式と特徴を把握しておきましょう。準1級のレベルの目安は「大学中級程度」です。下の説明とあわせて，実力完成模擬テスト（p.195～）で実際の問題形式を見てみましょう。
※面接は実力完成模擬テストには含まれません。

筆　記 (90分)

問　題	形　式	問題数	目標解答時　間
1	**短文の語句空所補充** 短文の空所に文脈に合う適切な語句を補う。動詞・名詞・形容詞・副詞から14問，句動詞から4問出題される。	18問	10分
2	**長文の語句空所補充** 約250語からなる長文の空所3つに，文脈に合う適切な語句を補う。長文は2つ出題される。	6問	15分
3	**長文の内容一致選択** 長文の内容に関する質問に答える。長文は2つあり，それぞれ約400語，500語からなる。最初の長文から3問，2つ目の長文から4問出題される。	7問	25分
4	**英文要約** 200語前後の英文を読み，60～70語の英語で要約する。段落ごとの要旨をおさえ，できるだけ自分の言葉を用いて簡潔にまとめる。	1問	20分
5	**英作文** 指定されたトピックについて，120～150語で英作文を書く。示された4つのポイントのうち2つを挙げながら，自分の意見を論理的に述べる。	1問	20分

➡ 筆記1の問題を見てみよう p.195～197
➡ 筆記2の問題を見てみよう p.198～199
➡ 筆記3の問題を見てみよう p.200～203
➡ 筆記4の問題を見てみよう p.204
➡ 筆記5の問題を見てみよう p.205

リスニング（約30分）

問題	形式	問題数	放送回数
Part 1	**会話の内容一致選択** 男女の会話を聞いたあと，その内容に関する質問に答える。	12問	1回

➡ リスニング Part 1の問題を見てみよう p.206～207

問題	形式	問題数	放送回数
Part 2	**文の内容一致選択** 約150語のパッセージ（文）を聞いたあと，その内容に関する質問に答える。パッセージは6つあり，それぞれのパッセージから2問出題される。	12問	1回

➡ リスニング Part 2の問題を見てみよう p.208～209

問題	形式	問題数	放送回数
Part 3	**Real-Life形式の内容一致選択** 問題冊子に印刷された Situation と Question を10秒間で読んだあと，約100語の Real-Life形式の放送（館内放送，留守番電話など）を聞き，適切な答えを選ぶ。	5問	1回

➡ リスニング Part 3の問題を見てみよう p.210～211

一次試験に合格したら

面　接（約8分）

問題	形式
自由会話	面接委員と簡単な日常会話を行う。
ナレーション	4コマのイラストについて1分間の考慮時間を与えられ，2分間でストーリーを説明する。
No.1	イラスト中の特定の人物に関連する質問に答える。
No.2～4	イラストのトピックに関連した内容，あるいは一般的な社会問題についての質問に対し，自分の意見を答える。

➡ 二次試験・面接の流れは p.248

英検について

英検®は，公益財団法人 日本英語検定協会が実施する国内最大規模の英語検定試験です。

英検（従来型）申し込み方法

個人受験の申し込み方法は次の3種類から選ぶことができます。

インターネット申し込み	英検ウェブサイトから直接申し込む。検定料は，クレジットカード，コンビニ，郵便局ATMのいずれかで支払う。
コンビニ申し込み	コンビニの情報端末機で必要な情報を入力し，「申込券」が出力されたら検定料をレジで支払う。
特約書店申し込み	全国の英検特約書店で願書を入手し，書店で検定料を支払う。「書店払込証書」と「願書」を英検協会へ郵送。

▶各申し込み方法の詳細については，英検ウェブサイトをご確認ください。また，申し込み方法は変更になる場合があります。

▶個人受験とは異なり，学校や塾などで申し込みをする「団体受験」もあります。詳しくは学校の先生・担当の方にお尋ねください。

英検S-CBT

英検S-CBTはコンピュータを使って受験する実施方式で，試験日程や申し込み方法などが従来型と異なります。詳しくは英検ウェブサイトをご確認ください。

※英検S-CBTの問題形式や難易度，級認定は従来型と同じです。

お問い合わせ先

公益財団法人 日本英語検定協会

英検ウェブサイト **www.eiken.or.jp**

英検サービスセンター　03-3266-8311　※平日9：30～17：00（土・日・祝日を除く）

※本書に掲載されている情報は2024年4月現在のものです。試験に関する情報は変更になる場合がありますので，受験の際は必ず英検ウェブサイトで最新の情報をご確認ください。

基礎編

基礎編にあたる前半10日間では，英検準1級一次試験の問題形式を1つずつ正確に把握し，押さえるべき基本のポイントを確認することを目標にします。1日ずつ確実に進め，自分が苦手なところはどこなのかを発見しましょう。

短文の語句空所補充問題を攻略！①

今日の目標

筆記1の短文の語句空所補充問題は，短文の（　　）内に入れるのに適切な語句を4つの選択肢の中から選ぶ形式だ。今日は，例題を用いて筆記1の出題形式と解答のポイントを学習しよう。

ポイント1　出題形式を把握しよう！

短文の語句空所補充問題は，短文の（　　）内に入れるのに適切な語句を4つの選択肢の中から選ぶ問題だ。**出題数は全部で18問**である。

全体のうち14問は単語を問う問題で，名詞，動詞，形容詞を中心に出題される。そして，**最後の4問が句動詞を問う問題**になっているのが最近の傾向である。選択肢の品詞は統一されているので，解答の際に品詞の違いを意識する必要はない。

出題される英文は1～2文程度の短文が中心だが，AとBによる会話形式の英文も出題される。いずれにしても，文脈から最も よく当てはまる語句を選び出すのは変わらない。

ポイント2　解答のポイントを確認しよう！

それでは，例題に挑戦して解答のポイントを確認していこう。制限時間は40秒。

例題

The politician said that ①there was no corruption in the government, but the public remained (　　　). ②Something about what he said did not make sense.

1 confident　**2** moderate　**3** skeptical　**4** consecutive

解答のポイント

- 筆記1（全18問）の解答時間の目安は10分程度。**1問あたり30～40秒**で解く必要がある。
- 英文と選択肢を見ると，問われているのは**形容詞**だとわかる。
- 第1文に「政府内に汚職はない」（①）とあるものの，第2文に「政治家が言ったことはどこか筋が通っていなかった」（②）と書かれていることから，世間の人々が政治家の発言である①に「疑いを持っている」ことを表すskepticalが正解。**空所前後の文脈をしっかり読み取る**ことが大切だ。

政治家は政府内に汚職はないと発言したが，世間の人々は疑いを持ったままであった。政治家が言ったことはどこか筋が通っていなかった。

1 自信にあふれた　**2** 適度な　**3** **疑いを持った**　**4** 連続した

解答　3

last 動 続く　affect 動 ～に影響を及ぼす　claim 動 …と主張する　ship 動 ～を出荷する　issue 動 （声明など）を出す

続いてもう1題，例題に挑戦してみよう。制限時間は40秒。

例題

A: Are you going to buy the new *Creature Finder* game next week, James?

B: No, I'm going to (　　　　) the special edition. It should come out in a few months and have more content.

1 pick on　　**2** touch on　　**3** hold out for　　**4** make up for

解答のポイント

- 選択肢を見ると，問われているのは**句動詞**だとわかる。
- 新しいゲームの購入を否定したBが，数か月後に発売される特別版に言及していることから，Bは特別版の発売までゲームの購入を先延ばしにすると考えるのが自然である。したがって，hold out for ～「～が欲しくてねばる」が正解だ。
- もしhold out for ～の意味を知らなかったとしても，文脈から当てはまらないと判断できる選択肢を消去法で消していくことで，正解にたどり着く確率を上げていくことができる。

A: ジェームズ，来週，新しい『クリーチャー・ファインダー』のゲームを買うつもりなの？
B: いいや，特別版が出るまではねばるつもりだよ。特別版は数か月後に発売されて，内容ももっと多いはずだよ。

1 ～をいじめる　　**2** ～に言及する　　**3** **～が欲しくてねばる**　　**4** ～を償う

解答　**3**

イディオムの知識が有効な出題

2つ目の例題は選択肢に句動詞が並んでいたが，選択肢に単語が並んでいる問題でもイディオムの知識が有効な問題が出題されることがある。例えば，以下の赤字部分が問われるような問題だ。確認しておこう。

- **dispose** of ～　　～を処理する
- be **diagnosed** as [with] ～　　～だと診断される
- **interact** with ～　　～と交流する
- be **obsessed** with ～　　～に取りつかれる
- be **nominated** for ～　　～に指名［推薦］される
- **comply** with ～　　（要求・条件）に応じる，従う
- be **vulnerable** to ～　　～に弱い
- go **astray**　　行方不明になる，道に迷う

次のページからは練習問題。ここで学んだことを活かして問題を解いてみよう！

purchase 動 ～を買う　　**occur** 動（予期しない出来事が）起こる　　**deal** 動 対処する　　**consume** 動 ～を消費する

練習問題

Choose the best word or phrase from among the four choices for each blank.

□□ (1) Although the staff may sometimes (　　　) his severe management style, Mr. Nestor has successfully guided them through several projects.

1 induce　**2** conform　**3** resent　**4** restore

□□ (2) Emilia was an (　　　) student who was able to master advanced mathematics from a very young age.

1 exceptional　**2** aesthetic　**3** uptight　**4** applicable

□□ (3) Samuel is (　　　) toward science, while his sister Nancy does much better at history and literature.

1 amused　**2** inclined　**3** monitored　**4** arranged

□□ (4) The researchers will (　　　) various statistics on the attitudes of everyone in the country regarding the current state of the economy.

1 urge　**2** bargain　**3** compile　**4** stimulate

□□ (5) The explorer had to experience long periods of (　　　) as he went through remote areas of the world without any human contact.

1 reduction　**2** solitude　**3** environment　**4** entry

□□ (6) Forty hours of community service is (　　　) for all students at the university. They must complete it by the end of their junior year in order to graduate.

1 mutual　**2** compulsory　**3** intact　**4** acute

□□ (7) Ms. Martin's (　　　) was high blood sugar, which the doctor said she could control by eliminating all sweets from her diet.

1 injection　**2** consensus　**3** medicine　**4** diagnosis

□□ (8) During the court case, the eyewitness refused to (　　　) that she saw who committed the crime.

1 testify　**2** intensify　**3** dignify　**4** amplify

present 動 ～を提示する　fire 動 ～を解雇する　regard 動 ～を見なす　fine 動 ～に罰金を科す　transfer 動 ～を移す

NOTES

(1) 解答 **3**

職員はときどきネスター氏の厳しい経営のやり方に**憤慨する**かもしれないが，彼は職員をうまく導いていくつかのプロジェクトを成功させてきた。

解説 文脈から否定的な意味の動詞が入ると考えられるので，resent「～に憤慨する」が正解。**1**「～を誘発する」，**2**「～を一致させる」，**4**「～を修復する」

(2) 解答 **1**

エミリアは，非常に幼いころから高等数学を使いこなすことができる**ひときわ優れた**学生だった。

解説 who以下の内容からエミリアはexceptional「特に優れた，例外的な」学生だとわかる。**2**「美の」，**3**「緊張した，ピリピリした」，**4**「適用できる」

(3) 解答 **2**

サミュエルは科学に**関心がある**が，妹［姉］のナンシーは歴史や文学のほうがずっと得意である。

解説 対比のwhileがあるので，サミュエルと妹［姉］とは適性が異なると考えられる。inclined「心が傾いて」が正解。**1**「面白がって」，**3**「監視されて」，**4**「取り決められて」

(4) 解答 **3**

研究者たちは，経済の現状についての国民全員の意見に関するさまざまな統計**を集めてまとめる**だろう。

□statistics（複数扱い）統計

解説 研究するために統計を「まとめる」と考える。よって，compile「～を収集してまとめる」が正解。**1**「～に強く勧める」，**2**「～を交渉して売る」，**4**「～を刺激する」

(5) 解答 **2**

その探検家は，人間との接触が全くないまま，世界の辺ぴな地域を進んで行ったので，長期間にわたって**孤独**を経験しなければならなかった。

□remote 辺ぴな，遠い

解説 as以下で述べられている状況を考えれば，経験したのは長期間のsolitude「孤独」ということになる。**1**「減少，削減」，**3**「環境」，**4**「入場，参加」

(6) 解答 **2**

その大学では，すべての学生に対して40時間の社会奉仕を**必修として**いる。彼らは卒業するために，3年生の終わりまでにそれを完了しなければならない。

解説 第2文（They ...）の内容から，社会奉仕はcompulsory「強制的な，必修の」ものと考えられる。**1**「相互の」，**3**「無傷の」，**4**「鋭い」

(7) 解答 **4**

マーティンさんの**診断**は高血糖で，医者は食事から甘いものをすべて取り除けば抑えることができると言っていた。

high blood sugarは「高血糖」という意味。obesity「肥満」や diabetes「糖尿病」，stroke「脳卒中」など，医療系の単語にも重要なものが多いので注意しよう。

□eliminate ～を取り除く

解説 高血糖ということは，医師によるdiagnosis「診断」が下されたと考える。**1**「注射」，**2**「総意」，**3**「薬，医学」

(8) 解答 **1**

裁判の間，目撃者は，犯人を見た**と証言する**ことを拒否した。

□case 訴訟，裁判事件
□eyewitness 目撃者
□commit a crime 罪を犯す

解説 主語が「目撃者」であることから，that節の内容について「証言する」ことを拒否したと考える。よって，testify「～を証言する」が正解。**2**「～を強める」，**3**「～に威厳をつける」，**4**「（音量など）を増幅する」

decline 動 減少する　eliminate 動 ～を取り除く　indicate 動 ～を指し示す　ensure 動 …ということを確実にする

□□ **(9)** The land in the region is very ( ), so many different types of fruit and vegetables can be grown there.

1 fertile **2** toxic **3** urgent **4** calculated

□□ **(10)** The students felt ( ) to help clean the classroom. Otherwise, they knew their teacher would have to clean it alone.

1 orphaned **2** ransomed **3** obliged **4** nourished

□□ **(11)** Some scientists believe that classical music is ( ) for babies and nurtures a sense of security during their development.

1 soothing **2** notorious **3** obedient **4** courteous

□□ **(12)** With a sharp increase in crime, tourism ( ) declined in all areas of the troubled province.

1 subsequently **2** obliviously **3** diligently **4** compatibly

□□ **(13)** The apartment complex's ( ) decided to make a joint complaint to the landlord about her failure to maintain the building properly.

1 defendants **2** clients **3** tenants **4** advocates

□□ **(14)** Stella ( ) the opportunity to participate in the reality TV show, which had a top prize of over $100,000. With the money, she hopes to buy a new car and save for her future.

1 jumped at **2** tripped up **3** walked off **4** gave off

□□ **(15)** Law enforcement officials are making great efforts to ( ) the drug trade, but they have not been successful so far in stopping it.

1 crack down on **2** turn in on
3 take chances on **4** fall back on

expand 動 ～を拡大する address 動（問題など）を扱う identify 動 ～を（同一であると）確認する

NOTES

(9) 解答 **1**

その地域の土地はとても**肥えて**いるから，そこではたくさんの異なる種類の果物や野菜が育つ。

解説 主語が土地であることから，土壌の性質を描写するものを選ぶ。空所の直後の内容から，fertile「肥えた」が文意に合う。**2**「有毒な」，**3**「緊急の」，**4**「意図された」

(10) 解答 **3**

生徒たちは教室の掃除を手伝わ**なければならない**と思った。さもないと，先生が1人で掃除しなければならなくなることを彼らは知っていたからだ。

解説 feel obliged to *do* で「～しなければならないと思う」の意味。**1**「孤児となって」，**2**「身請けされて」，**4**「育てられて」

□otherwise　さもないと

(11) 解答 **1**

クラシック音楽は赤ちゃんの**心を落ち着かせ**，発育中に安心感をはぐくむと信じている科学者もいる。

解説 クラシック音楽の効果をnurtures以下の内容から考えればsoothing「心を落ち着かせる」が正解。**2**「悪名高い」，**3**「従順な」，**4**「礼儀正しい」

□nurture　～をはぐくむ

(12) 解答 **1**

犯罪が急増し，**その後**その混乱している地方のあらゆる地域で観光客が減少した。

解説 犯罪が急増してsubsequently「その後」観光客が減少したと考える。**2**「気付かずに」，**3**「勤勉に」，**4**「適合して」

(13) 解答 **3**

アパートの**住人たち**は，大家が建物をきちんと管理しないことについて，共同で苦情を申し立てることに決めた。

解説 建物の管理ができていない大家に苦情を言うのは，アパートのtenants「賃借人，居住者」と考えられる。**1**「被告（人）」，**2**「依頼人，顧客」，**4**「主張者」

□complex
複合施設，共同ビル
□failure to *do*
～しないこと
□make a complaint
苦情を言う

(14) 解答 **1**

ステラはそのリアリティ番組に参加する機会**に飛びついた**のだが，その番組の最高賞金は10万ドルを超えていた。そのお金で彼女は新しい車を買い，将来のために貯金したいと思っている。

解説 リアリティ番組に参加する機会に「飛びついた」と考えるのが自然なので，jumped at ～「～に飛びついた」が正解。**2**「～につまずいた」，**3**「（仕事など）を放棄した」，**4**「（光・音など）を発した」

(15) 解答 **1**

麻薬取引**を厳しく取り締まる**ために，捜査当局者たちは多大な努力をしてはいるが，今までのところそれを止めることができていない。

解説 捜査当局が努力することなので，crack down on ～「～を厳しく取り締まる」が正解。**2**はturn in on *oneself*で「引きこもる」，**3**「～に賭ける」，**4**「～に頼る」

□law enforcement official
取締官，捜査当局者

construct 動（建物など）を建設する　invest 動（金など）を投資する　obtain 動 ～を手に入れる

長文の語句空所補充問題を攻略！①

今日の目標

筆記2の長文の語句空所補充問題は，長文の（　　）内に入れるのに適切な語句を4つの選択肢の中から選ぶ形式だ。今日は，例題を用いて筆記2の出題形式と解答のポイントを学習しよう。

ポイント1 出題形式を把握しよう！

筆記2は長文の語句空所補充問題である。**250語前後からなる2つの長文に空所が3つずつ用意されて**おり，4つの選択肢の中から適切な語句を選ぶ形式だ。**長文は3段落で構成されており，各段落に空所が1つ設けられている。**

4つの選択肢に用いられる語彙は比較的平易であるが，すべて文法的に空所に入り得るものであるから，空所の前後を中心に論理展開をつかむ必要がある。各長文に設けられている3つの空所のうち2つは，〈動詞＋目的語〉，〈動詞＋補語〉，〈名詞句〉など，やや長めの選択肢から文脈に合うものを選択する形になっていることが多い。

残り1つの空所は，次に示すような話の流れを方向付ける「つなぎ言葉」を選ぶ問題が出題されるので，つなぎ言葉の知識も重要だ（「代表的なつなぎ言葉」は，14日目のリスト（p.105）を参照）。

つなぎ言葉の出題例			
□despite / in spite of ～	～にもかかわらず	□on the contrary	それどころか
□nevertheless / nonetheless	それにもかかわらず	□furthermore / what is more	さらに
□in other words	言い換えれば	□on the other hand	一方で
□for example [instance]	例えば	□in [by] contrast	それとは対照的に
□similarly / likewise	同様に	□consequently / therefore	その結果

選択肢がやや長めのフレーズであったとしても，あるいはつなぎ言葉であったとしても，**論理展開を的確につかむことが解答する上で重要であることに変わりはない。**

長文は〈社会・経済問題〉，〈環境問題・自然科学〉，〈医学・テクノロジー〉，〈文化・歴史〉，〈教育・心理〉などのテーマが中心で，特定の国・地域の事例や，世界共通の話題が扱われる。

過去に出題された長文のテーマ例

〈社会・経済問題〉	イギリスの病院での制服問題，アメリカの交通問題
〈環境問題・自然科学〉	サイが脅威を回避する方法，ガの生態
〈医学・テクノロジー〉	近視の増加問題，アメリカの患者ケア改革
〈文化・歴史〉	エジプトのストーンサークルの歴史，アメリカの古代文明
〈教育・心理〉	人の正直さに関する心理実験，教室環境と教育効果の関係

struggle 動（逆境にあって）懸命に努力する　counter 動 …と反論する　associate 動 ～を結び付けて考える

ポイント2 解答のポイントを確認しよう！

それでは例題に挑戦してみよう。制限時間は2分（第2段落以下と設問(2), (3)は割愛）。

例題

Animal Strings

Stringed instruments have been created and played throughout the world for centuries. ①The instruments' variations on their shapes, their sound production, and the music that can be played on them have traditionally been influenced by the region in which they were invented. (　1　), ②the shapes and sounds of early instruments developed in Africa and Asia were often very different from the cellos, violins, and harps later developed in Western Europe. In addition, where these kinds of instruments were developed affected the materials used for the strings.

(1) **1** For example　**2** On the other hand　**3** What is more　**4** Despite this

解答のポイント

- 筆記2（長文全2題）の解答時間の目安は15分程度。**1つの長文（空所3つ）あたり7～8分程度**で解く必要がある。
- **まずはタイトルを読んで，大まかなテーマをつかむ**。この例題のタイトルはAnimal Strings「動物性の弦」なので，弦楽器に用いられる弦の性質がテーマだとわかる。
- 設問は同一段落内の情報を読み取ることができれば，解答できるものがほとんどである。
- **選択肢を見ると，問われているのはつなぎ言葉だとわかる**。
- まず，空所の前後の文に着目する。空所の前には「楽器の形状や音，その楽器で奏でることのできる音楽の違いは，楽器が発明された地域の影響を伝統的に受けてきた」（①）と述べられており，空所のあとには「アフリカやアジアで発達した初期の楽器の形状や音は，西ヨーロッパで後に発達したものと異なる」（②）ことが述べられている。**空所に入る語句を選択するためには，この2つの文の論理的なつながりを考えればよい**。空所のあとは前の内容の具体例になっているため，正解は**1**のFor example「例えば」。このように，空所の前後を重点的に読み解いて，論理展開を的確につかむことが大切だ。

動物性の弦

弦が張られた楽器は何世紀にもわたって世界中で作られ，演奏されてきた。楽器の形状や音，その楽器で奏でることのできる音楽の違いは，楽器が発明された地域の影響を伝統的に受けてきた。例えば，アフリカやアジアで発達した初期の楽器の形状や音は，西ヨーロッパで後に発達したチェロやバイオリン，ハープとはかなり異なることが多かった。加えて，これらの種類の楽器が発達した場所は弦に使用される素材にも影響した。

1 例えば　**2** 一方で　**3** さらに　**4** これにもかかわらず

解答　**1**

次のページからは練習問題。ここで学んだことを活かして問題を解いてみよう！

register 動 ～を登録する　reveal 動 …と明らかにする　species 名 種　diet 名（日常の）食べ物　site 名 用地

Read each passage and choose the best word or phrase from among the four choices for each blank.

Understanding American Sales Tactics

Sales tactics, like advertising, reflect (1) that exist in the sales world. Visitors to the United States can learn a lot about how salespeople act and perceive things by simply paying attention to the sales methods they use.

There are several common tactics used by diligent salespeople, beginning with attempting to make the buyer feel sympathetic toward the seller. Trying to make a male buyer feel that his masculinity is at issue when he is considering buying something, and that he will be less manly in some way should he not make the purchase is often employed. For female buyers, salespeople try to make them believe that their attractiveness in the eyes of males would be enhanced by a particular purchase. Another method is putting pressure on the customer to make a rapid decision, with the idea that the opportunity to make the purchase will soon be gone. (2), salespeople try to praise the buyer's cleverness and foresight by saying that buying a certain item would be "wise," leading the buyer to decide on making the purchase.

Two phenomena that (3) are those of the telephone solicitor and the door-to-door salesperson. Salespeople will telephone a person's home or just appear unannounced at the door to attempt to sell something to the occupant. Foreigners need to realize they are not obligated to be courteous or attentive to such people. They need not be discourteous either, but they can interrupt the salesperson, state that they are not interested and hang up the telephone or close the door.

□□ (1)
1 the main principles of economics
2 the basic ways of thinking
3 the essential gains and losses
4 the general concepts of globalization

□□ (2)
1 Finally **2** However
3 On the other hand **4** Regardless

□□ (3)
1 betray some Americans **2** attack some salespeople
3 inform female buyers **4** startle some foreigners

 cell 名 細胞　facility 名 施設　practice 名（社会の）慣習　resident 名 居住者

アメリカの販売戦術を理解する

販売戦術は広告と同様に，商品を売る世界に存在する**基本的なものの考え方**を反映する。アメリカ合衆国を訪れている人々は，販売員がとる販売方法に注意を払うだけでも，彼らがどのように行動し物事を認識しているかについてたくさん学ぶことができる。

勤勉な販売員が用いる戦術にはいくつか共通のものがあり，まず買い手が売り手に共感するように仕向けることから始まる。男性が購入を考えているときは自分の男らしさが問われているのであり，万が一その買い物をしなければ，いくらか男性的でなくなると買い手に感じさせるという手法がよく使われる。女性の買い手に対しては，ある特定の商品を購入することで，男性の目に映る魅力が増すと販売員は信じさせようとする。別の手法は，購入の機会はすぐになくなってしまうという考えを抱かせて，迅速な決断をするよう客に圧力をかけるというものである。**最後に**，販売員はある特定の商品を購入することは「賢い」ことであると言うことにより，買い手の賢明さや先見の明を褒めようとし，買い手に購入を決心させる。

外国人を驚かす2つの現象は，電話販売員と訪問販売員である。販売員は人の家に電話をかけたり，何の連絡もなしに玄関先に現れたりして住人に何かを売り込もうとする。外国人は，このような販売員に対して丁寧に応対する義務もないし，声に耳を傾ける義務もないことを理解する必要がある。無礼な態度をとる必要もないが，販売員の話を遮って自分には興味がないと述べ，受話器を置いたり，ドアを閉めたりしてもよいのである。

NOTES

□tactics　戦術

□perceive　～を認識する

should he not make the purchaseの部分はifが省略された形で「万が一～ならば」の意味。語順が〈should + 主語 + 動詞〉と倒置されていることに注意しよう。

□enhance　～を増す

□phenomenon　現象

□solicitor　勧誘人，懇願者

□be obligated to *do*　～する義務がある

□interrupt　～を妨げる

(1) 解答 **2**

1 経済学の主要諸原理
2 **基本的なものの考え方**
3 不可欠な損益
4 グローバリゼーションの一般的概念

解説 空所を含む文の直後は，販売方法を見れば販売員が「どのように行動し物事を認識しているか」がわかるという内容。空所を含む文はそれを短く言い表したもので，販売戦術は販売における「基本的なものの考え方」を反映する，と考えるのが適当である。

(2) 解答 **1**

1 **最後に**　　**2** しかしながら
3 一方で　　**4** それでも

解説 空所までの部分では男性客と女性客それぞれに対する戦術や，商品の購入機会がすぐなくなってしまうという考えを抱かせる手法が説明されており，空所のあとには買い手の購入を後押しする売り手の戦術が書かれている。さまざまな戦術が列挙されているので，空所に適切なのは「最後に」の**1**。

(3) 解答 **4**

1 アメリカ人を裏切る　　**2** 販売員を攻撃する
3 女性の買い手に知らせる　　**4** **外国人を驚かす**

解説 空所直前のTwo phenomenaとは，空所を含む文の次に書かれている，販売員が「家に電話をかけてくること」と「何の連絡もなしに玄関先に現れること」の2つを指す。続けて第3，4文で外国人がそのような販売員にどう対処すればよいか，外国人向けのアドバイスが述べられているので，「外国人を驚かす」現象と考えるのが適当。

□betray　～を裏切る

startleは「～を驚かす」の意味。類義語のsurprise，amaze，astonishと一緒に覚えておこう。

option 名 選択肢　organ 名 （動植物の）臓器　critic 名 批判する人　region 名 地域

The Possibility of Language in Dolphins

While it is commonly accepted that many animals produce sounds, the idea that certain animals may make sounds as a form of a "language" has been debated. According to some advocates, this phenomenon can be seen in dolphins, which actively communicate by squeaking and clicking among themselves. Scientists have established that dolphins are one of the most intelligent species on earth, and like humans, (**4**). As part of this, dolphins create signature whistles that act as unique "names" that are recognized within a dolphin pod (group) and among relatives. Dolphin whistles range easily into the hundreds — many outside the limits of human hearing — and are possibly systematic enough to qualify as a language. Some fascinated researchers have theorized that certain whistles are used to alert a pod to danger or food sources, call for help, or assert dominance.

However, largely speaking, scientists have been unable to verify whether dolphins are really communicating in a way similar to humans, or whether whistles are confined to (**5**). Since dolphins, like humans, are renowned for their love of play, their social behavior may represent human-like communication, with a full range of nuances, or it could simply be a fancy act of relaying essential information. It is also possible that whistles create bonds between dolphins but have no real linguistic content.

All in all, the intelligence of dolphins is widely recognized by the scientific community. (**6**), scientists lack knowledge about exactly what dolphins are "saying," why they are saying it, and if indeed they are using a language in the sense that humans do.

□□ **(4)** **1** enjoy the silent ocean waves　**2** try to get a lot of rest
3 hide from shame　**4** practice complex social behavior

□□ **(5)** **1** reproduction processes　**2** basic survival functions
3 aggressive actions　**4** evolutionary development

□□ **(6)** **1** Consequently　**2** Furthermore
3 Nevertheless　**4** Besides

tax 名 税金　access 名 接近（の手段）　virus 名 ウイルス　bill 名 請求書

NOTES

イルカの言語の可能性

多くの動物が音を出すことは一般的に知られているが，ある種の動物が「言語」として音を出しているかもしれないという考え方が議論されてきている。この現象はイルカに見られ，イルカは鳴き声やクリック音で仲間と積極的にコミュニケーションをとっていると主張する者もいる。科学者たちは，イルカは地球上で最も高い知能を持つ種の1つであり，人間と同様，**複雑な社会行動をとる**ことを立証した。この1つとして，イルカは群れ（集団）の中や親類の間で識別できる，固有の「名前」の役割をするシグネチャー・ホイッスルを作り出すのである。イルカのホイッスルは優に数百種類に及んでおり，その多くは人間の可聴範囲を超えているのだが，もしかしたら言語と見なすのに十分なほど体系的なものかもしれないのである。そのことに魅了された研究者の中には，ある種のホイッスルが危険や食料の供給源を群れに知らせたり，助けを求めたり，優位性を主張するために使われているという理論を打ち立てた者もいる。

しかしながら，概して言えば，科学者たちは，本当にイルカは人間と同じような方法で意思疎通しているのかどうか，あるいはホイッスルは**基本的な生存のための機能**に限られたものであるのかどうかをずっと実証できないでいる。イルカは，人間と同様に遊ぶことが大好きなことで有名なので，彼らの社会的な行動は，幅広いニュアンスを持った人間のようなコミュニケーションに相当するのかもしれないし，あるいはただ単に基本的な情報を伝えるための奇抜な行動なのかもしれない。ホイッスルによってイルカ同士のきずなは生じるが，真の言語的な内容は全く持っていない，という可能性もある。

一般的に，イルカの知能は科学者たちの間では広く認識されている。**それにもかかわらず**，イルカが正確に何を「言って」いるのか，なぜイルカはそれを言っているのか，そして実際にイルカは人間が使うのと同じ意味での言語を使っているのかどうかについては，科学者たちはわかっていないのである。

□establish　～を立証する
□pod　（海洋生物の）群れ
□signature　（ほかと区別される）特徴的な
□call for ～　～を要求する
□assert　～を主張する
□be confined to ～　～に限られる
□verify　～を実証する
□represent　～に相当する
□all in all　概して，一般的に，結局
□practice　～を習慣的に行う

(4) 解答 **4**

1 静かな海の波を楽しむ　　**2** たくさん休息を取ろうとする
3 恥ずかしくて隠れる　　**4** **複雑な社会行動をとる**

解説 空所の前には「イルカは地球上で最も高い知能を持つ種の1つ」とあり，空所のあとでは，イルカのホイッスルは言語と見なせるほど体系的なものかもしれないと述べられている。言語を扱うことは，人間同様「複雑な社会行動をとる」ことの一例と考えられる。

(5) 解答 **2**

1 生殖過程　　**2** **基本的な生存のための機能**
3 攻撃的な行動　　**4** 進化による発達

解説 空所を含んだwhether節と，その前のwhether節とはorで結ばれているので，両者は対照的な内容になるはずである。「人間と同じような方法で意思疎通する」と対照的なのは，「基本的な生存のための機能に限られている」ということ。

(6) 解答 **3**

1 その結果　　**2** さらに
3 **それにもかかわらず**　　**4** その上

解説 空所の前では「イルカの知能は科学者たちの間では広く認識されている」とあるが，空所のあとでは，イルカの「言って」いることについてはわかっていないとある。空所の前後で対照的な内容になっていることから，〈逆接〉を表すつなぎ言葉のneverthelessが入る。

evidence 名 証拠　attempt 名 試み　account 名（銀行）口座　theory 名 理論

長文の内容一致選択問題を攻略！①

今日の目標

筆記３の長文の内容一致選択問題は，長文の内容と一致するものを４つの選択肢の中から選ぶ形式だ。今日は，例題を用いて筆記３の出題形式と解答のポイントを学習しよう。

ポイント１ 出題形式を把握しよう！

筆記３の長文の内容一致選択問題では，２つの長文が用意されており最初の長文が約400語，２つ目の長文が約500語となっている。

設問数は合計７問で，４つの選択肢の中から適切なものを選ぶ形式だ。**最初の長文には設問が３つ，２つ目の長文には設問が４つあるのが基本の出題パターン**である。問われる内容は長文の流れと一致しており，各段落に対し設問が１つの場合が多い。

長文は〈社会・経済問題〉，〈環境問題・自然科学〉，〈文化・歴史〉といったテーマを中心に，幅広いジャンルから出題されており，特定の国・地域の事例や，世界共通の話題が扱われる。

過去に出題された長文のテーマ例

〈社会・経済問題〉	自転車シェアリングサービス，子どもの自主性とリスク
〈環境問題・自然科学〉	ナラタケの生態と自然環境への影響，気象変動とサンゴ礁
〈文化・歴史〉	ローマ皇帝の生涯，少数民族が使用する消滅危機言語

ポイント２ 解答のポイントを確認しよう！

それでは例題に挑戦してみよう。制限時間は３分（第２段落以下と設問(2)，(3)は割愛）。

例 題

Species Reintroduction

Throughout history, wildlife has often disappeared in its habitat, either by failing to adapt to different circumstances, or by falling prey to changes in climate. Though the causes are usually natural, ①humans have been found responsible for a number of these disappearances through hunting, destruction of natural habitats, and creating pollution. Such loss of biodiversity has serious implications for the planet, including the loss of natural resources and accelerated climate change. Species reintroduction aims ②to counteract such negative consequences and ③protect biodiversity by releasing, or re-establishing, species into areas where they have disappeared. Although humans have reintroduced species to provide food or act as a form of pest control for centuries, species reintroduction as a conservation strategy first emerged in the 20th century.

factor 名 要因　stock 名 在庫品　chemical 名 化学薬品　media 名 マスメディア

(1) What is one of ④the aims of species reintroduction?

1 Correcting the historical imbalance of species in areas which have been least affected by global warming.

2 Addressing a growing loss of biodiversity which has escalated for reasons such as negative human actions.

3 Releasing new species into an area in order to provide food for endangered species already living there.

4 Creating sanctuaries for wildlife to be protected from humans and other natural predators.

解答のポイント

- 筆記3（長文全2題）の解答時間の目安は25分程度。**1つの長文（設問3〜4つ）あたり10〜15分程度で解く必要がある。**
- **まずはタイトルを読んで，大まかなテーマをつかむ。**この例題のタイトルはSpecies Reintroduction「種（しゅ）の再導入」で，環境問題や自然科学をテーマに話が進むことが予想できる。
- 冒頭から読み進めていって，**段落ごとに順番に解答していくことができる出題がほとんど**である。
- **先に設問に目を通しておくと，正解を導く上で根拠となる箇所を見つけやすくなる。**この例題ではthe aims of species reintroduction「種の再導入のねらい」（④）を念頭に置いて長文を読み進めていく。下線部①に野生動物の消滅は人間にも原因があることが述べられており，第4文（Species ...）に「種の再導入のねらい」が2つ挙げられている。1つ目は「悪い結果を相殺すること」（②）であり，2つ目は「生物多様性を保護すること」（③）である。以上を踏まえて選択肢に目を向けると，**2**に「人間のよくない行動などの理由のために広がる生物多様性の減少に対処すること」とあることから，これが正解。

種の再導入

歴史を通して，野生動物は，異なる環境に適合することができずに，または気候の変化の犠牲になって，その生息地から消えることがよくあった。その原因は，たいていは自然の成り行きだったが，人間が狩りや自然生息地の破壊，汚染を引き起こして，これら野生動物の消滅のいくつかを招いてきたこともあった。このような生物多様性の減少は，天然資源の減少や気候変動の加速といった重大な結果を地球に引き起こすのである。種の再導入は，種が消滅した地域に種を放つこと，つまり，種を再構築することで，このような悪い結果を相殺し，生物多様性を保護することを目的としている。数世紀にわたって，人間は食料を供給するためや，害虫駆除のために種を再導入してきたが，20世紀になって初めて，保全戦略としての種の再導入が登場した。

(1) 種の再導入のねらいの1つは何か。

1 地球温暖化の影響をほとんど受けていない地域で歴史的な種の不均衡を正すこと。
2 **人間のよくない行動などの理由のために広がる生物多様性の減少に対処すること。**
3 その場に現存している絶滅危惧種に食料を供給するために，新しい種を放つこと。
4 人間やほかの自然界にいる捕食動物から保護するために，野生動物の保護区域を作ること。

解答　**2**

次のページからは練習問題。ここで学んだことを活かして問題を解いてみよう！

income 名 所得　supply 名 生活必需品　shortage 名 不足　poverty 名 貧困

Read the passage and choose the best answer from among the four choices for each question.

Challenges of Young Workers

Young people around the world today face numerous obstacles in finding work. IT-driven economic growth, though positive overall, is also often mostly jobless: an economy may be growing in size but creating few positions, especially unskilled or semi-skilled ones, for most of the young people who enter the labor force. This holds true even in emerging markets. Examples are fast growing countries such as India or China, which have significantly high rates of youth unemployment.

Young people are also especially vulnerable to any economic instability. Specifically, they are usually the first victims of any economic contraction — they are the last to be recruited by companies, yet the first to be let go during downturns. Business owners commonly prefer to retain older, more experienced staff. Moreover, even when young people do find work, they usually have few opportunities to utilize a wide range of skills. Whether it is washing dishes in restaurants or filing papers in offices, young workers only do simple routine assignments. Compensation structures of wages and benefits for youth labor are nearly always very low as well.

Worst of all, educational systems frequently do not meet actual demand for workers in many countries, creating shortcomings in either education or job opportunities. In both sub-Saharan Africa and Central and South America, educational systems tend to focus on college preparation — despite the fact that in many of these countries there are more openings for skilled vocational jobs than white-collar office jobs. Likewise, in the United States, while the greatest labor demand is for those with specialized vocational training available at two-year colleges, the American educational system guides students toward either four-year colleges or not going beyond high school at all. In South Korea, there is a surplus of college graduates, with many unable to find work appropriate for their qualifications.

criminal 名 犯人　budget 名 予算（案）　authority 名（関係）当局　genome 名 ゲノム

□□ **(1)** According to the passage, modern economic growth may

1 be a factor in creating more unskilled jobs as companies continue to focus on recruiting young people.

2 leave companies with no choice but to hire unskilled young workers rather than invest in experienced IT workers.

3 make finding a job difficult for young people despite its contribution to the size of the economy.

4 trigger the reduction of unemployment for youths in emerging economies like India or China.

□□ **(2)** How are young workers likely to be influenced by a poor economy?

1 Young people are usually hired during economic contractions when companies seek workers who will accept lower wages.

2 Economic volatility causes companies to focus on avoiding the expense of training young staff.

3 Economic downturns often shift younger workers from skilled to more routine assignments.

4 Economic troubles usually result in younger workers losing their positions earlier than older workers.

□□ **(3)** What is the main criticism of current educational systems around the world?

1 Some countries do not have enough jobs that match the level of their people's education.

2 Many universities have wasted too much time and effort on modeling their campuses after American ones.

3 There are colleges that do not try hard enough to find white-collar jobs for graduates.

4 Too many educated people are forced to leave their countries to obtain skilled jobs.

atmosphere 名 雰囲気　aid 名 援助　measure 名 措置　subject 名 被験者

NOTES

□numerous 非常に数の多い
□obstacle 障害（物）
□significantly 著しく，かなり
□vulnerable 被害を受けやすい
□economic contraction 景気後退
□downturn （景気などの）下降
□utilize ～を活用する
□wage 賃金
□compensation structure 報酬体系
□shortcoming 欠陥，不十分な点
□sub-Saharan サハラ以南の
□opening （仕事の）空き，就職口
□vocational 職業の

white-collarは「ホワイトカラーの」という意味で，スーツにネクタイ姿で働くデスクワーカーの人々を指す。blue-collarは「ブルーカラーの」という意味で，肉体労働が業務の主な内容である人々を指す。それぞれ仕事用のシャツのえり（collar）の色に由来する。

若い労働者たちが直面する問題

今日，世界中の若者が職探しにおいて多くの障害に直面している。IT主導型の経済成長は，全体としてはよいことだが，仕事が伴わないことも多い。つまり，経済規模は拡大しているかもしれないが，仕事に就く大部分の若者のための働き口，特に熟練を要しないものや半熟練の働き口をほとんど生み出していないかもしれないのである。このことは新興市場にも当てはまる。インドや中国などの急成長している国々がその例である。これらの国における若者の失業率はかなり高い。

若者はまた，どんな経済不安にも格別に被害を受けやすい。正確に言えば，少しでも景気後退があれば，最初の犠牲者となるのはたいてい若者である。つまり，若者は企業に採用される可能性が最も低いにもかかわらず，経済の下降期には真っ先に解雇されてしまうのだ。一般に経営者は，年配の，より経験を積んだ社員のほうを雇っておくことを好む。その上，若者がなんとか仕事を見つけたとしても，たいていは幅広いスキルを活かす機会にほとんど恵まれない。レストランでの皿洗いにせよ，会社での書類整理にせよ，若い労働者は単純で決まりきった仕事をするしかないのである。若い労働者に対する賃金と諸手当の給与体系もまた，ほとんどの場合，きわめて低い。

何よりも悪いことには，多くの国では，しばしば教育制度が労働者に対する実際の需要に合っておらず，教育か就業機会のいずれかに欠陥をつくり出している。サハラ砂漠以南のアフリカ諸国でも，中央アメリカや南アメリカでも，教育制度は大学進学の準備に重点を置く傾向がある。これらの国々の多くでは，ホワイトカラーの事務仕事よりも，技術を要する職業のほうが就職口が多いという事実があるにもかかわらずだ。同様にアメリカ合衆国でも，労働者で最も必要とされているのが，2年制大学で受講できる専門的な職業訓練を受けた人たちであるのに，アメリカの教育制度では4年制大学に進学するか，あるいは高等学校より上の学校には進学しないように学生は指導されている。韓国では，大学卒業者が増えすぎて，自分の資格に見合った仕事を見つけられない人が大勢いるのである。

(1) 解答 **3**

この文章によれば，現代の経済成長は，おそらく

1 企業が若者の雇用に重点を置き続けるので，より多くの熟練を要しない仕事を生み出す要因となるだろう。
2 企業に，経験のあるIT労働者に投資するよりも，若い未熟練の労働者を雇うよりほかに選択の余地をなくさせるだろう。
3 **経済規模には貢献するにもかかわらず，若者が仕事を見つけるのを難しくしているだろう。**
4 インドや中国のような新興経済国には若者の失業の減少をもたらすだろう。

解説 第1段落第2文（IT-driven ...）のコロン（：）以下が正解を導くポイント。経済規模が拡大しても若者の働き口は増えないと述べられているので，それを言い換えた**3**が正解。

decade 名 10年間　weapon 名 兵器　nutrient 名 栄養分　expense 名 費用

(2) 解答 **4**

若い労働者は，悲惨な経済状況からどのような影響を受ける可能性があるか。

1 若者はたいてい，企業がより低い賃金を受け入れる労働者を求める景気後退期に雇われる。

2 経済の不安定さにより，企業は若い社員の教育にかかる支出を避けることに重点を置くようになる。

3 経済不況により，しばしば若い労働者の業務が，熟練を要するものからもっと決まりきったものへと変えられてしまう。

4 **経済に問題があると，たいていは，若い労働者のほうが年配の労働者よりも早く職を失うという結果につながる。**

解説 第2段落第2文（Specifically, ...）と第3文（Business ...）がヒント。景気後退があると，経験を積んだ社員ではなく若者が解雇される，と述べられているので，正解は**4**。選択肢では，この部分と同じ内容が result in ～「結局は～に終わる」を使って言い換えられている。

(3) 解答 **1**

世界で実施されている現在の教育制度に対する主な批判は何か。

1 **国民の教育水準と合った十分な仕事がない国がある。**

2 多くの大学が，アメリカの大学を手本にしてキャンパスを作ることに多大な時間と労力を浪費してきた。

3 卒業生のためにホワイトカラーの仕事を熱心に見つけようとしない大学がある。

4 教育を受けたあまりにも多くの人が，熟練を要する職を得るために自国を去ることを余儀なくされている。

解説 第3段落第1文（Worst ...）が正解を導くポイント。「多くの国では，しばしば教育制度が労働者に対する実際の需要に合っていない」とあるので，正解は**1**。the main criticismは何かと尋ねられているので，個々の国の具体的描写にとらわれず，端的に概要を述べている箇所を探そう。

NOTES

□volatility 不安定さ

□model *A* after *B*
BをAの手本にする

長文の内容一致選択問題を攻略！②

今日の目標　3日目は筆記3の出題形式と解答のポイントを学習した。今日は，設問のパターンと，選択肢に見られる特徴（パラフレーズ）について詳しく学習しよう。

ポイント1　設問のパターンと問われる内容を把握しよう！

筆記3の設問には，次に示すように，選択肢が質問の答えとなっている「質問型」と，選択肢が文の一部になっている「文完成型」（※）の2つのパターンがある。

質問の代表例

〈質問型〉

- What is one reason for ～？　「～の理由の1つは何か」
- What does S（主語）suggest (about ～)?　「S（主語）は（～について）何を提案しているか」
- What is one (possible) result of ～？　「～の（考え得る）結果の1つは何か」
- What does the author of the passage say [conclude] about ～？
  「文章の筆者は～について何と言って［結論付けて］いるか」

〈文完成型〉（※「...」の部分に適切な選択肢を入れて文を完成させる）

- One reason for ～ is that ...　「～の理由の1つは…である」
- S（主語）agrees [argues] that ...　「S（主語）は…ということに同意［を主張］している」

問われる内容は，長文の一部が正解の根拠となる「部分・詳細を問う設問」と「理由・根拠を問う設問」が大半を占めているが，「全体の趣旨や結論を問う設問」も各長文で1問程度出題されることがある。常に全体の論旨を気にしつつ詳細を読み解くという姿勢が必要だ。

ポイント2　パラフレーズ（言い換え）に注意しよう！

筆記3の正解の根拠は，基本的には設問順と一致して長文中に出現するが，**本文中の表現がそのまま選択肢に使われることはほとんどなく，別の表現にパラフレーズ（言い換え）されていることが多い。** 例えば，3日目（p.24）の例題を見ると次のようにパラフレーズされている。

パラフレーズの例

- **本文** (to) protect biodiversity「生物多様性を保護すること」
  → **選択肢** addressing a growing loss of biodiversity「広がる生物多様性の減少に対処すること」

要するに，内容一致選択問題とは，**本文中の表現を正しく言い換えている選択肢を選ぶ問題**だと言ってもよい。すばやく確実に正解するためには，このようなパラフレーズに注意することが大切だ。

fuel 名 燃料　resource 名 資源　regulation 名 規則　contract 名 契約（書）

それでは，パラフレーズに注意しながら例題を解いてみよう。制限時間は3分（第2段落以下と設問(2)，(3)は割愛）。

例題

Long-Term Space Missions

Missions to space began in the mid-20th century, although such missions tended to be relatively short. As much longer-term space missions are becoming a reality, scientists are trying to understand how such extended time spent in space can affect astronauts' condition. Some effects, such as a puffy face caused by redistribution of water around the body due to changes in gravity, or a person growing taller, are temporary and return to normal when astronauts are back on earth. Other effects, however, can be much more serious, such as loss of bone density and muscle tissue which can occur when astronauts spend extended periods in space. ①Scientists are keen to identify the implications of such issues in order to successfully prepare astronauts for longer missions.

(1) Why are scientists interested in studying the effects of space flight on the human body?

1 They hope to discover the positive effects of long space travel on astronauts' condition.
2 They are seeking non-hazardous ways for them to accompany astronauts on long-term missions.
3 Understanding how the body reacts could be key to the success of future missions.
4 There is a need to prevent permanent body changes in astronauts after short space trips.

解答のポイント

- 質問から，「宇宙飛行による人体への影響を研究する理由」を念頭に置いて長文を読み進めていく。
- 最終文（①）に「科学者は，宇宙飛行士に長期任務への備えをうまくしてもらうために，このような問題の影響を突き止めたいと強く思っている」とある。
- 選択肢に目を向けると**3**が下線部①の内容を言い換えているため，正解。

長期宇宙任務

宇宙への任務は，比較的短いものであったものの，20世紀半ばに始まった。より長期の宇宙任務が現実味を帯びてくるにつれて，科学者は宇宙で過ごすこの長期の時間がどのように宇宙飛行士の体調に影響するのかを理解しようとしている。重力変化による体内をめぐる水の再分配で起こる顔のむくみや，身長が伸びるといった影響は，一時的なものであり，宇宙飛行士が地球に帰還すれば，正常に戻る。しかしながら，宇宙飛行士が宇宙で長期間過ごすと起こり得る骨密度や筋組織の減少などの影響は，もっとずっと深刻かもしれない。科学者は，宇宙飛行士に長期任務への備えをうまくしてもらうために，このような問題の影響を突き止めたいと強く思っている。

(1) なぜ科学者は宇宙飛行による人体への影響を研究することに関心があるのか。

1 長期の宇宙飛行が宇宙飛行士の体調に与えるよい影響を発見したいと思っているから。
2 宇宙飛行士の長期任務に随行するための危険のない方法を模索しているから。
3 **人体がどのように反応するのかを理解することが将来の任務成功の鍵となるから。**
4 短期の宇宙飛行後に宇宙飛行士に起こる永続的な身体の変化を防ぐ必要があるから。

解答 **3**

次のページからは練習問題。パラフレーズに注意して問題を解いてみよう！

insurance 名 保険　employment 名 雇用　ban 名 禁止（令）　vehicle 名 車

Read the passage and choose the best answer from among the four choices for each question.

Food Self-Sufficiency

Food self-sufficiency is one of the most sensitive and simultaneously complex issues in the world today. It is defined as the ability to meet the basic food requirements of the population and can essentially be divided into two levels: food self-sufficiency in developing nations, and food self-sufficiency in wealthy ones. Among developing nations, particularly those in sub-Saharan Africa and South Asia, there are often challenges such as the inability to grow enough food domestically. Furthermore, these countries may find it difficult to pay for food imports. As many countries are unlikely to offer them loans, the only choice for these nations is to rely on international food aid as they struggle to develop themselves to the point where they can either produce enough food locally or pay for imports.

Among wealthy nations, food self-sufficiency is primarily a political and security consideration, not an economic one. Countries such as Japan or the Netherlands are rich and technologically advanced enough to give up agriculture entirely and import all or nearly all of their food. However, domestic concerns, such as the high percentage of the voting population who are farmers, and security concerns, including the fear of being unable to import food during periods of scarcity or conflict, motivate these countries to maintain agricultural sectors — even at the taxpayers' expense. Japan's food self-sufficiency has dropped from 70 percent in the 1960s to about 40 percent today, but the country retains a goal of ultimately raising this level to at least 45 percent.

Countries such as the United States, Australia, and Canada have been highly critical of food self-sufficiency policies, noting that it makes little economic sense — particularly for wealthy countries. Their arguments are not all based on economic efficiency, though: as major food exporters, they stand to gain the most from countries giving up food self-sufficiency policies by becoming their main food suppliers.

soil 名 土　cargo 名 (主に船・飛行機の) 積荷　aircraft 名 航空機　current 形 現在の

□□ **(1)** What kind of difficulties do developing nations sometimes face?

1 Monetary loans are undesirable because they worry about their ability to pay the lenders back.

2 Total dependence on foreign aid hinders their ability to do sustainable farming.

3 They cannot import foreign food as they are short of money to pay for it.

4 Citizens protest against imports because the food quality does not fit their requirements.

□□ **(2)** Based on the passage, some wealthy countries

1 achieve self-sufficiency in food production as a result of their advancements in agricultural technology.

2 seek to maintain food self-sufficiency though they do not have any urgent need to do so.

3 are attempting to grow 100 percent of their food in order to become completely self-reliant.

4 plan to shut down all of their agricultural industries and import all of their food.

□□ **(3)** What does the author state about opponents of food self-sufficiency?

1 They are against food self-sufficiency because they expect large profits from exporting their food.

2 They insist that food self-sufficiency is improper without giving any reason for it.

3 Their opinions are representative of nations in various states of economic progress.

4 They insist that food self-sufficiency could lead to major conflicts among wealthy countries.

political 形 政治の　significant 形 重要な　effective 形 効果的な　military 形 軍隊の

NOTES

□sensitive 取り扱いが難しい
□simultaneously 同時に
□define ～を定義する
□domestically 国内で
□loan 借款, 貸し付け（金）
□struggle to *do* ～ ～しようと奮闘する
□primarily 主として
□agriculture 農業
□scarcity （食料・生活必需品などの）不足
□at *one's* expense ～の費用で，～を犠牲にして
□ultimately 最終的に
□retain ～を保持する，維持する
□monetary 貨幣の，財政上の
□sustainable 持続できる
□hinder ～を妨げる

食料自給

食料自給は，今日では世界で最も取り扱いが難しいと同時に，複雑な問題の1つである。食料自給とは，全国民の基本的な食料の要求を満たすことができる能力と定義され，基本的には2つのレベルに分類することができる。発展途上国における食料自給と，富裕国における食料自給である。発展途上国，特にサハラ砂漠以南のアフリカや南アジアの発展途上国では，国内で十分な食物を作ることができないといった課題にしばしば直面する。さらに，これらの国々は輸入食料の支払いをするのも難しいことがある。多くの国が借款を提供しそうにないので，これらの国家の唯一の選択は，国際的な食料支援に頼りながら，国内で十分な食料を作ることができるか輸入代金の支払いをすることができるか，いずれかの段階にまで自国を発展させる奮闘をすることだ。

富裕国では，食料自給は主として政治的，そして安全保障上の問題であり，経済的な問題ではない。日本やオランダといった国々は，農業を完全に放棄して，自国の食料の全量ないしはほぼ全量を輸入することもできるほど，豊かで科学技術の面で発達している。しかしながら，農家が投票人口に占める割合の高さなどの国内の懸念と，食料不足や紛争が起きている間は食料が輸入できなくなるという恐れを含む安全保障上の懸念が動機となり，たとえ納税者に負担をかけてでもこれらの国々は農業部門を維持しようとするのである。日本の食料自給率は，1960年代の70%から今日では約40%にまで落ちてしまったが，国としては最終的にはこの水準を少なくとも45%まで引き上げるという目標を持ち続けている。

アメリカ合衆国，オーストラリア，カナダといった国々は，食料自給政策に対してはきわめて批判的な立場をとり続けており，特に富裕国にとっては経済的にほとんど意味をなさないことだと指摘している。とは言うもののそれらの国々の主張は，すべてが経済効率に基づいているわけではない。それらの国々は主要な食料輸出国であるから，ほかの国々が食料自給政策を諦めたときにその主要な食料供給国となることで，最も得をする立場にあるのだ。

(1) 解答 **3**

発展途上国はときどきどのような困難に直面するか。

1 貸付国への返済能力が心配なので貨幣借款は望ましくない。
2 外国からの援助に完全に依存することは，持続可能な農業を行う能力の妨げとなる。
3 支払いのための資金が不足しているため，外国から食料を輸入できない。
4 食料の質が自分たちの要求に合っていないので，市民が輸入に抗議する。

解説 第1段落第4文（Furthermore, ...）がヒント。発展途上国は食料を輸入するお金もない，と述べられているので，正解は**3**。本文中の find it difficult to payが，選択肢では are short of money to payとパラフレーズされている。

due 形 支払期日になって　essential 形 必要不可欠な　illegal 形 違法の　immune 形 免疫の

NOTES

□urgent 緊急の

□self-reliant 自立的な

(2) 解答 2

この文章に基づくと，いくつかの富裕国は，

1 自国の農業技術の進歩の結果，食料生産の自給を達成している。
2 **差し迫った必要はないが，食料自給の維持に努めようとしている。**
3 完全な自立を達成するために自国の食料の100%を生産することを試みている。
4 自国の一切の農業を停止し，すべての食料を輸入することを計画している。

解説 第2段落第2文（Countries ...）と第3文（However, ...）で，富裕国の事例として日本とオランダが取り上げられており，この内容が**2**と一致する。

(3) 解答 1

筆者は，食料自給の反対者についてどのように述べているか。

1 **食料自給に反対している理由は，自国の食料を輸出することで大きな利益を見込んでいるからである。**
2 反対する理由を挙げることなく，食料自給は間違っていると主張している。
3 彼らの見解は，経済発展のさまざまな段階にある諸国を代表するものである。
4 食料自給は，富裕国間の大きな紛争につながる可能性があると主張している。

解説 食料自給の反対者のねらいは，第3段落最終文（Their ...）のコロン以下に述べられている。他国が食料自給政策を諦めれば，自国がその国の主要な食料供給国になって得をする，とあるので，正解は**1**。

□improper 不適切な
□insist 〜であることを主張する
□representative 代表する
□conflict 紛争

numerous 形 非常に数の多い　extreme 形 極端な　general 形 全体の　agricultural 形 農業の

英文要約問題を攻略！①

今日の目標

筆記4の英文要約問題は，英文を読み，指定された語数の中で，自分の言葉を用いて英文の内容をまとめる形式だ。今日は，例題を用いて筆記4の出題形式と解答のポイントを学習しよう。

ポイント1　出題形式と評価の観点を把握しよう！

筆記4の英文要約問題は，**200語前後の英文を60～70語の長さにまとめる**形式だ。英文の内容を正確に理解するだけでなく，自分の言葉を用いて，シンプルにまとめる力も求められる。

問題文は基本的に3段落で構成され，第1段落は社会的な出来事の紹介，第2段落と第3段落はそのメリットやよい点などの肯定的な内容と，デメリットや問題点などの否定的な内容がそれぞれ述べられる。

解答は内容，構成，語彙，文法の4つの観点で評価される。

評価の観点

- 内容：問題文の要点を適切にとらえているか。
- 構成：論理的に文章を構築できているか。
- 語彙：適切な語彙を用い，語句の言い換えなどに工夫があるか。
- 文法：適切な文法を用い，文の構造などに工夫があるか。

したがって，単なる文章の切り貼りや箇条書きではなく，適切な語彙や文法を用いて文章を言い換えながら，論理的に文章の要旨をまとめることが求められる。

ポイント2　解答のポイントを把握しよう！

次の例題で，問題文の全体像と要約のポイントを把握しよう。

例題

①During the early 1900s in the United States, concern grew about the threat that redevelopment projects posed to historic buildings. As a result, cities started to introduce new laws to create "historic districts." The first city to do this was Charleston, South Carolina, in 1931. In these districts, buildings cannot be destroyed or changed in a way that alters the character of the area.

People in favor of such districts say that they are beneficial for their cities. ②They argue that because historic buildings provide valuable information about a city's past, they should be saved. Doing this will allow future generations to experience the historical and cultural backgrounds of the cities.

　acceptable 形 受け入れられる　nuclear 形 原子力利用の　moral 形 道徳（上）の　marine 形 海洋の　awful 形 ひどい

There are now over 2,000 such districts across the United States, but critics claim they have disadvantages. In many cities, ③growing populations are causing overcrowding, and redeveloping large old buildings to create smaller apartments could provide additional housing. Unfortunately, such projects are often blocked in historic districts. ④Another issue is that even essential repairs sometimes have to pass a design review before being allowed. This takes time and adds to maintenance costs.

解答例

Historic districts have been introduced in cities across the United States to protect historic buildings from redevelopment. Supporters of these districts believe they are necessary to preserve their cities' history and culture. Although there are now many historic districts, critics claim that historic districts prevent the construction work needed to meet the growing demand for housing. Furthermore, the need to get permission for maintenance work can be time-consuming and costly.

❗ 解答のポイント

- 筆記4の**解答時間の目安は20分程度**である。
- 下書きを問題冊子に書き込んでもかまわない。
- 60～70語の長さという条件を守るようにする。
- 解答は以下の手順で行う。
  1. 問題文を読み，テーマと各段落の要旨をとらえる（目安：5分）
  2. 問題文を自分の言葉に置き換えながら要約を作成する（目安：10分）
  3. 作成した要約が論理的な構成になっていることを確認し，全体的な見直しを行う（目安：5分）
  例題を使って詳しく見ていこう。

1. まず，問題文のテーマと各段落の要旨をとらえよう。

第1段落では,「アメリカでは再開発が歴史的建造物にもたらす脅威に対する懸念が高まった結果,『歴史地区（historic districts）』を作り，歴史的建造物を保護する法律が導入された」（①）ことが紹介されている。第2段落では，この歴史地区について「歴史地区を保護することが町の史料を守ることにつながり，町の歴史や文化を次世代へ継承することができる」（②）と利点が述べられている。これに対し，第3段落では歴史地区について2つの問題点が指摘されている。1つ目は，「大きくて古い建物を再開発し，小さなアパートを建設すれば，人口増加に対応できるのに，これが阻害されてしまう」（③）こと，2つ目は，「必要な修繕にさえ許可が必要で多くの時間と費用がかかってしまう」（④）ことである。

以上から，問題文は「アメリカの歴史地区」がテーマで，第1段落がテーマの導入，第2段落がその利点，第3段落が問題点という構成になっていることがわかる。要約はこの展開を維持して作成する。

2. 1. でつかんだ要旨をもとに，問題文を自分の言葉に置き換えながらまとめよう。

指定された語数を考慮すると，要約ではそれぞれの段落を1～2文程度にまとめる必要があり，そのためには詳細な情報を省かなくてはならない。

第1段落を例にとってみよう。During the early 1900s「1900年代初頭」とあるが，省略しても，解答例のように現在完了形を用いたり，過去形にしたりすることで，昔の話であることを読み手に十分伝えることができる。最近の話であればRecently，などに置き換えることもできる。このような細かな情報は，問題文の要旨に影響を及ぼさない限り，省略するか，抽象的な表現で置き換えよう。

また，第1段落では歴史地区の保護に関する法律を最初に導入した地域についてThe first city to do

conventional 形 伝統的な　**consistent** 形 着実な　**primitive** 形（技術が）単純な　**unpredictable** 形 変わりやすい

this was Charleston, South Carolina, in 1931.「これを最初に導入したのは，1931年のサウスカロライナ州チャールストン市である」という記述がある。これは法律を導入した地域の具体的な情報で，論旨にはあたらないので要約から省いてかまわない。including ～ やfor example ～ で示される具体例も同様なので覚えておこう。

これらのポイントを踏まえると，第１段落はHistoric districts have been introduced in cities across the United States to protect historic buildings from redevelopment.「歴史的建造物を再開発から守るため，アメリカ全土の都市で歴史地区が導入されている」のようにまとめられる。

また，基本的に段落は，「主張」,「理由・説明」,「具体例」から構成される。要約の中心となるのは「主張」にあたる部分であるが，なぜそのような主張になるのかという「理由・説明」が欠けていると，主張を裏付ける情報が不足した論理性に欠ける要約となってしまうので注意したい。

第２段落は，「歴史的建造物を残すと町に利益がある」が主張にあたり，その理由として，「将来の世代が都市の歴史的・文化的背景を体験できる」ことが挙げられている。したがって要約では，これらを言い換えながら組み合わせて，Supporters of these districts believe they are necessary to preserve their cities' history and culture.「これらの地区を支持する人々は，都市の歴史と文化を守るために歴史地区が必要だと考えている」のように１文にまとめて記述する。

第２段落に対し，第３段落は「歴史地区の導入には不利益がある」が主張にあたる。第４文にAnother issue「もう１つの問題」とあることからわかるように，主張の説明として問題点が２つ述べられていることに注意したい。要約には，どちらももれなく反映させる必要がある。解答例では１つの問題点につき１文で書き，Furthermore,というつなぎ言葉を使って２文を関連付けている。Also, や Moreover, も同様に使うことができるので覚えておこう。

さらに，第３段落第１文では「現在，このような地区は全米に2,000以上ある」と，歴史地区が一定の支持を得ている状況が説明されるが，その後に逆接のbutが続き，歴史地区を批判する人々の主張が紹介されることにも注目したい。解答例ではこの論理展開を，つなぎ言葉Althoughを用いてAlthough there are now many historic districts, critics claim that historic districts prevent the construction work needed to meet the growing demand for housing.「現在では多くの歴史地区が存在するが，批判する人々は，歴史地区は増大する住宅需要を満たすために必要な建設工事を妨げていると主張している」のように再現している。

3. 最後に論理的な構成になっているかを見直そう。

1. で確認したように，この問題の問題文は

第１段落：テーマの導入　→第２段落：歴史地区の利点　→第３段落：歴史地区の問題点

という構成になっている。解答例でもこの構成が維持され，第１文がテーマ（第１段落の内容），第２文が利点の説明（第２段落の内容），第３文・第４文が問題点の説明（第３段落の内容）という展開になっていることを確認しよう。

mature 形（精神的・肉体的に）十分発達した　**unfamiliar** 形（人が）不慣れな　**impractical** 形 実用的でない

(問題文の訳)

アメリカでは1900年代初頭，再開発事業が歴史的建造物にもたらす脅威に対する懸念が高まった。その結果，都市は「歴史地区」を作る新しい法律を導入し始めた。これを最初に導入したのは，1931年のサウスカロライナ州チャールストン市である。これらの地区では，建造物を破壊したり，地域の特徴を変えてしまうようなやり方で変更したりすることができない。

このような地区に賛成する人々は，それらがその都市に有益であると言う。歴史的建造物は，その都市の過去に関する貴重な情報を提供するものであるため，保存されるべきであると彼らは主張する。こうすることで，将来の世代が都市の歴史的・文化的背景を体験できるようになるのだ。

現在，このような地区は全米に2,000以上あるが，批判する人々はこのような地区には不利益があると主張している。多くの都市では，人口増加により過密状態が引き起こされており，大きくて古い建物を再開発し，小さなアパートを建設すれば，住宅を増やすことができる。だが残念なことに，このようなプロジェクトは歴史地区ではしばしば阻まれるのである。もう1つの問題は，必要不可欠な修繕であっても，許可が下りる前に設計審査に合格しなければならない場合もあることである。これには時間がかかり，維持費もかさんでしまう。

(解答例の訳)

歴史的建造物を再開発から守るため，アメリカ全土の都市で歴史地区が導入されている。これらの地区を支持する人々は，都市の歴史と文化を守るために歴史地区が必要だと考えている。現在では多くの歴史地区が存在するが，批判する人々は，歴史地区は増大する住宅需要を満たすために必要な建設工事を妨げていると主張している。さらに，それらの場所での修繕作業には許可を得る必要があり，それには時間と費用がかかる。

次のページからは練習問題。ここで学んだことを活かして問題を解いてみよう！

misleading 形 誤解させる　plentiful 形 豊富な　Mediterranean 形 地中海（沿岸地域）の

- Instructions: Read the article below and summarize it in your own words as far as possible in English.
- Suggested length: 60-70 words
- Write your summary in the space provided on your answer sheet. <u>Any writing outside the space will not be graded.</u>

Vegetables sold in city stores are often transported long distances, which is both expensive and time-consuming. To reduce the distance from farms to stores, scientists proposed the idea of vertical farming. This involves using artificial lights to grow crops inside multi-story buildings. Since the first commercial vertical farm started in the United States in 2011, others have appeared worldwide.

Supporters say that because such farms have controlled conditions, they have major advantages. Growing vegetables in vertical farms requires between 2 and 4 liters of water per kilogram. This is around 90 percent less than on traditional farms. Furthermore, because the indoor vegetables are protected from insects and other pests, this prevents the need for using agricultural chemicals, which may sometimes enter rivers and lakes and harm wildlife near farms.

Nevertheless, critics point out that vertical farming also creates a problem. Artificial lights use a lot of electricity, most of which is produced from fuels such as coal and oil. Research shows that growing 1 kilogram of lettuce in vertical farms produces around 5 kilograms of CO_2. This is more than five times the CO_2 for lettuce grown on traditional farms.

unsafe 形 安全でない　bare 形 露出した　feeble 形 病弱な　horrible 形 実にひどい　scenic 形 景色のよい

Write your English Summary in the space below.

supplementary 形 補足の　nosy 形 詮索好きな　intermediate 形（程度が）中級の　universal 形（あらゆる人に）共通の

NOTES

街の店で売られている野菜は長距離輸送されることが多く，コストも時間もかかる。農場から店舗までの距離を短縮するために，科学者たちは垂直農法というアイデアを提案した。これは，人工照明を使って複数階建ての建物の中で作物を育てるというものだ。最初の商業的な垂直農場が2011年にアメリカで始まって以来，垂直農場は世界中で登場している。

支持者たちによれば，このような農場では環境を管理できるため，大きな利点があるという。垂直農場で野菜を栽培する場合，1キログラムあたり2〜4リットルの水が必要となる。これは従来の農場に比べて約90%少ない。さらに，室内の野菜は虫やその他の害虫から守られているため，時には川や湖に流れ込んで農場周辺の野生生物に害を与えるかもしれない農薬使用の必要性を未然に防ぐ。

それにもかかわらず，批判する人たちは，垂直農法は問題も生み出していると指摘する。人工照明は大量の電力を使用し，そのほとんどは石炭や石油などの燃料から生産される。研究によれば，垂直農場で1キログラムのレタスを栽培すると，約5キログラムの二酸化炭素が発生するという。これは従来の農場で栽培されたレタスの5倍以上の二酸化炭素である。

解答例

① Recently, vertical farms in urban areas have been used to reduce the distance vegetables have to be transported by growing them in buildings with artificial lights. ② Proponents claim that such farms are environmentally friendly because less water is needed to grow vegetables and agricultural chemicals that may pollute nature are unnecessary. ③ Nonetheless, critics say vertical farms consume a lot of energy for lighting, which leads to higher CO_2 emissions. (69語)

have been used　過去のある時点から現在にいたるまでの事柄に言及する場合には，現在完了形（have+過去分詞）の継続用法を用いる。また，Recently「近年」は通例，現在完了形と一緒に使われる点も押さえておきたい。

近年，人工照明のある建物の中で野菜を栽培することで野菜が輸送される距離を短縮する，という目的で都市部の垂直農場が利用されてきた。支持者たちは，このような農場は野菜の栽培に必要な水が少なくて済み，自然を汚染するかもしれない農薬が不要なため環境に優しいと主張する。それにもかかわらず，垂直農場は照明に大量のエネルギーを消費し，二酸化炭素排出量の増加につながると批判する人たちは言う。

解説 問題文のテーマは「垂直農法」である。第1段落は「垂直農法」導入の背景，第2段落は「垂直農法」のメリット，第3段落は「垂直農法」のデメリットが述べられている。各段落の内容を詳しく見てみよう。

第1段落第2文で，「農場から店舗までの距離を短縮するために，科学者たちは垂直農法というアイデアを提案した」と述べられていることから，テーマを把握することができる。第2段落第3文では，「従来の農場に比べて約90%（水の使用量が）少ない」こと，続く第4文では「時には川や湖に流れ込んで農場周辺の野生生物に害を与えるかもしれない農薬使用の必要性を未然に防ぐ」こと，という2つのメリットがキーポイントとなる。第3段落第2文では，「人工照明は大量の電力を使用する」ことがデメリットとして挙げられていることを押さえよう。

上に挙げたテーマと段落ごとのキーポイントを中心にどのようにまとめられるのか，解答例を詳しく見ていこう。

① 第1段落の内容が1文でまとめられている。Recentlyは問題文の「最初の商業的な垂直農場が2011年にアメリカで始まって以来，垂直農場は世界中で登場している」という記述から「2011年に始まって以来」を抽出して，1語で置き換えている。第1段落第2文に述べられている「垂直農法」の「農場から店舗までの距離を短縮する」という目的と，続く第3文で述べられている「垂直農法」は「人工照明を用いる」や「複数階建ての建物の中で作物を育てる」という特徴に着眼すると，「人工照明のある建物の中で野菜を栽培することで野菜が輸送される距離を短縮する，という目的で垂直農場が利用されてきた」と

commercial 形 商業（上）の　excessive 形 過度の　vulnerable 形 弱い　protective 形 保護する

まとめられる。

② 第2段落では，「垂直農法」の2つのメリットが挙げられている。メリットの説明の導入には問題文で用いられているSupporters say that ... や，解答例で用いられているProponents claim that ... のような表現を用いる。解答例では，SupportersをProponentsと言い換えているが，語数が変わらなくとも言い換えを行うことで，文章の内容を理解していることや語彙力をアピールすることができる。意味が大きく変わらない程度に，積極的に言い換えを行うとよい。解答例では，2つのメリットが1文にまとめられているが，以下のように，それぞれのメリットごとに文をまとめて，2つの文にしてもよい。

Proponents claim that such farms are environmentally friendly because less water is needed to grow vegetables compared to ordinary farming. In addition, agricultural chemicals that may pollute nature are not needed indoors.

③ 第3段落では，第2段落と対照的に，「垂直農法」のデメリットが述べられている。したがって，段落間の論理展開を明確にするために，対比（一方で）や逆接（しかし），譲歩（～だけれども）のようなつなぎ言葉を用いるとよい。解答例では，逆接のNonetheless,「それにもかかわらず」を用いて，②とは対照的な内容を述べることを明らかにしている。

デメリットの説明の導入は，問題文と同様にcriticsを用いる。people who disagree with vertical farmingのように言い換えることもできるが，使用できる語数には限りがある。言い換えることで語数が問題文よりも増えてしまう場合には，必ずしも言い換えることにこだわらず，内容を的確に描写することを優先しよう。

第3段落第2文「人工照明は大量の電力を使用し，そのほとんどは石炭や石油などの燃料から生産される」の主旨は，「（垂直農法では）多くの燃料を用いなければならないこと」と読み取れる。第3段落第3文，第4文に目を向けると，二酸化炭素排出量が増えるという事実が指摘されていることから，「多くの燃料を使用すること」と「二酸化炭素排出量が増えること」の関係を踏まえて，「多くの燃料を用いる結果として，多くの二酸化炭素が排出される」という主旨のことを述べればよい。要約では，具体的な情報は抽象的または総称的な表現に置き換えるのが鉄則なので，such asに続くcoal and oilは要約には含めずに，fuelやenergyのようなより広い概念を表す語（上位語）でまとめることを心がけよう。

NOTES

secure 形 安全な　obvious 形 明らかな　reluctant 形 気が進まない　confident 形 確信して

英作文問題を攻略！①

今日の目標

筆記5の英作文問題は，指定されたトピックについてエッセイを書くという形式だ。今日は，例題を用いて筆記5の出題形式と解答のポイントを学習しよう。

ポイント1 出題形式を把握しよう！

筆記5の英作文問題は，**指定されたトピックについて120～150語の長さでエッセイを書く**という形式だ。トピックは，賛成か反対かを問う**Agree / Disagree**タイプか，単純な疑問文で肯定か否定かを問う**Yes / No**タイプのいずれかのパターンで提示されるのが基本である。

また，「序論（**introduction**）」→「本論（**main body**）」→「結論（**conclusion**）」という構成で書くことと，本論での論証の際に，**与えられた4つのポイントの中から必ず2つを使う**ことが求められる。

一般的にエッセイでは，客観的な根拠に基づいて自分の意見を書く力が要求される。筆記5では，自分の意見を支持する根拠をゼロから考え出すのではなく，4つのポイントの中から選択して考えることになるので，与えられたトピックとポイントを十分に把握して論旨を組み立てることが大切だ。

出題されるジャンルとトピックの例は，次のとおりである。

出題ジャンルとトピック例

社会・労働
- 企業は外国人労働者の雇用を促進すべきか
- 頻繁な転職は労働者にとって有益か

経済・産業
- 完全なキャッシュレス社会実現の是非
- 地方自治体による観光地建設の是非

自然・環境
- 政府主導の環境保護の是非
- 動物から作られた商品使用の是非

教育・文化
- 日本の高等教育改善の是非

overall 形 全体的な　additional 形 追加の　entire 形 全体の　severe 形（天候・損害などが）ひどい

ポイント2 解答のポイントを確認しよう！

次の例題で，与えられたトピックとポイントを把握してみよう。

例 題

TOPIC
Should restaurants in Japan have more vegetarian options?

POINTS
① ● ***Animal welfare***
② ● ***Tourism***
③ ● ***Health***
④ ● ***Population***

解答のポイント

- 筆記5の**解答時間の目安は20分程度**である。
- 下書きを問題冊子に書き込んでもかまわない。
- 120～150語の長さという条件を必ず守る。
- 「序論（introduction）」→「本論（main body）」→「結論（conclusion）」という構成で書く。
- 本論での論証の際に，与えられた4つのポイントの中から必ず2つを使う。
- **与えられたトピックとポイントを十分に把握することが重要**である。例題では,「日本のレストランはベジタリアンが選べるものをもっと増やすべきか」というYes / Noタイプのトピックに対して，「動物の幸福」(①),「観光事業」(②),「健康」(③),「人口」(④) の4つのポイントが与えられている。
- 肯定か否定か，どちらの立場を選択するのかを決める前に，まずは，与えられた4つのポイントがトピックに対して肯定（Yes）の切り口となるか，あるいは否定（No）のものとなるかをよく吟味しよう。実際に，例題の4つのポイントを分類してみると，例えば次のようになる。

〈肯定的な内容〉
①「ベジタリアン食を推進することで食肉にされる動物を減らすことができる」
②「食の選択肢が増えることで海外からの観光客をもっと呼び込むことができる」
③「豆腐など日本でよく食べられているベジタリアン食が注目を集めることで,日本に健康な人が増える」
④「ベジタリアン人口は国内でも増えてきているのでニーズに合う」

〈否定的な内容〉
③「知識がないままベジタリアン食を食べることで栄養が不足することや偏ることがある」

※筆記5のエッセイの組み立て方と，この例題の解答例については7日目（p.51）で解説する。

次のページからは練習問題。ここで学んだことを活かして問題を解いてみよう！

alter 動 ～を変える　adopt 動（考え・方法など）を採用する　vote 動 投票する　determine 動 ～を決定する

練習問題

- Write an essay on the given TOPIC.
- Use TWO of the POINTS below to support your answer.
- Structure: introduction, main body, and conclusion
- Suggested length: 120-150 words
- Write your essay in the space provided on your answer sheet. Any writing outside the space will not be graded.

TOPIC

Agree or disagree: Parents should give children regular household chores

POINTS

- ***Fairness***
- ***Responsibility***
- ***Time for study***
- ***Stress***

enable 動（人）に～できるようにする　conduct 動 ～を実施する　direct 動 ～を案内する　absorb 動 ～を吸収する

Write your English Composition in the space below.

imply 動 …と暗に示す　operate 動（機械など）を動かす　demonstrate 動 ～を実演してみせる

NOTES

chore [tʃɔːr]（しばしば複数形で使われる）は，定期的にやらなければならないこまごまとした仕事のことを指す。household chores「家事」や everyday chores「日々の雑用」のように用いる。

TOPIC

賛成か反対か：親は子どもに定期的な家事の手伝いをさせるべきである

POINTS

・公平性
・責任感
・学習時間
・ストレス

解答例

① I agree with the idea that parents should give children regular household chores. I will give two reasons why I believe chores are good for children, which are responsibility and fairness.
② To begin with, children can learn responsibility through chores. They have to consider the needs of other family members and understand their role as a member of the family. It is also necessary for them to learn how to take care of themselves at home. By doing chores, children become more responsible over time.
③ Secondly, all family members need to be fair. These days, both parents often work. Everyone has responsibilities outside the home. There are many chores to do at home and it is only fair that all family members share the housework.
④ In conclusion, giving routine household chores to children helps them learn responsibility and fairness. (139語)

私は，親は子どもたちに定期的な家事の手伝いをさせるべきだという考えに賛成です。家事が子どもたちに有益であると私が考える2つの理由，すなわち責任感と公平性について述べたいと思います。

まず，子どもたちは家事を通して責任感を身につけられます。彼らは家族のほかのメンバーが必要としていることをよく考え，家族の一員として，自分の役割を理解しなければなりません。また，彼らは家庭で自分のことを自分でする方法を学ぶことも必要です。家事をすることで，子どもたちは時間とともにより責任感を身につけるようになるのです。

次に，家族全員が公平である必要があります。近ごろは，両親ともに働いていることはよくあります。家庭の外で誰もが責任を持っています。家庭内の仕事はたくさんあり，家族皆で家事を分担するのが全く公平というものです。

結論として，子どもたちに日常的な家事の手伝いをさせることは子どもたちが責任感と公平性を身につけるのに役立ちます。

解説 親が子どもに家事の手伝いをさせることに賛成か反対か，意見を問う問題である。解答例では，トピックに対して賛成の立場から，4つのポイントのうち，「公平性」（③で展開），「責任感」（②で展開）の2つを取り上げている。段落ごとの構成は，①が「序論」，②と③が「本論」，④が「結論」となっている。「本論」では，「序論」で示した賛成の立場を支える根拠を2つのポイントを使って述べ，具体的な例や事実を示しながら展開している。それぞれ詳しく見ていこう。

boost 動 ～を増加させる　prove 動 ～であることがわかる　monitor 動 ～を監視する　defeat 動 ～を負かす

① Agree / Disagreeタイプの「序論」では，賛否の立場を明確に示す必要がある。解答例では，トピックで示された表現を利用しながらI agree with the idea that ... と賛成の立場を示している。解答例では続いてその理由についても簡潔に述べている。

② 「本論」にあたる。賛成の立場から，主張を支える1番目の根拠である「責任感」を家事を通して身につけられる，と展開している。その根拠として，「家族のほかのメンバーが必要としていることをよく考え，家族の一員として，自分の役割を理解しなければならない」こと，「家庭で自分のことを自分でする方法を学ぶ」ことを挙げ，このことにより，「子どもたちは時間とともにより責任感を身につける」と，家事を手伝うことの利点を挙げている。冒頭のTo begin withは，first(ly)などとともに，本論を展開する際にその導入として使える表現である。

「責任感」という視点からは，失敗しても繰り返し自分の仕事をすることが責任感につながる，という展開も可能だろう。

They may fail at some tasks at first. But if they continue doing them and are successful, they will become more responsible.

はじめのうちは，いくつかの仕事がうまくいかないこともあるかもしれません。しかし繰り返し行ってそれがうまくいけば，彼らはもっと責任感を持つようになるのです。

③ ②に引き続き「本論」にあたる。賛成の立場を支える2番目の根拠となる「公平性」について述べている。家族の誰もが家の外で責任を持っているので，皆が何らかの家事を受け持つことは公平だ，と述べている。冒頭のSecondlyは，second，alsoなどと並んで本論を展開する際に使える表現である。

④ 「結論」にあたる段落である。「結論」の目的は，これまでの主張をまとめることにある。ここでは，①の序論でも利用したトピックの表現に若干の変更を加えながら，改めて賛成の立場を示し，エッセイ全体を締めくくる文としている。くれぐれも「序論」と異なった主張をしないように気を付けたい。

「結論」では，解答例のように主張を繰り返す方法のほかに，次のようにすることもできる。

For these reasons, children should be encouraged to do their household chores. It is a good way to learn responsibility and a sense of fairness.

これらの理由で，子どもたちは家事をすることを推奨されるべきです。それは，責任感と公平感を学ぶよい方法だからです。

NOTES

「序論」と「結論」で意見や主張を明確にする際には，トピックで示された英語表現を適宜引用するとよいだろう。

トピック：Parents should give children regular household chores

序論：I agree with the idea that parents should give children regular household chores.
I agree with the idea thatをトピック文に加えて賛成の立場を示す表現にしている。

結論：... giving routine household chores to children helps them learn responsibility and fairness
「日常的な家事の手伝いを子どもたちにさせること」を主語にして主張を繰り返している。

protest 動 (～に) 抗議する　target 動 ～を目標とする　preserve 動 ～を保護する　oppose 動 ～に反対する

英作文問題を攻略！②

今日の目標

6日目は筆記5の出題形式を確認し，解答のポイントとして，与えられたトピックと4つのポイントを十分に把握することを学習した。今日は，実際にエッセイを書く上でのポイントを押さえよう。

ポイント1 採点の観点を把握しよう！

筆記5の英作文問題は，次の4つの観点から採点される。

採点の観点

- **内容：**与えられたトピックに対する意見と，それを裏付ける理由が説得力を持って書かれているか。
- **構成：**序論・本論・結論で構成され，英文の流れが論理的でわかりやすいか。
- **語彙：**トピックに合う多様な語彙や表現を適切に使えているか。
- **文法：**構文のバリエーションが豊富で，使い方は適切か。

筆記5では，これら4つの観点を念頭に置いて，論理的で説得力のあるエッセイを書くことが求められる。なお，**解答がトピックに示された問いの答えになっていない場合や，トピックからずれていると判断された場合は，すべての観点で0点と採点されることがある**ので注意が必要だ。

ポイント2 全体の構成を考えよう！

まずは，トピックに対する自身の立場（肯定／否定，賛成／反対）を選択して，与えられた4つのポイントの中から使用する2つを選ぶ必要があるが，必ずしも自身の信念に基づいて立場を選択する必要はない。むしろ先に**4つのポイントを吟味して，論証する際に自身が書きやすいほうの立場をあとで選択しよう。**

また，論旨の組み立て方をすべて日本語で考えてから英語に訳すよりは，最初から英語で書くことを想定しながら論旨を組み立てたほうが，時間の節約につながるはずだ。

エッセイは「序論（introduction）」→「本論（main body）」→「結論（conclusion）」という構成で書き，本論では序論で述べた自身の立場を支持する理由・根拠を2つ述べる必要がある。**それぞれの理由・根拠で段落を分けて，エッセイ全体を4つの段落で書くとよい。**各段落の語数の目安は次のとおりだ。

各段落の語数（目安）

- **序論　第1段落**（introduction）　：20～25語
- **本論　第2・3段落**（main body）　：40～50語の段落を2つ⇒合計で80～100語
- **結論　第4段落**（conclusion）　：20～25語

migrate 動 移住する　analyze 動 ～を分析する　discourage 動 ～に思いとどまらせる　confirm 動 ～を確認する

この構成に従って書かれた6日目の例題（p.45）の解答例を見てみよう。

例題

① It is essential for Japanese restaurants to have more vegetarian options in order to meet the demands of increasing inbound tourism and to raise awareness of health issues among Japanese citizens.

② Because of rapid globalization, the demands for Japanese restaurants offering vegetarian options are urgent. Tourists from abroad often have problems finding food for vegetarians in Japan. By providing more vegetarian options, Japan can attract larger numbers of tourists.

③ Moreover, traditional Japanese food is originally known for healthy vegetarian foods such as tofu, and it can also prevent people from getting lifestyle diseases. If more Japanese restaurants have vegetarian options, they can increase the number of healthy people in Japan.

④ In conclusion, to welcome more inbound tourists and improve the health conditions of Japanese people, Japanese restaurants should offer more vegetarian dishes for their customers.

❗ 解答のポイント

序論の書き方（①）

- まずは，**トピックに対する自身の立場（肯定／否定，賛成／反対）を明確にすることが大切だ**。解答例では，It is essential for Japanese restaurants to have more vegetarian options ...のように，肯定の立場であることが明確にされている。例題のようにトピックが肯定か否定かを問うYes / Noタイプのときは，I think [don't think] that ... などを使用することもできる。一方，Agree / Disagreeタイプの問題であれば，I agree [disagree] with the idea that ... に続けて賛成または反対の立場を示せばよい。
- その後，次の本論へとつなげる文を書くようにしよう。解答例では，in order to meet the demands of increasing inbound **tourism** and to raise awareness of **health** issues among Japanese citizensと述べて，本論で取り上げる2つのポイントについて明確にしている。

本論の書き方（②・③）

- **選んだポイント1つにつき段落を1つあて，2段落で本論を展開する。**
- 1つの段落は40〜50語程度を目安とし，**ポイントに即した事実・意見→説得力のある具体的根拠・具体例で構成するとよい**。解答例の第2段落では，Tourism「観光事業」をポイントとして「ベジタリアン食の選択肢を増やすことで，より多くの観光客を日本に呼び込むことができる」という対応策を提示して，肯定の理由に説得力を持たせている。第3段落では，Moreover「さらに」というつなぎ言葉を用いてHealth「健康」をポイントに，「ベジタリアン食の選択肢を増やせば，日本には健康な人が増える」という肯定の意見が述べられている。それぞれの段落で，どのポイントについて論じているのかが不明瞭にならないよう注意すること。

結論の書き方（④）

- 結論では，序論で述べた自身の主張を繰り返し述べ，論旨を強調する。
- ただし，表現のバリエーションを示すために，**できるだけトピックや序論の表現を言い換えることが**大切だ。解答例では，トピックをJapanese restaurants should offer more vegetarian dishes for their customersへ，序論をto welcome more inbound tourists and improve the health conditions of Japanese peopleへそれぞれ言い換えている。

次のページからは練習問題。エッセイの構成に注意して解答を作成してみよう！

intend 動 〜することを意図する　predict 動 〜を予測する　extend 動 〜を延長する　figure 名 人物

練習問題

- Write an essay on the given TOPIC.
- Use TWO of the POINTS below to support your answer.
- Structure: introduction, main body, and conclusion
- Suggested length: 120-150 words
- Write your essay in the space provided on your answer sheet. Any writing outside the space will not be graded.

TOPIC

Agree or disagree: Pet owners should be licensed

POINTS

- ***Abandoned pets***
- ***Government interference***
- ***Pet ownership skills***
- ***Cost***

transportation 名 交通機関　institution 名 機関　theft 名 盗み　candidate 名 候補者　mammal 名 哺乳動物

Write your English Composition in the space below.

economist 名 経済学者　protein 名 タンパク質　immigrant 名（外国からの）移住者　property 名 不動産

NOTES

TOPIC

賛成か反対か：ペットの飼い主は認可を受けるべきだ

POINTS

・捨てられたペット
・政府による干渉
・ペットを飼育する技術
・費用

解答例

① I think that pet owners should be licensed for two reasons. These are the high number of abandoned pets and the fact that taking care of pets requires learning essential skills.
② First, these days, many animal shelters are full of unwanted pets. Becoming a pet owner is a big responsibility, but some people may not think about it when they get pets from the pet shop. This lack of understanding causes people to abandon their pets, so we need to fill the gap with the license.
③ Second, caring for pets can be difficult. Pets have different requirements in terms of care and diet. Before becoming a pet owner, passing a test about caring for particular kinds of pets is necessary.
④ Requiring people to get a pet license would make them take pet ownership more seriously. This would reduce the number of abandoned animals, and lead to better pet care. (149語)

in terms of ～で「～の観点から」という意味。～の部分には名詞や名詞に相当する語句（what節，動名詞など）がくる。

私は，2つの理由から，ペットの飼い主は認可を受けるべきだと考えます。その理由とは，捨てられるペットの数の多さと，ペットを飼うことは非常に重要な技術の習得を必要とするという事実です。

第一に，近ごろは，多くの動物保護施設が望まれない動物でいっぱいです。ペットの飼い主になることは大きな責任を伴いますが，ペットショップからペットを引きとるときにそのことについて考えない人がいるかもしれません。この理解の欠如が人々にペットを捨てさせる原因となっているので，免許取得によってそのギャップを埋める必要があります。

第二に，ペットを世話することはときに難しいこともあります。ペットは飼育と餌の観点から必要なものが異なります。ペットの飼い主になる前に，特定の種類のペットの飼育についての試験に合格する必要があります。

ペットを飼うのに免許が必要になれば，人々はペットを飼うことについてもっと真剣に考えるようになるでしょう。このことは捨てられる動物の数を減らし，よりよいペットの飼育につながるでしょう。

解説 ペットを飼う場合に，飼い主にペット飼育の資格を与える免許制にするべきかどうか，という意見を問う問題である。ペットの飼い主の免許制に賛成の立場をとるエッセイであれば，「捨てられたペット」「ペットを飼育する技術」のポイントを，反対の立場であれば「政府による干渉」「費用」のポイントを選ぶことができるだろう。本論ではどちらかの立場から2つのポイントのそれぞれについて，具体的な事例や根拠を与えながら展開する必要がある。したがって，自分が十分な事例や理由付けで補強できると思う立場を選ぶとよいだろう。

解答例では，トピックに対して賛成の立場から，上記のポイントのうち，「捨てられたペット」（②で展開），「ペットを飼育する技術」（③で展開）の2つを取り上げている。それぞれ詳しく見ていこう。

fund 名 資金　habitat 名（動植物の）生息場所　symptom 名 症状　eruption 名 勃発

① 「序論」では，ペットの飼い主の免許制について賛成の立場を示し，その理由として「捨てられるペットの数の多さ」と「ペットの飼育には技術の習得が必要であること」を述べている。賛成の立場は，I think that ... の表現を用いて，... の部分にトピックの文を引用している。また文末に for two reasons「2つの理由から」を加え，続く文で簡潔に，賛成の立場の根拠（本論の②③で展開される）を明確にしている。

② ここは2つの段落からなる「本論」の1つ目にあたる。この段落のテーマは「捨てられたペット」である。第1文ではそのような動物が保護される「保護施設は望まれない動物でいっぱいである」と述べ，第2文でその背景として，飼い主になることの責任を考えずにペットを飼い始める人がいることに触れている。そして第3文で，ペットを飼うことの責任に対する理解の欠如がペットが捨てられる原因になっており，免許取得によってそのギャップを埋めることができるとサポートしている。

③ ②に引き続き「本論」の2つ目の段落である。この段落のテーマは「ペットを飼育する技術」である。飼い主は，飼う動物にどのような世話や餌が必要なのかを学ぶべきだと述べ，免許取得の一環として飼い主への試験の実施を訴えている。
飼い主に求められるペット飼育のための技能・知識について，次のように主張することも可能だろう。

Next, owners have to know about the animal that they want to keep in the first place. Without understanding the needs of their pets, it is difficult for pet owners to take care of their pets properly. People without this knowledge should not be licensed.

次に，まず飼い主は飼いたい動物について理解していなければなりません。ペットがどのような世話を必要としているかを理解しないことには，適切に飼うことはできません。このような知識のない人に認可を与えるべきではありません。

④ 「結論」では，冒頭で改めて「ペットの飼い主の免許の必要性」を強調している。飼い主が免許を取得することで，ペットの飼育についてもっと真剣に考えるようになり，それが捨てられる動物の数を減らし，よりよいペットの飼育につながるだろう，と未来の展望を述べている。

NOTES

賛否を示す便利な表現：
I (don't) think that ...
「私は…と考えます（考えません）」
In my opinion, ...
「私の意見では，…」
The fact [truth] is that ...
「…というのは事実です」
I (don't) entirely agree with ...
「私は…に全面的に賛成です（賛成しているわけではありません）」

quantity 名 分量　ad 名 広告　saving 名 節約　territory 名 領土

会話の内容一致選択問題を攻略！①

今日の目標

リスニング Part 1は，会話とその内容に関する質問を聞き，4つの選択肢の中から適切な答えを選ぶ形式だ。今日は，例題を用いてリスニング Part 1の出題形式と解答のポイントを学習しよう。

ポイント1 出題形式を把握しよう！

リスニングPart 1は会話の内容一致選択問題で，**100語前後の会話が12題**用意されており，その内容に関する質問を聞いて，4つの選択肢の中から適切な答えを選ぶ形式だ。会話はすべて男女間の会話となっている。

出題される会話には，次に示すように日常生活におけるさまざまな場面が含まれている。いずれにしても，**登場人物とシチュエーションをすばやく把握すること**が重要だ。

会話の場面

- 家族間の会話（夫婦，親子など）　例：帰省の交通手段に関して夫婦で意見が異なる
- 職場での会話（同僚，上司と部下など）　例：夏季休暇の希望日が同僚の希望日と重複してしまう
- 友人・知人との会話　例：友人をランチに誘うが，多忙のため断られる
- 店員・職員と客との会話　例：迷子になった自分の娘を放送で呼び出してもらう
- 教師と学生（or 保護者）との会話　例：試験不合格の際の再試験の有無を教授に確認する

会話の内容はもちろん，質問の出だしの**疑問詞と主語を確実に聞き取る**必要がある。質問には，よく出題される典型的なパターンがいくつかあるので，覚えておくとよい。

よく出題される質問のパターン

「登場人物の今後の行動」を問う：
- What will the man do (next)? 「男性は（次に）何をするか」
- What does the couple decide to do? 「夫婦は何をすることに決めているか」

「相手に求めている［勧めている］行動」を問う：
- What does the man want the woman to do?「男性は女性に何をしてほしいか」
- What does the woman suggest that the man do?「女性は男性に何をするよう提案しているか」

「登場人物の問題・意図・発言内容」を問う：
- What is the man's problem?「男性の問題は何か」
- What do we learn about the woman?「女性について何がわかるか」
- What does the man imply?「男性は何をほのめかしているか」
- What does the woman say about ～ ?「女性は～について何を言っているか」

「原因・理由」を問う：
- Why is the man complaining?「男性はなぜ不平を述べているか」

 threat 名 脅威　sufferer 名 苦しむ人　emission 名 排気　executive 名 重役

ポイント2 解答のポイントを確認しよう！

それでは例題に挑戦してみよう。

例題 01

1 Trying ①lighter weights for a while.
2 ②Training in some exercise classes.
3 Reducing ③the amount of exercise.
4 Finding ④a personal trainer.

（放送される会話と質問）

★：⑤How's the gym going, Kana?

☆：⑥It was going great at first, Mike. But now I don't seem to be lifting any heavier weights, and it feels like a chore to get to the gym. I'm thinking of going to the gym less often.

★：Maybe you just need to try another kind of exercise. ⑦How about joining some exercise programs to find new activities which fit you?

☆：Well, unfortunately the gym doesn't offer any programs except for yoga. Yoga isn't really for me. Besides, I want to focus on building my muscles more.

★：I see. I hope you can find a way to strengthen your body.

Question: What does the man suggest to the woman?

❗ 解答のポイント

- 質問が読まれてから次の設問の会話が始まるまでの時間は**10秒**である。その時間内で答えを選び，解答用紙に解答をマークしなければならない。
- **会話と質問は1回しか放送されないので注意。**
- 問題冊子にメモを書き込んでもかまわない。
- 登場人物とシチュエーションをすばやく把握し，2人の話者がそれぞれどのような意見を持っているか，そして，最終的にどのような結論に至ったかなどを整理しながら聞いていく。
- **先に選択肢に目を通しておく（＝選択肢の先読み）と，会話の場面の予測や，意識して聞くべきポイントの把握に役立つ。**選択肢には，lighter weights「軽いウエイト」（①）やtraining「トレーニングする」（②），the amount of exercise「運動量」（③），a personal trainer「個人トレーナー」（④），といった語句が含まれていることから，運動がテーマになることが予測できる。（選択肢の先読みについては，21日目（p.148）を参照）
- 男女の最初のやりとり（⑤，⑥）から，女性はジムに通っているが，ウエイトリフティングがうまくいっていないことがわかる。これに対し男性は，下線部⑦でいくつかエクササイズプログラムに参加することを勧めている。質問は「男性は女性に何を提案しているか」なので，下線部⑦を言い換えた**2**が正解である。**1**と**4**は会話の中で触れられておらず，**3**は女性の考え（⑥）であるため不正解である。

★：ジムはどうだい，カナ？
☆：最初はうまくいっていたんだけどね，マイク。でも今はこれ以上重いウエイトを持ち上げられなくなってきているように思えて，ジムに行くのが面倒に感じるようになっちゃったの。ジムに行く回数を減らそうと思っているわ。
★：別の種類の運動を試してみる必要があるかもしれないね。自分に合った新しいアクティビティーを見つけるために，

strategy 名 戦略　riot 名 暴動　district 名（ある特色を持った）地域　election 名 選挙

いくつかエクササイズプログラムに参加してみたらどう？
☆：えっと，残念ながらジムにはヨガ以外のプログラムがなくって。ヨガは私にはあまり向いていないわ。それに，私はもっと筋肉をつけることに集中したいの。
★：なるほど。体を鍛える方法が見つかるといいね。

質問：男性は女性に何を提案しているか。

1 軽いウエイトをしばらく行うこと。
2 **いくつかのエクササイズのクラスでトレーニングすること。**
3 運動量を減らすこと。
4 個人トレーナーを見つけること。

解答　2

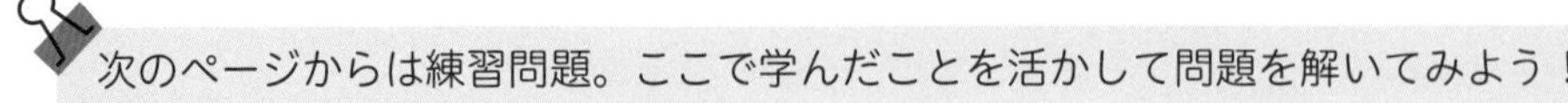
次のページからは練習問題。ここで学んだことを活かして問題を解いてみよう！

medication 名（医師が処方した）薬　breed 名 品種　conflict 名 衝突　productivity 名 生産性

練習問題

Listen to each dialogue and choose the best answer from among the four choices. The dialogue and the question will be given only once.

□□ **No. 1**

1 Finish work earlier.
2 Allow their son to stay up late.
3 Have a talk with their son.
4 Eat dinner separately from their son.

□□ **No. 2**

1 Its location is far away from its parking lot.
2 Its website is misleading.
3 Its staff are not polite.
4 Its prices are too high.

□□ **No. 3**

1 She was away on a business trip.
2 It is not shown at any nearby theaters.
3 She has been too busy.
4 It is not accessible on streaming services.

□□ **No. 4**

1 Check the status of a flight.
2 Switch to another ticket counter.
3 Book a flight on a different airplane.
4 Wait until the next plane arrives.

□□ **No. 5**

1 Apply for a gym membership.
2 Eat healthier food.
3 Take a short nap during the day.
4 Go walking with the woman.

□□ **No. 6**

1 He is going to Paris for six weeks.
2 He will meet Nadine at the airport.
3 His wife runs a study-abroad agency.
4 His job has been busy recently.

organism 名 有機体　representative 名 代表者　warehouse 名 倉庫　refund 名 返金

NOTES

□have a word with ～
～と少し話をする，相談をする

□a short walk from ～
～から歩いてすぐ

No. 1 解答 **1**

☆：I think we need to have a word with Jonah. His bedroom light was on after 11 again last night.
★：But he is on spring break, you know.
☆：Yes, but he's only 13. I think he should be in bed by 9 at the latest. I heard that lack of sleep in teenagers can lead to health problems.
★：I'm sure that's true, but 9 sounds early. By the time we get home from work, we don't usually have dinner until after 8.
☆：I see your point. Maybe we should do less overtime.
★：I agree. That would help us improve our work-life balance as well.
Question: What will the couple probably do?

☆：ジョナと少し話をする必要がありそうね。また昨夜も11時過ぎに寝室の電気がついていたんですもの。
★：だけど彼は春休み中だよ。
☆：ええ，でも彼はまだ13歳よ。遅くとも9時までには寝ているべきだと思うわ。10代の睡眠不足は健康問題につながると聞いたわ。
★：確かにそうだと思うけど，9時は早いよ。僕たちが仕事から帰ってきて，8時過ぎまで夕食をとらないのが普通なんだよ。
☆：あなたの言うとおりね。きっと，残業を減らすべきなんだわ。
★：僕もそう思うよ。そうすれば，きっと僕たちのワークライフバランスもよくなるね。
質問：夫婦はおそらく何をするか。
1 早く仕事を終わらせる。
2 息子に遅くまで起きていることを許す。
3 息子と話をする。
4 息子と別々に夕食をとる。

解説 女性の3番目の発言にwe should do less overtimeとあり，男性が最後の発言でI agree.と返答をしていることから，正解は**1**。

No. 2 解答 **2**

☆：How was your stay, sir?
★：Not good, honestly.
☆：May I ask what the problem was? Any feedback will be greatly appreciated.
★：Well, your website said "garden view," but all I could see from my room was the car park. It also said the lake is just a short walk from here, but it took me at least 20 minutes to get there. I wouldn't have chosen this hotel if I'd known that. The hotel staff were really kind, though.
☆：I'm sorry about that, sir. I can offer you a 10 percent discount today and a free room upgrade the next time you come.
★：I'd be grateful.
Question: What is the man's opinion about the hotel?

☆：ご滞在はいかがでしたか。
★：正直なところ，よくなかったです。
☆：何が問題だったのかお伺いしてもよろしいですか。どのようなご意見でも大変ありがたいので。
★：ええと，ホームページには「ガーデンビュー」と書いてありましたが，私の部屋から見えたのは駐車場だけだったのです。それから，湖はここから歩いてすぐと書かれていましたが，少なくとも20分はかかりました。それを知っ

tuition 名 授業料　range 名 範囲　victim 名 被害者　dose 名（薬の1回の）服用量

ていたら，このホテルは選びませんでしたよ。ホテルのスタッフの方々はとても親切だったんですが。
☆：申し訳ございませんでした。本日は10%割引，次回お越しの際にはお部屋を無料でアップグレードさせていただきます。
★：大変ありがたいです。
質問：ホテルについて男性の意見は何か。
1 場所が駐車場から離れている。
2 **ホームページが誤解を招く内容だ。**
3 スタッフが礼儀正しくない。
4 価格が高すぎる。

解説 男性の2番目の発言にある your website said ... the car park. と It also said ... to get there. の部分から，ホテルのホームページに書かれている情報（部屋からの眺めと湖までの距離）が実際とは異なっていたことがわかるので，正解は**2**。

NOTES

8日目 リスニング1

No. 3 解答 3
★：I finally saw the new Jackie Lee movie this weekend. It was a masterpiece. How did you like it?
☆：Actually, I haven't seen it yet.
★：Oh, I thought you never miss his works. What's happening with you?
☆：I'd really like to see it, but my manager is still away on a business trip overseas, and I've been working overtime a lot lately. I just can't free up my schedule.
★：That's too bad, because it's going to be showing at our local theater for only a few more days. You can probably catch it on the streaming services before long.
☆：You're right.
Question: Why hasn't the woman seen the movie?

□free up ～
～にゆとりを持たせる

scheduleは，イギリス英語では [ʃédju:l] と発音することがあるので注意しよう。

★：今週末，やっとジャッキー・リーの新作映画を見たよ。傑作だったね。君はどう思った？
☆：実はまだ見ていないのよ。
★：ええ，君は彼の出演する映画を絶対に見逃さないと思っていたよ。何かあったのかい？
☆：私も見たいのは山々なんだけど，部長がまだ海外出張に行っていて，最近ずっとたくさん残業をしているの。予定を空けられそうもないわ。
★：残念だな。というのも，地元の映画館だとあと数日で上映が終わってしまうからね。きっとストリーミングサービスですぐに見ることができるさ。
☆：そのとおりね。
質問：女性はなぜその映画を見ていないのか。
1 出張で不在だったから。
2 近くの映画館では上映されていないから。
3 **彼女はあまりに忙しいから。**
4 ストリーミングサービス上にないから。

解説 女性の2番目の発言が正解への決め手。映画を見ていない理由として，部長の出張のせいで最近ずっとたくさん残業をしている，と述べていることから，正解は**3**。

No. 4 解答 1
☆：Oh, no! Look! They're turning people away from the ticket counter. Does that mean there are no tickets left for the 10 p.m. flight?
★：This could be bad, since we've got to get to Boston by tomorrow

NOTES

□assume the worst
最悪の事態を想定する

□alternative
代案，選択肢

morning for that emergency meeting.

☆：Don't worry. There are still some other airlines we can check for tickets — I'm sure one of them can get us there before the meeting starts. But anyway, we shouldn't assume the worst.

★：You're right. First of all, we need to confirm whether this flight really is fully booked. Then, if we can't get on it, we should consider the alternatives.

Question: What does the man want to do next?

☆：あら，いやだ！　見て！　チケット売り場で人が追い返されているわ。午後10時の便のチケットが残っていないってこと？

★：困ったな。緊急会議に出るために明日の朝までにボストンへ行かなくちゃならないのに。

☆：心配しないで。チケットを探せる別の航空会社がまだあるわよ。そのうちの1つが会議が始まる前に私たちをそこへ連れて行ってくれるに違いないわ。まあとにかく，最悪のことを考えるべきではないわ。

★：そうだね。まずこの便が本当に満席なのかどうか確かめよう。それでもし搭乗できなければ，別の方法を考えよう。

質問：男性は次に何をしたいと思っているか。

1 **便の状況を確認する。**
2 別のチケット売り場に移る。
3 違う飛行機の便を予約する。
4 次の飛行機が到着するまで待つ。

解説 男性の最後の発言First of all, we need to confirm whether this flight really is fully booked. から，正解は**1**。放送文中のconfirmが選択肢ではcheckに，またwhether節はstatusを使って言い換えられている。

No. 5 解答 **2**

□figure out ～
～を考えつく

□exhausted　疲れ果てた

★：I'm trying to figure out how to lose weight because I'm having my wedding next year.

☆：How about weight training at a gym? A recently opened gym in my neighborhood is open late and it should be just 20 minutes' walk from your office.

★：Hmm. Exercising after work would make me exhausted. I'd be sleepy in the daytime. What's more, membership fees would be costly. I'm worried that I won't last long.

☆：Then, it might be better to start by improving your eating habits. You could make a protein-based meal for dinner and finish it a few hours before bedtime.

★：That's very good advice.

Question: What will the man probably do?

★：来年，自分の結婚式があるから，どうやったら体重を減らせるか考えているんだ。

☆：ジムでウエイトトレーニングをするのはどう？　最近できた私の近所のジムなら遅くまで開いているし，あなたのオフィスから徒歩でたった20分の距離のはずよ。

★：うーん。仕事後の運動はくたくたになってしまうよ。日中眠くなってしまいそうだな。その上，会費だって高くつくでしょ。長続きしないんじゃないかって不安なんだ。

☆：それだったら，まずは食生活を改善することから始めてみるのがいいかもね。夕食にはタンパク質中心の食事を作って，寝る数時間前には食べ終えておく

prey 名 獲物　bystander 名 傍観者　creature 名 生き物　civilization 名 文明

といいわ。
★：すごくいいアドバイスだね。
質問：男性はおそらく何をするか。
1 ジムの会員に申し込む。
2 より健康的なものを食べる。
3 日中に少し昼寝をする。
4 女性とウォーキングをする。

解説 男性は，最初に勧められたジムでのウエイトトレーニングには難色を示したが，女性の2番目の発言で食事の改善を勧められ，これに対しては肯定的な返事をしているので，improving your eating habitsを言い換えた**2**が正解。

No. 6 解答 **4**

☆：Mark, have you booked Nadine's flight to Paris? We need to send the details to the study-abroad agency.
★：Not yet. I just haven't had the time.
☆：She's leaving in six weeks, you know, so it needs to be done soon.
★：OK, OK. Did the agency say whether someone would meet her at the airport?
☆：I already told you that. Someone will be there all day on July 27th.
★：Sorry, I forgot. I've had a lot going on at work.
☆：Listen, why don't I handle the flight booking instead?
★：That would be a big help. Thanks!
Question: What is one thing we learn about Mark?

☆：マーク，ナディーンのパリ行きの飛行機は予約したの？　留学代理店に詳細を送らなければならないの。
★：まだなんだ。時間がなくってね。
☆：あと6週間で出発するんだから，早くしないと。
★：わかった，わかったよ。代理店は誰かが空港に迎えにくるかどうかについて言っていた？
☆：それはもう話したじゃないの。7月27日は一日中誰かがそこにいるわよ。
★：ごめん，忘れていたよ。仕事でいろいろあって忙しくて。
☆：ねえ，飛行機の予約は私が代わりに引き受けようか？
★：それはすごく助かる。ありがとう！
質問：マークについてわかることの1つは何か。
1 彼は6週間パリに行く予定である。
2 彼は空港でナディーンに会う予定である。
3 彼の妻は留学代理店を経営している。
4 彼の仕事は最近忙しい。

解説 男性（マーク）の3番目の発言にあるI've had a lot going on at work.をHis job has been busy recently.に言い換えた**4**が正解。

NOTES

□have a lot going on (at work)
（仕事で）いろいろあって忙しい

why don't I ～?は「～しましょうか？」のように提案や申し出をする表現。

8日目
リスニング1

tribe 名 部族　permission 名 許可　barrier 名 障害（物）　wage 名 賃金

文の内容一致選択問題を攻略！①

今日の目標

リスニングPart 2は，パッセージ（文）とその内容に関する質問を聞き，4つの選択肢の中から適切な答えを選ぶ形式だ。今日は，例題を用いてリスニングPart 2の出題形式と解答のポイントを学習しよう。

ポイント1 出題形式を把握しよう！

リスニングPart 2は文の内容一致選択問題で，**150語前後からなるパッセージ（文）が6題用意されており**，その内容に関する質問を聞いて，4つの選択肢の中から適切な答えを選ぶ形式だ。**質問はパッセージ1題につき2問で，**質問の数は合計で**12問になる。**

各パッセージは2つの段落で構成されていて，基本的に**1つ目の質問は前半部分の内容を，2つ目の質問は後半部分の内容を問うものになっている。パッセージと質問は1回しか放送されない。**

出題されるパッセージのテーマは多岐にわたり，〈社会・経済問題〉，〈環境問題・自然科学〉，〈医療・健康〉，〈科学・技術〉，〈海外の文化・歴史〉，〈教育・心理〉など，幅広いジャンルから出題されている。いずれのジャンルも，予備知識だけでは内容を推測しづらいので，まずは選択肢に目を通して，大まかなテーマを把握することを心がけたい。

過去に出題されたパッセージのテーマ例

〈社会・経済問題〉	複数の国を流れる河川に関する争い，代替リサイクルサービス
〈環境問題・自然科学〉	アメリカの分散型発電，動物園で保護できない絶滅危惧動物
〈医療・健康〉	解毒剤の歴史，超記憶，味覚
〈科学・技術〉	恐竜の頭蓋骨，宇宙衛星
〈海外の文化・歴史〉	ペトログリフ（壁面彫刻），中国の女性海賊，ネイティブアメリカンと牡蠣
〈教育・心理〉	子どもの偏食，幸福の先にある成功

ポイント2 解答のポイントを確認しよう！

それでは例題に挑戦してみよう（パッセージの後半とNo. 2の設問は割愛）。

例題

08

No. 1
1 It is a good way to deal with loneliness.
2 It can possibly make people less sensitive to pain.
3 It is most effective in a group of people with different goals.
4 It has little effect on motivation levels.

drone 名 ドローン　appearance 名 外観　embassy 名 大使館　skeleton 名 骨格

（放送されるパッセージと質問）

①Working Out in Groups

For people who struggle to keep fit and healthy, there may be a solution: working out in groups. Some studies have shown that exercising in the company of others can be more beneficial than doing so alone. ②The benefits of group exercise include having more fun and getting motivation and encouragement from people with similar fitness goals. ③Such benefits might even extend to increasing the body's tolerance to pain.

Questions: No. 1 What is one thing the speaker says about working out in groups?

❗ 解答のポイント

- リスニングPart 2では，**1つの質問に対して与えられている解答時間は10秒**である。その時間内で答えを選び，解答用紙に解答をマークしなければならない。
- **パッセージと質問は1回しか放送されない**ので注意。
- 問題冊子にメモを書き込んでもかまわない。
- **先に選択肢に目を通しておくと，パッセージの内容がある程度予測でき，意識して聞くべきポイントに見当をつけられることが多い。**（質問と選択肢の特徴については23日目（p. 164）を参照）
- この例題の選択肢を見ると，それぞれの選択肢に含まれているItの特徴について質問されることが予測できる。
- **最初に読まれるタイトルもまた，英文の大まかなテーマを把握する手がかりとなるため，**聞き逃さないように気を付けたい。この例題のタイトルはWorking Out in Groups（①）なので，選択肢のItは「グループでの運動」と関連があると考えられる。したがって，解答にあたっては，「グループでの運動」の効果や特徴を聞き取ればよい。
- 選択肢を先読みしてわかった「聞き取るポイント」を意識して聞き取りをしていくと，下線部②に，グループエクササイズの利点が挙げられており，下線部③に「そのような利点は，痛みに対する耐性の向上にさえ及ぶかもしれない」とある。質問は「グループでの運動について，話者が言っていることの1つは何か」なので，下線部③を言い換えた**2**が正解。**1**と**3**は触れられておらず，**4**は放送文とは反対の内容なので不正解である。

グループでの運動

健康維持に苦労している人にとって，グループでの運動が解決策になるかもしれない。一人で運動するよりも，仲間と一緒に運動するほうがより効果的であるという研究結果がある。グループエクササイズの利点には，より楽しむことと，同じような健康目標を持つ人たちからモチベーションや励ましを得られることも含まれる。そのような利点は，痛みに対する耐性の向上にさえ及ぶかもしれない。

質問：グループでの運動について，話者が言っていることの1つは何か。

1 寂しさを紛らわせるよい方法である。
2 痛みを感じにくくさせる可能性がある。
3 異なる目標を持つ人たちのグループで最も効果がある。
4 モチベーションの向上にはあまり効果がない。

解答 **2**

次のページからは練習問題。ここで学んだことを活かして問題を解いてみよう！

wildlife 名 野生生物　potential 形 潜在的な　limited 形 限定された　rural 形 田舎の

Listen to each passage and choose the best answer from among the four choices. The passage and the questions will be given only once.

(A)

□□ **No. 1**

1 People did not have much freedom.
2 The government had little power.
3 Tourists were not allowed to enter the country.
4 The government changed many times.

□□ **No. 2**

1 It cooperated with the government.
2 It collected statues of gnomes from around Wroclaw.
3 Its protests against the government were peaceful.
4 Its leader was arrested for fighting.

(B)

□□ **No. 3**

1 The number of patients is increasing.
2 Opioid drugs may be addictive.
3 They allow patients to treat themselves.
4 Developing new drugs is difficult.

□□ **No. 4**

1 It may only be useful for mild forms of pain.
2 Humans may be less positively affected than mice.
3 Some types of music work better than others.
4 How loud the music is played influences the effect.

(C)

□□ **No. 5**

1 To register new births.
2 To record pension payments.
3 To collect unpaid medical bills.
4 To keep track of the population.

□□ **No. 6**

1 Some hospitals do not store them safely.
2 People often use the wrong number by mistake.
3 Some hospitals forget to ask patients for them.
4 People do not often notice their number has been stolen until later.

advanced 形 進歩した　beneficial 形 有益な　genetic 形 遺伝子の　radical 形 根本的な

MEMO

hostile 形 敵意のある　fit 形 健康な　long-term 形 長期にわたる　Arctic 形 北極の

NOTES

□engage in ～ ～に従事する
□nothing more than ～ ～にすぎない
□strictly 厳しく
□set up ～ ～を立ち上げる，～を興す
□make fun of ～ ～をからかう，笑い物にする

(A) The Wroclaw Gnomes

Upon arriving at the city of Wroclaw in Poland, visitors soon realize they are not alone. All over the city, there are many tiny metal statues of little people, or gnomes, engaged in various activities. These gnomes appear to be nothing more than an interesting tourist attraction, but they are in fact a reminder of the 1980s, when Poland's government strictly controlled people's activities and speech.

During this period, the government prevented people from gathering and banned the formation of political organizations. In response to this, a student named Waldemar Fydrych set up a movement that became known as the Orange Alternative. The movement believed in nonviolent resistance, and it used gnomes as a way to make fun of the government. Instead of fighting or using guns, it painted pictures of gnomes around Wroclaw, and these became a powerful symbol of social resistance. Today, the city's statues, which originated from the pictures, are intended to make people aware of this period in Poland's history.

Questions: No. 1 What is true about Poland in the 1980s?

No. 2 What is one thing we learn about the movement known as the Orange Alternative?

ヴロツワフのノームたち

ポーランドのヴロツワフ市を訪れると，人々はすぐにそこにいるのは自分たちだけではないことに気が付く。街のあちこちに金属製の小さな人，すなわちノームの像がたくさんあり，さまざまな活動をしているのだ。これらのノームは面白い観光名所にすぎないように見えるが，実は，ポーランド政府が人々の活動や言論を厳しく統制していた1980年代を思い起こさせるものである。

この時期，政府は人々が集まることを妨げ，政治的組織の結成を禁止した。これに対して，ワルデマル・フィドリッチという学生がオレンジ・オルタナティブとして知られるようになる運動を立ち上げた。この運動は，非暴力による抵抗を信条とし，ノームを用いて政府を揶揄するものであった。戦闘や銃を使う代わりに，ヴロツワフのあちこちにノームの絵を描き，それが社会的抵抗の強力なシンボルとなった。現在，街にある像はその絵に由来するものだが，ポーランドの歴史の中でこのような時代があったことを人々に知ってもらうためのものとなっている。

No. 1 解答 **1**

質問：1980年代のポーランドについて，正しいものは何か。

1 人々にはあまり自由がなかった。
2 政府にはほとんど力がなかった。
3 旅行客が入国することは許可されていなかった。
4 政権が何度も交代した。

解説 第1段落の最後（Poland's government ...）で，「ポーランド政府が人々の活動や言論を厳しく統制した」ことが述べられているので，これを「人々にはあまり自由がなかった」と言い換えた**1**が正解。

No. 2 解答 **3**

質問：オレンジ・オルタナティブとして知られている運動について，わかることの1つは何か。

1 それは政府に協力した。
2 それはヴロツワフのあちこちからノームの像を集めた。

minor 形 小さい　risky 形 危険な　complex 形 複雑な　competitive 形 競争力のある　immediate 形 即座の

3 政府への抗議は平和的であった。
4 その指導者は戦闘で逮捕された。

解説「オレンジ・オルタナティブ」のような固有名詞について問われる場合には，その名前が登場する直後に注意する。第2段落第3文（The movement ...）～第4文で，「非暴力による抵抗を信条とし」「戦闘や銃を使う代わりに，ヴロツワフのあちこちにノームの絵を描いた」と述べられているので，正解は**3**。

(B) Dealing with Pain

Around 20 percent of Americans suffer from chronic pain. People are considered to have this condition if they have long-term pain that lasts for more than three months. Such pain is often treated with drugs known as opioids. Unfortunately, while opioids reduce pain in the short-term, it has been found that they are actually not very effective for chronic pain. Furthermore, patients can become addicted to opioids. Due to these factors, alternative treatments such as massage and psychological therapy have been tried, but they have generally had limited success. However, one that holds more promise is the use of music.

In a recent study, scientists in China found that when music was played to mice suffering from foot pain, the mice became less concerned about their pain. Interestingly, while the type of music made no difference to how well it worked, the volume was important. Music played at a volume just above the level of background noise provided the strongest pain relief. The scientists hope their research will lead to better pain treatment for humans.

Questions: No. 3 What is one reason alternative treatments for chronic pain have been tried?
No. 4 What do scientists in China believe about using music to treat pain?

痛みの対処

アメリカ人の約20%が慢性的な痛みに苦しんでいる。3か月以上続く長期的な痛みがある場合に，この状態に陥っていると考えられる。このような痛みには，オピオイドとして知られる薬物がよく使われる。残念ながら，オピオイドは短期的には痛みを軽減することができるが，慢性的な痛みには実際，あまり効果がないことがわかった。さらに，患者がオピオイド中毒になることもある。これらの要因から，マッサージや心理療法などの代替療法も試されているが，一般的に成果は限られている。しかし，より期待できるのが，音楽を利用することである。

最近の研究で中国の科学者たちが，足の痛みに苦しむマウスに音楽を聞かせると，マウスが痛みをあまり気にしなくなることを発見した。興味深いことに，音楽の種類によって効果に差が出ない一方で，音量は重要であった。背景の雑音より少し大きな音量で音楽を聞かせたところ，最も大きく痛みを緩和することができた。科学者たちは，この研究が人間に対するよりよい痛みの治療につながることを期待している。

No. 3 解答 **2**

質問：慢性的な痛みに対する代替療法が試みられてきた理由の1つは何か。
1 患者数が増えているから。
2 オピオイドに中毒性があるかもしれないから。
3 患者が自分で治療できるようになるから。
4 新薬の開発が難しいから。

NOTES

□suffer from ～ ～を患う，～で苦しむ

□chronic 慢性的な

more than ～ は「～以上」であるが，使い方には注意を要する。more than two people と言えば，「3人以上」の意味となり，more than に続く人数や数値は含まないものと解釈される。したがって，more than three months では3か月ちょうどは含まれない。

□be(come) addicted to ～ ～の中毒になる

religious 形 宗教（上）の　related 形 関連した　affordable 形 手ごろな　donate 動 ～を寄付する

NOTES

解説 第1段落第4文（Unfortunately, ...）と第5文で，オピオイドのデメリットに触れられている。第5文では，「患者がオピオイド中毒になることもある」と述べられているので，**2**が正解。

No. 4 解答 **4**

質問：音楽を使った痛みの治療について，中国の科学者たちが考えていることは何か。

1 軽度の痛みにしか使えない可能性がある。
2 人間はマウスほどよい影響を受けない可能性がある。
3 音楽の種類によってはより効果的なものがある。
4 **音楽がどの程度の音量で再生されるかが効果に影響する。**

解説 第2段落第2文（Interestingly, ...）以降がポイントである。第2文では，「音楽の種類によって効果に差が出ない一方で，音量は重要であった」と述べられている。ここまでで，**4**が正解であることがわかるが，続く第3文で「背景の雑音より少し大きな音量で音楽を聞かせたところ，最も大きく痛みを緩和することができた」と詳細が述べられているので，ここからも正解を導き出すことができる。

(C) National ID

Today, social security numbers act as national IDs for people in the United States. They are necessary for many official purposes, such as making tax claims and applying for driver's licenses. When they were introduced by the government in the 1930s, the numbers were intended as a way to keep track of workers' payments into the government pension system. But now, the numbers are also used as IDs, instead of names and dates of births, and this made identifying people much easier.

Despite the benefits of social security numbers, they also create security issues. Theft of the numbers is now a major problem, and it is made worse by the fact that people are often unaware their number has been stolen. In some cases, for example, thieves use stolen numbers to obtain hospital treatments without paying for them. The numbers' true owners may not realize this until they are denied medical treatment because of unpaid bills for treatments they never received.

□keep track of ～　～の経過を追う，～を記録する

□not ～ until ...　…して初めて～する

Questions: No. 5 Why did the US government start giving people social security numbers?

No. 6 According to the speaker, what is one problem with social security numbers?

国民ID

今日では，社会保障番号はアメリカ合衆国の人々の国民IDとして機能している。税金の申告や運転免許証の申請など，多くの公的な目的で必要とされている。それらが1930年代に政府によって導入されたころは，労働者が政府の年金制度に支払った金額を記録するためのものだった。しかし今では，番号は氏名や生年月日の代わりにIDとしても使われており，このことが個人の特定をより簡単にした。

社会保障番号は利点の反面，セキュリティーの問題も生み出した。社会保障番号が盗まれることが今では大きな問題となっており，人々が自分たちの番号を盗まれたことに気付かないことがよくあるために，問題はより深刻となっている。例えば，犯人は盗んだ番号を使って，病院の治療費を支払わずに治療を受けるケースもある。番号の真の持ち主は，自分が受けてもいない治療費の未払いが原因で治療を拒否されて初めて，このことに気が付くことがある。

lessen 動 ～を減らす　manufacture 動 ～を（大量に）生産する　commute 動 通学する　exaggerate 動 ～を誇張する

NOTES

No. 5 解答 2

質問：アメリカ政府はなぜ国民に社会保障番号を与え始めたか。

1 新たな出生を登録するため。
2 **年金支払いの記録のため。**
3 未払いの医療費を集金するため。
4 人口を記録するため。

解説 第1段落第3文（When ...）で，「労働者が政府の年金制度に支払った金額を記録するため」と述べられているから，正解は**2**。放送文のkeep track ofが選択肢ではrecordに言い換えられている点に注目しよう。

No. 6 解答 4

質問：話者によれば，社会保障番号の問題の1つは何か。

1 それらを安全に保管していない病院がある。
2 誤って違う番号をよく使ってしまう。
3 それらを患者からもらうのを忘れる病院がある。
4 **番号が盗まれたことに持ち主はあとまで気付かないことが多い。**

解説 第2段落では，社会保障番号の問題点について触れられている。第2文（Theft ...）後半に「人々が自分たちの番号を盗まれたことに気付かないことがよくあるために，問題はより深刻となっている」と述べられているため，これを言い換えた**4**が正解。第3文以降ではこの問題の具体的な事例が説明されている。

□by mistake 誤って

suspect 動 …ではないかと思う　acquire 動 ～を習得する　reintroduce 動（動植物など）をかつての分布域に再導入する

Real-Life形式の内容一致選択問題を攻略！①

今日の目標

リスニングPart 3は，Real-Life形式のパッセージを聞き，4つの選択肢の中から適切な答えを選ぶ形式だ。今日は，例題を用いてリスニングPart 3の出題形式と解答のポイントを学習しよう。

ポイント1 出題形式を把握しよう！

リスニングPart 3はReal-Life形式の内容一致選択問題である。**問題冊子に印刷されている状況（Situation）と質問（Question）を先に読んでから100語前後のReal-Life形式のパッセージを聞き，4つの選択肢の中から適切な答えを選ぶ**形式だ。パッセージは5つ用意されており，各パッセージに質問は1問である。

状況と質問を読むために与えられる時間は10秒で，パッセージは1回しか放送されない。また，パッセージの放送には，状況に合わせた効果音が入っている場合もある。

リスニングPart 3解答の流れ

① 10秒間で問題冊子に印刷されている状況と質問を読む。余裕があれば選択肢にも目を通しておく。
② Real-Life形式の100語前後のパッセージを聞く。
③ 10秒間で4つの選択肢から解答を選び，解答用紙にマークする。
④ 次の問題へ。

放送されるパッセージには，次に示すように，日常生活におけるさまざまな場面が設定されている。いずれにしても，状況と質問から「聞き取るポイント」を事前に的確に把握することが重要だ。

場面設定の例

- **さまざまな職種の人による諸連絡・説明**
  例：遠足に来ている生徒たちに対して，引率教員が学年別に今後の行動を説明する
- **さまざまな施設での館内放送**
  例：空港にて，天候状況により出発が遅れている便の最新情報がアナウンスされる
- **留守番電話のメッセージ（話者が電話に吹き込んだものと，企業の自動応答メッセージの2種類）**
  例：コンピューターの修理を依頼した業者から修理方法の選択肢と費用が提示される
- **ラジオのアナウンス**
  例：ある雑誌を最良の価格で定期購読する方法がわかるコマーシャルを聞く

reschedule 動 ～の日時を変更する　adapt 動 順応する　generate 動 ～を発生させる　guarantee 動 ～を保証する

ポイント2 解答のポイントを確認しよう！

それでは例題に挑戦してみよう。

例題

12

Situation: ①You need to make an appointment with your university professor about an interview for a letter of recommendation. ②You have class tomorrow afternoon from 2 p.m. to 5 p.m. You receive the following voice mail from the professor.

Question: Where should you meet the professor?

1 At the cafeteria.
2 At the University Center.
3 At the main building.
4 At his office.

（放送されるパッセージ）

I'd be happy to write you a letter of recommendation, though I would need to interview you tomorrow afternoon, since I'll be lecturing at the Hiller Auditorium in the morning until noon. What we could do is meet at the cafeteria after lunch at 2 p.m. If you have a class at that time, then you can meet me in my office at 3 p.m. ③Otherwise, I can stop by the University Center around 5:30 before I get to another appointment at the main building.

解答のポイント

- パッセージの放送後，“Now mark your answer on your answer sheet.” と流れてから次の問題が始まるまでの時間は10秒である。その時間内で答えを選び，解答用紙にマークしなければならない。
- **パッセージは1回しか放送されないので注意。**
- 問題冊子にメモを書き込んでもかまわない。
- **与えられた10秒で状況と質問をよく読み，「聞き取るポイント」を的確に把握する。**この例題では，「教授と会う約束をする」（①），「午後2時から5時までは授業がある」（②）という状況をよく頭に入れてから「どこで教授と会うのか」を放送文から判断する。
- 状況や質問と一緒に**選択肢にまで目を通しておくと，パッセージの内容がある程度予測できたり，意識して聞くべきポイントがさらに明確になったりすることが多い**（状況・質問・選択肢の特徴については，25日目（p.180）を参照）。この例題では選択肢と状況から食堂・大学センター・本館・研究室といった「場所」と，自分の空いている「時間」を意識してパッセージを聞けばよいことがわかる。
- 下線部③から，5時30分ごろに大学センターで教授と会えることがわかるので**2**が正解である。下線部③の後半で教授が別の約束で本館に行くことが述べられているが，教授からはそこで会うことは提示されていないため，**3**は不正解。パッセージの第2文や第3文から，「食堂」と「教授の研究室」でも教授に会えることはわかるが，状況から午後2時から5時までは自分の授業が入ってしまっているため**1**と**4**も不正解である。

喜んで推薦状を書かせてもらいますが，午前中は正午まで，ヒラー講堂で講義をする予定があるため，明日の午後に面談をする必要がありそうです。昼食後，午後2時に食堂であればお会いできそうです。もしその時間に授業があるようならば，午後3時に私の研究室で会うこともできます。そうでなければ，別の約束で本館に行く前に，5時30分ごろに大学センターに立ち寄ることもできます。

dump 動 ～を投棄する　update 動 ～を最新のものにする　classify 動 ～を分類する　acknowledge 動 …と認める

状況：あなたは大学の教授と，推薦状についての面談の約束をする必要がある。明日の午後，あなたは午後2時から5時まで授業がある。あなたは次のような留守番電話を教授から受け取る。

質問：あなたはどこで教授に会えばよいか。

1 食堂で。
2 大学センターで。
3 本館で。
4 教授の研究室で。

解答 **2**

次のページからは練習問題。ここで学んだことを活かして問題を解いてみよう！

enforce 動（規則など）を守らせる　renew 動 ～を再開する　overlook 動 ～を大目に見る　evaluate 動 ～を評価する

Read the situation and question. Listen to the passage and choose the best answer from among the four choices. The passage will be given only once.

(A)

□□ **No. 1** *Situation:* You are talking to your boss about a complaint from a client. You have already sent the replacement goods. Your boss tells you the following.

Question: Which task should you do next?

1 Reply to your boss's e-mail.
2 Arrange a meeting with AB Trading.
3 Visit AB Trading's offices.
4 Inspect your company's warehouse.

(B)

□□ **No. 2** *Situation:* You are at a department store. You would like to receive a Christmas gift bag. You hear the following announcement.

Question: What should you do?

1 Get many receipts valued at $40 each.
2 Spend over $70 at one time.
3 Buy $20 worth of snacks.
4 Purchase goods online.

(C)

□□ **No. 3** *Situation:* You are riding on the Green Line subway train. You want to visit the Rockwell Memorial Statue. You hear the following announcement.

Question: Where should you get off the Green Line?

1 City Gate.
2 Fox Lake.
3 Seventh Avenue.
4 Alpine Park.

commit 動（罪・過失など）を犯す　argument 名 議論　archaeologist 名 考古学者　reputation 名 評判

NOTES

□take care of ～ ～を処理する，～の世話をする

□in person じかに

□value (at ～) (物)を(～の金額に)見積もる

□range from *A* to *B* (範囲が) AからBに及ぶ

□multiple 複数の

(A)

No. 1 解答 **2**

As you know, AB Trading complained because the goods we sent them were damaged. AB Trading is one of our biggest clients, so I want you to make this your priority today. There are several tasks I need you to take care of. First, we need to replace the goods. So, as I said in the e-mail I sent you, I'd like you to make sure they're sent as soon as possible. After you've done that, call AB Trading this morning and set up an appointment at their offices for tomorrow. I think we should apologize in person. They'll want to know why the goods were damaged, so please also go to our warehouse this afternoon to find out what happened.

知ってのとおり，私たちが送った商品が破損していて，エービー商社からクレームがあってね。エービー商社は当社の大口顧客だから，今日はこの件を優先してほしい。いくつか君にしてほしいことがあるんだ。まず，商品を交換しなければならない。それで，送ったメールに書いたように，できるだけ早く商品を送るようにしてほしい。それが済んだら，午前のうちにエービー商社に電話して，明日，先方に伺う約束を設定してほしい。直接会って謝罪するのがいいと思うんだ。先方はなぜ商品が破損したのかを知りたいだろうから，今日の午後，倉庫にも行って，何が起こったのかを調べてきてほしい。

状況：あなたは，顧客からの苦情について上司と話している。あなたはすでに交換品を送った。上司はあなたに次のように言っている。

質問：あなたが次にするべき仕事はどれか。

1 上司のメールに返信する。
2 エービー商社とのミーティングを手配する。
3 エービー商社の事務所を訪問する。
4 会社の倉庫を視察する。

解説 第4文（First, ...）～第5文で，まず商品を先方へ送ってほしいという依頼があるが，状況からすでに交換品を送っていることがわかるため，第6文のcall AB Trading this morning and set up an appointment at their offices for tomorrowを端的に言い換えた**2**が正解。

(B)

No. 2 解答 **2**

Thank you for visiting Telman's Department Store. To help you enjoy your Christmas experience, we have a free gift bag offer, valued between $20 and $40. The contents of each gift bag may vary, containing items ranging from snacks to jewelry. You will need to show a single receipt worth over $70 to qualify for a gift bag — with a limit of one bag per customer. Multiple receipts totaling $70 will not be accepted. This offer is not available online. Thanks again for visiting Telman's — and Merry Christmas!

テルマンズ・デパートにお越しいただきありがとうございます。お客さまのクリスマスが楽しいものとなりますよう，20ドルから40ドル相当のギフトバッグを無料で差し上げております。各ギフトバッグの中身はそれぞれ異なり，お菓子から宝飾品までさまざまな商品が入っております。ギフトバッグをお受け取りになるには，70ドル以上のお買い物のレシートを1枚，ご提示いただく必要があります。ギフトバッグのご提供はおひとりさまに1つ限りです。合計が70ドルになる複数枚のレシートは受け付けておりません。このサービスはオンラインではご利用できません。改めましてテルマンズ・デパートにお越しいただきありがとうございます。メリークリスマス！

 fossil 名 化石　status 名 地位　contrast 名 対照　workplace 名 職場　equality 名 平等　colleague 名 (職場の)同僚

状況：あなたはデパートにいる。あなたはクリスマスのギフトバッグを受け取りたい。あなたは次のアナウンスを聞く。
質問：あなたは何をすべきか。
1 それぞれ40ドルのレシートをたくさん集める。
2 1度に70ドル以上の買い物をする。
3 20ドル相当のお菓子を買う。
4 オンラインで商品を購入する。

解説 第4文のYou will need to show a single receipt worth over $70 to qualify for a gift bagをSpend over $70 at one time.と言い換えた**2**が正解。不正解の選択肢に放送文中のreceipts, snacks, onlineなどの語があるが，惑わされないようにしよう。

NOTES
□～ worth of ... ～の価値がある…，～相当の…
□transfer to ～ ～に乗り換える
□link （交通網の）リンク，路線網

(C)

No. 3 解答 **3**

Good morning, all passengers. We would like to remind all of our passengers riding on the Green Line that the stop at City Gate is closed for renovations until further notice. For passengers trying to reach the City Gate area, please get off at Fox Lake, and there will be special buses which can take you there. If you are visiting the Rockwell Memorial Statue on the south side of City Gate, please take the alternative route by transferring to the Brown Line at Seventh Avenue, and then getting off at Alpine Park. A station agent will provide you with maps. Thank you for riding Charleston Link.

皆さま，おはようございます。グリーンラインにご乗車の皆さまにお知らせします。シティ・ゲート駅は改築のため追ってお知らせがあるまで閉鎖されております。シティ・ゲート駅方面に行かれるお客さまは，フォックス・レイク駅でお降りください。シティ・ゲート駅方面へ向かう特別バスがございます。シティ・ゲート駅の南側にあるロックウェル記念像に向かわれるお客さまは，代替経路としてセブンス・アベニュー駅でブラウンラインにお乗り換えいただき，アルパイン・パーク駅でお降りください。駅の係員が地図を差し上げております。チャールストン鉄道をご利用いただきありがとうございます。
状況：あなたは地下鉄グリーンラインに乗っている。あなたはロックウェル記念像を見物したい。あなたは次のアナウンスを聞く。
質問：あなたはどこでグリーンラインを降りるべきか。
1 シティ・ゲート駅。
2 フォックス・レイク駅。
3 セブンス・アベニュー駅。
4 アルパイン・パーク駅。

解説 シティ・ゲート駅の南側にあるロックウェル記念像に行く方法を案内している第4文後半please take the alternative route by transferring to the Brown Line at Seventh Avenueから，正解は**3**。アルパイン・パーク駅はブラウンラインを降りる場所なので注意しよう。

10日目 リスニング3

応用編

▼

前半10日間で基礎固めができたら，後半ではさらに正答率を上げるためのさまざまなポイントを学習します。26日目のあとには模擬テストが付いていますので，時間を計って挑戦しましょう。

短文の語句空所補充問題を攻略！②

今日の目標

筆記1の短文の語句空所補充問題には，接頭辞や接尾辞が付いた単語が数多く出題されている。今日は，英単語の構成に目を向けて，効果的に語彙力をアップさせる方法を学習しよう。

ポイント1 英単語の構成を理解しよう！

例えばimpress〔動詞〕は，次に示すように接頭辞と語根という2つの要素で構成されていて，それに接尾辞が付くことで名詞や形容詞へと派生していく。

英単語の構成の例

接頭辞 im- [in-]（中に，上に）+ 語根 press（押す）

→ impress　印象づける〔動詞〕
→ impression　印象〔名詞〕　(-ionが接尾辞)
→ impressive　印象的な〔形容詞〕　(-iveが接尾辞)

このように，英単語を構成する接頭辞，語根，接尾辞に目を向けることで，**本質的な意味を理解しながら語彙を習得できるのはもちろん，知らない単語の意味を推測する上でも役立つ**ことを覚えておこう。例えば，動詞depressの意味を知らなくても，接頭辞de-（下に，離れて）の知識があれば，〈de-（下に）+ press（押す）〉から，「(人）を憂うつにする」や「(市場）を不振にする」の意味を，文脈を頼りに推測できる。

それでは，例題に挑戦してみよう。制限時間は40秒。

例題

Health experts warn that too much (　　　) to the sun can damage the skin. They advise people who spend time outdoors on sunny days to protect their skin with sunblock.

1 exposure　**2** paradox　**3** inferiority　**4** conservation

解答のポイント

- 晴天時に屋外で過ごす人たちに日焼け止めクリームで皮膚を保護するように勧めていることから，保健の専門家たちは過度に日光にexposure「さらされること」によって皮膚が損傷する可能性があると警告していると判断できる。
- exposureの意味を知らなくても，〈接頭辞ex-（外へ）+ 語根pose（置く）+ -ure（名詞を作る接尾辞）〉の知識があれば「さらされること，暴露」だと推測できる。

保健の専門家たちは，日光に当たりすぎると皮膚が損傷することがあると警告している。彼らは晴れた日に屋外で時間を過ごす人たちに，日焼け止めクリームを使って皮膚を保護することを勧めている。

pottery 名 陶器類　assignment 名 任務　particle 名 微粒子　radiation 名 放射線　priority 名 優先（権）

1 さらされること　　2 逆説　　3 劣っていること　　4 保護

解答　1

ポイント2 代表的な接頭辞・接尾辞をチェックしよう！

ポイント１に例として挙げた以外の代表的な接頭辞・接尾辞をチェックしておこう。

接頭辞

pre-, pro-　前の	➡ predict　予測する	ob-　～に反対して	➡ obstruct　妨害する
post-　あとの	➡ postscript　追伸	e(x)-　外へ	➡ exclude　除外する
for(e)-　前に	➡ foretell　予言する	out-　外へ	➡ outbreak　勃発
under-　下に	➡ underlie　根底にある	co(n)-, co(m)-　ともに	➡ cohere　密着する
over-　上に，超えて	➡ overcome　克服する	com-, con-　完全に	➡ conquer　征服する
up-　上に	➡ uphold　支持する	per-　完全に	➡ perform　実行する
sur-　上に，超えて	➡ surpass　勝る	ab-　離れて	➡ abnormal　異常な
sub-　下に	➡ subdue　制圧する	trans-　越えて	➡ transmit　送信する
ant(i)-　反～，対～	➡ antibiotic　抗生物質	en-, em-　～にする	➡ enlarge　拡大する
ant(e)-, ant(i)-　前の	➡ anticipate　予期する	re-　再び，もとへ	➡ resume　再開する
dis-　離れて，反対	➡ dismiss　退ける	auto-　自身の	➡ autograph　サイン

動詞を作る接尾辞

-en	➡ strengthen　強化する	-ize, -ise	➡ civilize　文明化する
-ate	➡ alienate　疎外する	-(i)fy	➡ classify　分類する

名詞を作る接尾辞

-ion	➡ stimulation　刺激	-age	➡ shortage　不足
-ness	➡ consciousness　意識	-al	➡ removal　除去
-ance, -ence	➡ alliance　同盟	-ancy, -ency	➡ occupancy　占有
-hood	➡ likelihood　可能性	-ics	➡ ethics　倫理(学)
-ity, -ety	➡ validity　妥当性	-ism	➡ pacifism　平和主義
-ment	➡ inducement　誘導	-th	➡ stealth　内密
-ship	➡ hardship　苦難	-tude	➡ altitude　高度
-y	➡ assembly　集会	-ure	➡ expenditure　支出(額)

形容詞を作る接尾辞

-ful	➡ plentiful　豊富な	-y	➡ stuffy　風通しの悪い
-ous	➡ perilous　危険な	-able, -ible	➡ edible　食べられる
-ish	➡ sluggish　不活発な	-ile	➡ fertile　肥沃な
-less	➡ flawless　欠点のない	-ant, -ent	➡ dependent　頼っている
-al	➡ additional　追加の	-ine	➡ divine　神聖な
-ive	➡ addictive　中毒性の	-ate	➡ accurate　正確な
-ic	➡ hectic　非常に忙しい	-ary	➡ ordinary　普通の

次のページからは練習問題。英単語の構成に注意して問題を解いてみよう！

content 名 コンテンツ　　destination 名（旅行などの）目的地　　mine 名 鉱山　　injury 名 傷害　　lottery 名 宝くじ

Choose the best word or phrase from among the four choices for each blank.

□□ **(1)** Tom's ( ) applications to the prestigious university finally paid off when he was accepted after his fifth effort.
1 resistant **2** persistent **3** reminiscent **4** indifferent

□□ **(2)** The consulting company ( ) a nationwide survey on online shopping among senior citizens.
1 convinced **2** contaminated **3** conducted **4** conveyed

□□ **(3)** John realized his acceptance of the job offer was ( ), as he discovered that he could have negotiated for a higher starting salary.
1 precautionary **2** premature **3** preliminary **4** precarious

□□ **(4)** I am ( ) from the Navajo people on my mother's side of the family.
1 devoted **2** ascended **3** associated **4** descended

□□ **(5)** Drivers must ( ) themselves with the complexity of Los Angeles' highways if they plan to commute by car.
1 accelerate **2** alternate **3** accumulate **4** acquaint

□□ **(6)** The university president ( ) the new research center becoming one of the country's most advanced facilities within a decade.
1 enhances **2** enforces **3** envisions **4** enrolls

□□ **(7)** Studies have shown that many American elementary school students lack a basic ( ) in reading and math skills, leading to severe academic problems later in life.
1 creation **2** foundation **3** allegation **4** specialization

□□ **(8)** Once he conquered his fear of ( ) by customers, he became one of the best salespeople in the cosmetics company.
1 exemption **2** detention **3** rejection **4** alteration

 feature 名 特徴 labor 名 労働 diabetes 名 糖尿病 bulb 名 電球

(1) 解答 **2**

5度目の試みで入学が認められ，トムが名門大学にねばり強く出願し続けてきたことがついに実を結んだ。

解説 persistent「ねばり強い，持続する」〈per（通して）+ sist（立つ）+ ent（～の状態の）〉が正解。**1**「抵抗する」，**3**「連想させる」，**4**「無関心な」

(2) 解答 **3**

そのコンサルタント会社は，高齢者のオンライン・ショッピングに関する全国的な調査を行った。

解説 conducted「（業務など）を行った」〈con（ともに）+ duct（導く）〉が正解。**1**「～を納得させた」，**2**「～を汚した」，**4**「～を運んだ，伝えた」

(3) 解答 **2**

ジョンは，交渉でもっと高い初任給を得られたかもしれなかったことを知って，その仕事の申し出を受けたことは時期尚早だったことに気付いた。

解説 premature「時期尚早の」〈pre（前の）+ mature（成熟した）〉が正解。**1**「予防的な」，**3**「予備的な」，**4**「不安定な」

(4) 解答 **4**

私は母方の先祖からナバホ族の血を受け継いでいる。

解説 be descended from ～ で「～の系統を引く」の意味。descendは「下る」〈de（下に）+ scend（登る）〉。**1**「献身的な」，**2**「上げられて」，**3**「連合した」

(5) 解答 **4**

ドライバーは，もし車通勤をするつもりなら，ロサンゼルスの幹線道路の複雑さをよく知っておかなければならない。

解説 acquaint *oneself* with ～で「～に精通する」の意味。acquaintは「～に熟知させる」〈ac（～に）+ quaint（知られた）〉。**1**「～を加速する」，**2**「～を交互にする」，**3**「～を蓄積する」

(6) 解答 **3**

大学総長は，新しい研究センターが10年以内に国内で最も進んだ施設の1つになると予測している。

解説 envisions「～を予測する，心に描く」〈en（～(の状態）にする）+ vis（見る）+ ion（こと）〉が正解。**1**「～を増す」，**2**「～を施行する」，**4**「～を入学させる」

(7) 解答 **2**

研究によると，多くのアメリカの小学生は読解力と数学的能力の面で初歩的な基礎が欠けており，そのことがあとになって学問をする上での深刻な問題となっている。

解説 foundation「基礎，土台」〈found（土台を築く）+ ation（こと，～した結果生じたもの）〉が正解。**1**「創造」，**3**「申し立て，主張」，**4**「特殊化」

(8) 解答 **3**

顧客に断られるのではないかという不安をひとたび克服すると，彼はその化粧品会社でトップセールスマンの1人になった。

解説 rejection「拒絶」〈re（もとへ）+ ject（投げる）+ ion（こと）〉が正解。**1**「免除」，**2**「拘置，居残り」，**4**「交互」

NOTES

□prestigious 名声のある

□pay off（努力や投資が）効果を生む

-wideはworldwide「世界的な」など，「全体にわたる」という意味の形容詞・副詞を作る接尾辞。

□complexity 複雑さ

□decade 10年（間）

résumé 名 履歴書　mud 名 ぬかるみ　psychology 名 心理学　corporation 名 大企業

□□ **(9)** Studies show that even negative (   ) can help celebrities because it keeps their names in public view.

1 elevation **2** correction **3** publicity **4** acceptance

□□ **(10)** The soldier's wound became (   ) due to the unsanitary conditions in the makeshift camp.

1 infected **2** influenced **3** inflicted **4** invalid

□□ **(11)** Dr. Collins (   ) a strict diet on Mr. Franklin because he had become dangerously overweight.

1 exposed **2** imposed **3** opposed **4** transposed

□□ **(12)** The rail network has been seriously (   ) in southern Korea because of the typhoon, and it will take several weeks to get it back to normal.

1 dissolved **2** discarded **3** disrupted **4** diagnosed

□□ **(13)** Only the state legislature can (   ) laws, but they must be signed by the governor in order to become valid.

1 entice **2** entrust **3** embarrass **4** enact

□□ **(14)** Ecologists emphasize a need to preserve greenbelts around cities due to the (   ) of such areas by urban development.

1 invasion **2** application **3** precaution **4** superstition

□□ **(15)** The benefits of the surgery (   ) the risks, so the patient decided to go through with it.

1 outweighed **2** distinguished **3** promoted **4** combined

□□ **(16)** The engineer developed more (   ) in automobile design as she gained more experience and technical knowledge throughout her career.

1 affliction **2** capital **3** prejudice **4** competence

 ecosystem 名 生態系 promotion 名 昇進 administration 名 管理 complaint 名 苦情

(9) 解答 **3**

研究によれば，マイナスの**評判**でも，名前が世間の目に触れ続けるので，有名人にとっては役に立つことがあるという。

解説 publicity「評判」〈public（民衆の）+ity（もの，こと）〉が正解。**1**「標高」，**2**「訂正」，**4**「受諾」

(10) 解答 **1**

兵士の傷は，仮設野営地の非衛生的な環境が原因で**感染を起こして**しまった。

解説 infected「（菌に）感染した」〈in（中に）+ fect（作る，置く）〉が正解。**2**「影響を受けて」，**3**「（損害など）を与えられて」，**4**「無効の」

(11) 解答 **2**

コリンズ医師は，フランクリン氏の肥満が危険なレベルに達していたので，氏に厳しい食事制限**を課した**。

解説 imposed「～を課した」〈im（上に）+ pose（置く）〉が正解。**1**「～をさらした」，**3**「～に反対した」，**4**「～を置き換えた」

(12) 解答 **3**

台風のため韓国南部では鉄道網がひどく**乱れ**ており，元に戻るのに数週間かかる見込みだ。

解説 disruptは「（交通など）を混乱させる，中断させる」〈dis（離れて）+ rupt（破れる）〉の意味。**1**「分解されて」，**2**「捨てられて」，**4**「診断されて」

(13) 解答 **4**

州議会だけが法律**を制定**できるが，効力を発揮させるには知事の署名がいる。

解説 enact「～を制定する」〈en（～にする）+ act（行う）〉が正解。**1**「～を誘う」，**2**「～にゆだねる」，**3**「～に恥ずかしい思いをさせる」

(14) 解答 **1**

環境保護論者が都市周辺の緑地帯を保存する必要性を強調しているのは，そういった地域に都市開発が**押し寄せ**ているからである。

解説 invasion「侵入，押し寄せること」〈in（中に）+ vade（行く）+ ion（すること）〉が正解。**2**「適用，出願」，**3**「用心」，**4**「迷信」

(15) 解答 **1**

その手術では利点のほうが危険性**より勝っていた**ので，患者は手術を受けることに決めた。

解説 outweighed「（価値などが）～より勝った」〈out（～より超えて）+ weigh（重要である）〉が正解。**2**「～を区別した」，**3**「～を促進した」，**4**「～を結合した」

(16) 解答 **4**

その技術者は，自身のキャリアを通じて経験と専門知識を増やすにつれ，自動車設計の**能力**をさらに向上させた。

解説 competence「能力」〈com（ともに）+ pete（向かう）+ence（もの，こと）〉が正解。**1**「（心身の）苦痛」，**2**「首都，資本（金）」，**3**「偏見」

NOTES

□wound 傷

□makeshift その場しのぎの

unsanitary「非衛生的な」のun-は，「～でない」の意味を表す接頭辞。なお，sanitaryは「衛生的な，清潔な」という意味。

□legislature 議会

□go through with ～ （難事など）をやり通す

debt 名 借金　requirement 名 必要条件　workforce 名 総従業員　preference 名 ほかより好むこと

□□ **(17)** The speaker was able to maintain her (　　　　) even while under a high degree of stress from audience questions.

1 excerpt　　**2** composure　　**3** blaze　　**4** dispute

□□ **(18)** Our trip to the Amazon rainforest gave us (　　　　) insights into the wonders of nature on our planet.

1 indecisive　　**2** illegible　　**3** illicit　　**4** invaluable

□□ **(19)** A person with a high fever sometimes act (　　　　), and may, for example, try to speak to people who are not actually present.

1 irrationally　　**2** evasively　　**3** intentionally　　**4** conceivably

□□ **(20)** Lack of access to clean water left citizens in the country (　　　　) to a variety of deadly diseases.

1 vulnerable　　**2** exempt　　**3** implicated　　**4** perplexing

refugee 名 難民　inhabitant 名 居住者　subscription 名 予約購読（料）　recipient 名 受取人

NOTES

(17) 解答 **2**

講演者は，聴衆からの質問により高い緊張状態に置かれていたときでさえ，平静を保つことができた。

解説 composureは「平静」〈com（ともに）+ pose（置く）+ ure（もの，こと）〉の意味。**1**「抜粋，引用」，**3**「火炎」，**4**「論争」

(18) 解答 **4**

アマゾンの熱帯雨林へ旅をしたことで，われわれは地球の自然の驚異に関して**計り知れないほど貴重な**洞察を得ることができた。

解説 invaluableは「計り知れないほど貴重な」〈in（でない）+ value（価値を評価する）+ able（～できる）〉の意味。**1**「決定的でない，優柔不断の」，**2**「（文字が）読みにくい」，**3**「不法の」

(19) 解答 **1**

高熱の人は，例えば実際にはいない人に話しかけようとするなど，**理性を欠いた**行動をとることがある。

解説 irrationally「不合理に，理性を欠いて」〈ir（でない）+ rational（合理的）+ ly（状態で）〉が正解。**2**「言葉を濁して，うまくかわして」，**3**「意図的に」，**4**「たぶん，考えられる限りでは」

(20) 解答 **1**

きれいな水が手に入らないので，その国に住む人々は命にかかわるさまざまな病気に**かかりやすい**状態になっていた。

□deadly
命にかかわる，致命的な

解説 病気にvulnerable「かかりやすい，弱い」〈vulner（傷つける）+ able（～できる）〉が正解。**2**「免除された」，**3**「関係している」，**4**「当惑させる」

shift 名 変化　vessel 名（比較的大型の）船　ingredient 名 材料　qualified 形 有能な

短文の語句空所補充問題を攻略！③

今日の目標

単語と単語の結び付きが比較的固定化されていて，頻繁に用いられる表現のことをコロケーションという。今日は，筆記1の短文の語句空所補充問題で出題されるコロケーションの傾向を詳しく見ていこう。

ポイント1 代表的なコロケーションを把握しよう！

コロケーションにはさまざまな品詞の組み合わせがあるが，筆記1で選択肢となるのは名詞，動詞（句動詞を含む），形容詞（分詞形容詞を含む）が中心なので，次に示す4種類のコロケーションを数多く身につけておくと，筆記1を解答する上で役立つ。

押さえておきたいコロケーションの種類

- 〈動詞＋目的語（名詞）〉　例：(**resume**) the meeting　「会議を再開する」
- 〈主語（名詞）＋動詞〉　例：Three witnesses (**testified**) that ～　「3人の証人は～だと証言した」
- 〈形容詞＋名詞〉　例：(**insoluble**) problem　「解決できない問題」
- 〈名詞＋名詞〉　例：sales (**quota**)　「販売ノルマ」

これらのコロケーションの中でも，特に〈動詞＋目的語（名詞）〉と〈形容詞＋名詞〉の出題が多い。また，コロケーションを数多く身につけておくと，単語を単語としてだけではなく，その前後の単語も含めたまとまりのある表現としてとらえることができるため，英文の速読にも効果的だ。

それでは，例題に挑戦してみよう。制限時間は40秒。

例題

Before designing its new model, the car company carried out an (　　　) ①survey of consumers. It wanted the car to appeal to as many people as possible.

1 extensive　**2** unconscious　**3** irrelevant　**4** obstinate

解答のポイント

- 第2文から自動車会社はできるだけ多くの人たちの興味を引く新型車を設計することを望んでいたことがわかるので，きっと調査の規模は大きかったはずである。したがって，**1** extensive「広範囲にわたる」が正解。
- この例題では，extensive survey「広範囲にわたる調査」を1つのコロケーションとして覚えておくと，空所直後のsurvey（①）という語が解答への直接の手がかりとなる。
- extensiveを使ったその他の代表的なコロケーションに，extensive area「広い地域」，extensive knowledge「幅広い知識」，extensive business「手広い事業」，extensive reading「多読」などがある。

widespread 形 広範囲にわたる　**alternative** 形 代替の　**harsh** 形 厳しい　**enormous** 形 並外れた

その自動車会社は，新型を設計する前に，顧客を対象に広範囲にわたる調査を実施した。会社はその車ができるだけ多くの人たちの興味を引くことを望んでいた。

1 広範囲にわたる　**2** 無意識の　**3** 無関係の　**4** 頑固な

解答　**1**

ポイント2　過去に出題されたコロケーションをチェックしよう！

ポイント1に例として挙げた以外のコロケーションの出題例をチェックしてみよう。

動詞＋目的語（名詞）	
□survive an (ordeal)	厳しい試練を乗り越える
□(enforce) a rule	規則を守らせる
□(provoke) discussion	議論を誘発する
□(heed) *one's* advice	～の助言を心に留める
□take a (detour)	迂回する
□(obstruct) *one's* view	～の視界を妨げる
□(enhance) *one's* performance	～の能力を高める
□(convey) *one's* best wishes	よろしくと伝える
□gain (admission)	入学許可を得る
□(distort) the truth	事実を曲げる
□(cite) an example	例を引き合いに出す
□(clarify) some points	いくつかの点を明確にする
□(prosecute) the suspect	容疑者を起訴する

形容詞＋名詞	
□(prestigious) position	名誉ある地位
□written (confirmation)	書面による承認，確認書
□(vacant) house	空き家
□(oppressive) heat	うだるような暑さ
□(simultaneous) interpreter	同時通訳者
□(invalid) license	無効な免許
□(humanitarian) assistance	人道的支援
□(disruptive) behavior	破壊的な行動
□complete (withdrawal)	完全撤退
□(exotic) animal	外来動物
□(abridged) version	要約版
□(trivial) error	ささいな誤り
□(preconceived) idea	先入観

名詞＋名詞	
□health (implications)	健康への影響
□(literacy) rate	識字率

次のページからは練習問題。コロケーションに注意して問題を解いてみよう！

specific 形 明確な　artificial 形 人工の　toxic 形 有毒な　flexible 形 融通のきく

練習問題

Choose the best word or phrase from among the four choices for each blank.

□□ **(1)** Although discussions at the United Nations had continued for weeks, the countries could only reach a (　　　) agreement, instead of something more formal.

1 verbal　**2** sensory　**3** timid　**4** crammed

□□ **(2)** The new party leader made an (　　　) speech that impressed most listeners, but the content dissatisfied some.

1 infectious　**2** eloquent　**3** incurable　**4** available

□□ **(3)** Itani Ltd. and Foster Technologies formed an (　　　) to produce an advanced series of microprocessors in jointly-held facilities.

1 executive　**2** abduction　**3** assumption　**4** alliance

□□ **(4)** To avoid (　　　) with the protestors, government officials changed the location of the meeting at the last minute.

1 confrontation　**2** devastation　**3** subordination　**4** punishment

□□ **(5)** Healthy Heart medicine was proven to have no (　　　) effects on any patients in its clinical trials, and so was approved for sale to the general public.

1 adverse　**2** synthetic　**3** occupational　**4** supplementary

□□ **(6)** The local university signed the student exchange agreement to (　　　) closer relations with the university in Australia.

1 ban　**2** evacuate　**3** foster　**4** enlighten

□□ **(7)** Since the products arrived at the warehouse in damaged condition, Amaco Inc. (　　　) payment until substitute goods were shipped.

1 withheld　**2** resolved　**3** cultivated　**4** secured

□□ **(8)** The car was completely destroyed, so Robert was very lucky to (　　　) only minor injuries in the accident.

1 resign　**2** sustain　**3** unveil　**4** suspend

latest 形 最新の　former 形 以前の　capable 形 有能な　practical 形 実践的な

解答・解説

NOTES

(1) 解答 1

国連の討議は数週間続いたが，各国はもっと公式のものではなく，口頭での合意に達するにとどまった。

解説 verbal agreementで「口頭での合意，口約束」という意味。**2**「感覚の」，**3**「臆病な」，**4**「ぎっしり詰まった」

(2) 解答 2

新しい党首は雄弁なスピーチをしてほとんどの聴衆に感銘を与えながらも，その内容は一部の人にとっては不満なものだった。

解説 eloquent speech「雄弁なスピーチ」は1つの表現として覚えておこう。**1**「感染性の」，**3**「不治の」，**4**「利用できる，入手できる」

(3) 解答 4

イタニ社とフォスター・テクノロジーズ社は，共同工場で新型のマイクロプロセッサ（超小型演算装置）を生産する提携を結んだ。

解説 form [enter into] an allianceで「提携する，同盟を結ぶ」の意味。**1**「重役，幹部」，**2**「誘拐」，**3**「仮定，前提」

Ltd.（Limitedの略）は主にイギリスで使われる語で「有限責任の」の意味。社名のあとに添える。アメリカではInc.（Incorporatedの略）を使う。

(4) 解答 1

抗議団体との衝突を避けるため，政府の役人は土壇場で会議の場所を変更した。

解説 avoid confrontationで「衝突［対立］を避ける」の意味。**2**「荒廃」，**3**「従属」，**4**「刑罰」

□at the last minute 土壇場で

(5) 解答 1

ヘルシー・ハートという薬は，臨床試験でどの患者にも全く副作用は出なかったので，市販が認可された。

解説 adverse effectで「悪影響，副作用」の意味。類似表現としてbad［negative］effectなどがある。**2**「合成の，人造の」，**3**「職業の」，**4**「補足の，追加の」

(6) 解答 3

その地方大学は，オーストラリアにある大学とより緊密な関係をはぐくむため，学生交換協定に署名した。

解説 fosterのあとにrelations，understanding，cooperationなどの名詞が来て「（関係・理解・協力など）を促進する，深める」という意味。**1**「～を禁止する」，**2**「～を避難させる」，**4**「～を啓発する」

(7) 解答 1

製品が破損した状態で倉庫に届いたので，アマコ社は代わりの品物が送られてくるまで支払いを保留した。

解説 withhold payment「支払いを保留する」は1つの表現として覚えておこう。**2**「～を解決した」，**3**「～を耕した，養った」，**4**「～を確保した」

□substitute 代用の

□ship ～を発送する

(8) 解答 2

自動車は大破したのに，ロバートがその事故で軽症を負っただけだったのはとても幸運なことだった。

解説 sustainのあとにinjury，fractureなどの損傷を表す名詞が来て「（傷害など）を受ける，負う」という意味。**1**「～を辞める」，**3**「～を明かす」，**4**「～を一時停止する」

mechanical 形 機械の　federal 形 連邦政府の　aggressive 形 攻撃的な　adequate 形 （ちょうど）十分な

□□ **(9)** Since there was no clear winner in the national election, the two political parties joined together to form a (　　　) government.

1 refund　**2** barrier　**3** coalition　**4** hostility

□□ **(10)** Mrs. Jones (　　　) some space in her office for the part-time employees who started work this month.

1 exerted　**2** allocated　**3** activated　**4** spread

□□ **(11)** The hockey player scored a goal when attention was (　　　) from him by his teammates' moves toward another player.

1 shoved　**2** diverted　**3** banished　**4** wedged

□□ **(12)** The elderly woman (　　　) one million yen for an old hat in the auction to raise funds for the NGO.

1 bid　**2** praised　**3** proposed　**4** suppressed

□□ **(13)** People who run successful businesses tend to have certain (　　　) in common. They have strong leadership skills, are highly motivated, and are willing to take risks.

1 traits　**2** fusions　**3** intervals　**4** mergers

□□ **(14)** The presidential candidate promised that he would increase the country's minimum wage if he were elected. He said that all working people should be able to earn a (　　　) salary.

1 cursed　**2** decent　**3** fierce　**4** precise

□□ **(15)** When Charlie could not find his favorite shirt, his mother said it was his own fault for leaving his clothes in a (　　　) on the floor rather than putting them away in his closet.

1 lounge　**2** heap　**3** spray　**4** clap

□□ **(16)** Attempts to save the species of monkey were in (　　　). Despite the hard work of scientists, the last surviving monkey died and the species disappeared altogether.

1 turn　**2** reserve　**3** short　**4** vain

unexpected 形 思いがけない　attractive 形 魅力的な　sufficient 形 十分な　costly 形 費用のかかる

NOTES

(9) 解答 **3**

国政選挙で明確な勝敗がつかなかったので，2つの政党が合流して，**連立**政権を作った。

解説 coalition governmentで「連立政権」という意味の複合語を作ることができる。**1**「払戻し」，**2**「障壁」，**4**「敵意」

(10) 解答 **2**

ジョーンズさんは今月働き始めたパートタイム従業員にオフィスの一部**を割り当てた**。

解説 allocate space「場所を割り当てる」は重要なコロケーション。allocateはlocate「～を配置する」から類推する。**1**「～を行使した」，**3**「～を作動させた」，**4**「～を広げた」

(11) 解答 **2**

チームメートたちが別の選手のほうに動いたことで注意がそのホッケー選手から**それた**とき，彼はゴールを決めた。

解説 divert attention from ～で「～から注意をそらす」の意味。**1**「（乱暴に）押されて」，**3**「追放されて」，**4**「押し込まれて」

(12) 解答 **1**

そのNGOのための資金集めのオークションで，年配の女性が古い帽子に100万円**の値をつけた**。

□raise funds 資金を集める

解説 〈bid＋金額＋for ～〉で「（入札で）～に…の値をつける」の意味。**2**「～を称賛した」，**3**「～を提案した」，**4**「～を鎮圧した」

(13) 解答 **1**

成功したビジネスを営む人は，ある共通の**特徴**を持つ傾向がある。彼らには強いリーダーシップがあり，モチベーションが高く，リスクをとることをいとわない。

解説 traits in commonで「共通の特徴」の意味。**2**「融合」，**3**「間隔」，**4**「合併」

(14) 解答 **2**

大統領候補はもし自分が当選したら国の最低賃金を上げると約束した。彼はすべての働く人々が**まともな**給料を得られるようになるべきだと述べた。

解説 空所直後のsalary「給料」と意味的に結び付くのはdecent「まともな」である。**1**「呪われた」，**3**「激しい」，**4**「精密な」

(15) 解答 **2**

チャーリーがお気に入りのシャツを見つけられなかったときに，母親は服をクローゼットにしまわずに床に**山積み**にしておいた彼自身のせいだと言った。

解説 in a heapで「どさっと，山積みに」の意味。**1**「待合室」，**3**「スプレー」，**4**「拍手」

(16) 解答 **4**

このサルの種（しゅ）を保存しようとする試みは**無駄**に終わった。科学者たちの懸命な努力にもかかわらず，最後に生き残ったサルは死に，その種（しゅ）は完全に消滅した。

解説 in vainで「無駄に」という意味。すべての選択肢がinと一緒にイディオムとなるため，押さえておこう。**1** in turnで「順番に」，**2** in reserveで「予備の」，**3** in shortで「要するに」

eventually 副 ついに（は）　otherwise 副 そうでなければ　previously 副 以前に　relatively 副 比較的（に）

□□ **(17)** When the little girl dropped her ice cream, she was on the (　　　) of tears, so her mother gave her another one to stop her from crying.

1 event　**2** verge　**3** side　**4** hump

□□ **(18)** Tom found it difficult to read books at home because his brothers and sisters always disturbed him, so he liked to go to quiet cafés where he could read at his (　　　).

1 mission　**2** disgust　**3** leisure　**4** voyage

□□ **(19)** The new cars were so popular that the manufacturer could not produce them quickly enough to (　　　) demand.

1 make off with　**2** keep up with
3 buckle down to　**4** look out for

□□ **(20)** Ricky (　　　) his lack of an extensive background in mathematics by studying hard every night to master the subject.

1 goes through with　**2** looks down on
3 makes up for　**4** comes down with

consequently 副 その結果（として）　constantly 副 絶えず　typically 副 通常　barely 副 かろうじて

NOTES

(17) 解答 **2**

少女がアイスクリームを落としてしまい泣き**そうに**なっていたため，泣き出さないように，母親は彼女にもう1個アイスクリームをあげた。

解説 on the verge of ～で「～の間際で」の意味。**1**「出来事」，**3**「側」，**4**「こぶ」

(18) 解答 **3**

家ではいつも兄弟姉妹が邪魔をして，なかなか本が読めないとわかったので，トムは**ゆっくりと**本を読める静かなカフェに行くのが好きだった。

解説 at *one's* leisureで「ゆっくりと，暇なときに」の意味。**1**「任務」，**2**「嫌悪」，**4**「船旅」

(19) 解答 **2**

その新しい車は大人気だったので，メーカーは需要**に追いつく**ほど迅速な製造ができなかった。

解説 keep up with demandで「需要に追いつく［応える］」の意味。**1**「～を持ち去る」，**3**「～に本気で取り組む」，**4**「～に気を配る」

(20) 解答 **3**

リッキーは，数学を身につけようと毎晩一生懸命に勉強することで，数学の広範囲にわたる学習経験の不足**を補っている**。

解説 make up for *one's* lack of ～で「～の不足を補う」の意味。**1**「～をやり通す」，**2**「～を見下す」，**4**「（病気）にかかる」

□extensive 広範囲にわたる

despite 前 ～にもかかわらず　per 前 ～につき　beneath 前 ～の下に　whereas 接 ～であるのに

短文の語句空所補充問題を攻略！④

今日の目標

筆記1の短文の語句空所補充問題では，最後の4題が句動詞を問う問題になっているのが最近の傾向だ。今日は，筆記1で出題される句動詞の意味の推測方法と出題傾向を詳しく学習しよう。

ポイント1 句動詞の意味の推測方法をマスターしよう！

筆記1で出題される句動詞の形には，次に示す3つのパターンがある。

句動詞の形

- 〈動詞＋副詞〉　例：settle down「落ち着く」
- 〈動詞＋前置詞〉例：jump at ～「～にすぐに飛びつく」
- 3語以上　例：fall back on ～「～を頼りにする」

これらのパターンの中でも，特に2語で構成されている〈動詞＋副詞〉と〈動詞＋前置詞〉の出題が多く，3語以上の句動詞は出題されたとしても1問程度である。

上記の例からもわかるように，出題される句動詞のほとんどは比較的平易な語彙で構成されているので，初めて見る句動詞が出題されたとしても，**中心となる語の意味と前置詞・副詞の持つイメージを組み合わせることで，その意味を推測できる場合もある。**

句動詞の出題例

- burn out　→ burn「燃える」＋ out「完全に」　➡「燃え尽きる，消耗する」
- drag on　→ drag「引きずる」＋ on「続けて」　➡「長引く」
- split up　→ split「分裂する」＋ up「完全に」　➡「別れる」
- hang onto ～　→ hang「ぶら下がる」＋ onto「～の上へ」　➡「～にしがみつく」
- go along with ～　→ go along「一緒に行く」＋ with「～と」　➡「～に賛成する」

句動詞は覚えにくく，対策が立てづらい分野ではあるが，このように**句動詞を構成している個々の語に目を向けることで正解にたどり着くことができる場合もあることを覚えておこう。**

それでは，例題に挑戦してみよう。制限時間は40秒。

例題

Since Professor Wilson was at home sick, Professor Yamaguchi agreed to (　　　) him by teaching his classes for the day.

1 stand aside　**2** set up　**3** make for　**4** cover for

post 動 (インターネットで)(情報・メッセージ) を投稿する　reject 動 ～を拒絶する　consult 動 ～に相談する

解答のポイント

- 病気で自宅にいる教授が担当しているクラスを教えるということは，彼の代わりに授業を受け持つことに同意したと考えるのが自然。したがって，**4** cover for ～「～の代わりを務める」が正解。
- もしcover for ～という句動詞を初めて見たとしても，〈cover「カバーする」＋for「～の代わりに」〉と個々の語の意味を組み合わせることで，「～の代わりを務める」という意味は推測できる。

ウィルソン教授が病気で家にいたので，ヤマグチ教授は彼の代わりを務めてその日の授業を受け持つことに同意した。

1 脇に寄る，傍観する　**2** ～を始める　**3** ～の方向へ進む　**4** **～の代わりを務める**

解答　**4**

13日目　筆記1

ポイント2　過去に出題された句動詞をチェックしよう！

ポイント1に例として挙げた以外の句動詞の出題例をチェックしてみよう。

動詞＋副詞		
□ **kick off ～**	～を始める	(⬅「蹴る」＋「離れて」)
□ **shove ～ aside**	～を押しのける	(⬅「押す」＋「脇に」)
□ **keep up**	遅れずについていく	(⬅「保つ」＋「遅れないで」)
□ **fall through**	だめになる	(⬅「落ちる」＋「通り抜けて」)
□ **branch out**	事業を拡大する	(⬅「枝を出す」＋「外へ」)
□ **stop up ～**	～をふさぐ	(⬅「止める」＋「完全に」)
□ **put forward ～**	～を提案［提出］する	(⬅「置く」＋「前へ」)
□ **dry up**	干上がる	(⬅「乾く」＋「完全に」)
□ **pull over**	車を道の脇に寄せて止める	(⬅「引く」＋「向こうへ」)
□ **wrap up ～**	～を締めくくる	(⬅「包む」＋「完全に」)
□ **step down**	辞任する，降りる	(⬅「歩く，進む」＋「下に」)

動詞＋前置詞		
□ **go over ～**	～を見直す	(⬅「行く」＋「～のいたる所に」)
□ **bet on ～**	～を請け合う	(⬅「賭ける」＋「～に対して」)
□ **mess with ～**	～をいじくり回す	(⬅「取り散らかす」＋「～を持って」)

Column

誤答の学習も効果的！

筆記1で出題された正答の語が，近年中に再び正答の語として出題される可能性は非常に低いが，誤答の語は，近年中に再び誤答あるいは正答の選択肢として出題される可能性がある。

ある5年分の試験を分析してみたところ，筆記1の選択肢として出題された語の中で2回以上登場していた語は，1回の試験あたり平均で10語程度もあった。

また，正答も誤答も含めて，筆記1で出題された選択肢の語が，異なる試験回の長文（筆記2・筆記3）に登場することがよくある。こちらもある5年分の試験を分析してみたところ，筆記1の選択肢の語の約5分の1が同じ5年間の長文に登場していた。

過去問を解く際に，正答はもちろん誤答も含めて学習しておく意義は大きい！

次のページからは練習問題。句動詞の意味を推測しながら問題を解いてみよう！

obey 動 ～に服従する　**engage** 動 ～を従事させる　**restore** 動 ～を修復する　**colonize** 動 ～を植民地化する

練習問題

Choose the best word or phrase from among the four choices for each blank.

□□ **(1)** Mary's preference for her government position ( ) the job security and fixed work hours that it provides her.

1 stems from **2** brings out **3** copes with **4** aims at

□□ **(2)** Everyone ( ) to buy Sally a retirement present. Most people contributed about $10, but a few gave over $20.

1 sold out **2** chipped in **3** passed out **4** broke in

□□ **(3)** The marathon leader was able to ( ) challengers to maintain her position in the final kilometer of the race.

1 keep in **2** put back **3** set aside **4** hold off

□□ **(4)** Jane found it difficult to just ( ) applying for college, since she knew so little about which school would be best for her studies.

1 go about **2** build up **3** level out **4** spring from

□□ **(5)** ***A:*** Sorry, but I don't think I'll be able to drive you home today after all.
B: I can't believe you're ( ) of your promise. I was counting on you.

1 breaking in **2** locking in **3** setting out **4** backing out

□□ **(6)** Eventually, the company's management ( ) to the demands of the employees and agreed to raise wages by 10 percent.

1 gave in **2** stepped down **3** ran out **4** wound up

□□ **(7)** After spending a month away from home, I was eager to ( ) the news about my family members and friends.

1 get out of **2** stay ahead of **3** catch up on **4** pull over to

 interact 動 交流する　inspire 動 ～に創造的刺激を与える　sue 動 ～を訴える　estimate 動 …と推定する

NOTES

(1) 解答 **1**

メアリーが行政機関での自身の役職が好きなのは，その仕事が安定していて労働時間が決められていることに**起因している**。

解説 主語と空所以降の因果関係を考えれば，正解はstems from ～「～に起因する」である。**2**「～を取り出す，明らかにする」，**3**「～にうまく対処する」，**4**「～を目指す」

□preference
ほかより好むこと

(2) 解答 **2**

サリーの退職祝いの品を買うために，皆で**お金を出し合った**。10ドル程度の寄付をした人がほとんどだったが，中には20ドルを超える寄付をした人も数名いた。

解説 第2文（Most ...）の内容から，全員でchipped in「お金を出し合った」ことがわかる。**1**「（期待を）裏切った」，**3**「気絶した」，**4**「中へ押し入った」

□contribute
～を寄付する

(3) 解答 **4**

マラソンの先頭走者は，レースの最後の1キロで挑戦者たち**を引き離し**て順位を維持することができた。

解説 トップの順位を維持したということは，挑戦者を「寄せつけない」ことができたと考えられる。hold off ～「～を寄せつけない」が正解。**1**「（感情）を抑える」，**2**「～を元に戻す」，**3**「～を取っておく」

(4) 解答 **1**

ジェーンは，自分の学びにはどの大学が最適かということについてほとんど知識がなかったので，大学の出願**に取り掛かる**ことさえ難しいことに気付いた。

解説 since以下の状況からgo about ～「～に取り掛かる」が正解。**2**「～を築き上げる」，**3**「～を平らにする」，**4**「～から生じる」

(5) 解答 **4**

A：申し訳ないけど，結局，今日は車で自宅まで送れそうにないよ。
B：約束**を取り消す**なんて信じられない。あなたを当てにしていたのよ。

解説 Aが約束を「取り消す」ことにBが驚いているという文脈を押さえる。backing out of ～ で「（約束）を取り消す」が正解。**1**「（会話に）割り込む」，**2**「～を固定している」，**3**「出発している」

□count on ～
～を当てにする

(6) 解答 **1**

その会社の経営陣は，最後には従業員の要求**を受け入れ**て，賃金を10%引き上げることに同意した。

解説 give in to ～「～に屈服する」は1つの表現として覚えておこう。**2**「降りた」，**3**「（時間などが）なくなった」，**4**「（ぜんまい・ひもなどが）巻かれた，（活動・事業などが）終わった」

□eventually
最終的には，結局

(7) 解答 **3**

家を離れて1か月過ごしたあと，私は家族や友人の近況**が知り**たくてたまらなかった。

解説 catch up on ～で「（近況などについて）新しい情報を知る」の意味。**1**「～から逃げ出す」，**2**「～の先を行く」，**4**「車を～へ寄せる」

□be eager to *do*
～したいと熱望する

strengthen 動 ～を（より）強くする　carve 動 ～を彫って作る　convince 動（人）を説得して～させる

□□ **(8)** My sister doesn't usually (　　　) classical music, so I was surprised that she bought tickets to see the symphony orchestra.

1 bet on　**2** go for　**3** hand over　**4** sleep on

□□ **(9)** The negative attitude of the senior executives served only to (　　　) the mood of the entire staff at the company.

1 bring down　**2** lay off　**3** put away　**4** drive out

□□ **(10)** ***A:*** I'm worried that our manager seems to (　　　) the impact of the recent depression.

B: I know. He's rather ignorant of the actual situation.

1 hang up　**2** play down　**3** stick out　**4** get off

□□ **(11)** At the shelter for the homeless, many local citizens (　　　) by donating either their time or money to help the less fortunate.

1 gave out　**2** pitched in　**3** got through　**4** split up

□□ **(12)** The family is offering a $1,000 reward for any information that helps police (　　　) their stolen paintings.

1 track down　**2** play up　**3** hold over　**4** talk down

□□ **(13)** Cameras and recording devices were not allowed into the courtroom, so reporters could only (　　　) what they heard and saw as the trial proceeded.

1 turn down　**2** make out　**3** jot down　**4** jam up

□□ **(14)** It's a very difficult problem. However, if everybody is willing to cooperate and make some sacrifices, I'm sure we'll be able to (　　　) a solution.

1 add up　**2** work out　**3** back into　**4** get around

propose 動 ～を提案する　blame 動 ～のせいにする　collapse 動（建物などが）崩れ落ちる　import 動 ～を輸入する

(8) **解答** **2**

私の妹［姉］は普段はクラシック音楽を好まないので，彼女がその交響楽団のチケットを買ったのは驚きだった。

解説 驚いた理由は，妹［姉］がクラシック音楽を普段は好まないからだと考えるのが自然なので，go for ～「～を好む」が正解。**1**「～を請け合う」，**3**「～を引き渡す」，**4**「～について一晩考える」

(9) **解答** **1**

上級役員の消極的な姿勢は，会社の全社員の意気を消沈させることにしかならなかった。

解説 上級役員の消極性が社員に与える影響を考えると，bring down ～「～を落胆させる」が正解。**2**「～を（一時）解雇する」，**3**「～を片付ける」，**4**「～を追い出す」

(10) **解答** **2**

A：部長が最近の不況の影響を軽視しているようで心配だわ。
B：わかるよ。部長は現状についてかなり知識不足だね。

解説 Bのせりふから，部長が不況の影響を「軽く扱う」ことがわかるので，play down ～「～を軽く扱う」が正解。**1**「(衣服など）をかける」，**3**「～を突き出す」，**4**「～から降りる」

(11) **解答** **2**

ホームレスのための救護施設では，恵まれない人たちの手助けをするために，多くの地元住民が自分たちの時間をささげるか，お金を寄付することで協力した。

解説 by以下の内容を考えると，地元住民がpitched in「協力した」ということになる。**1**「(力などが）尽きた」，**3**「連絡がついた」，**4**「別れた」

(12) **解答** **1**

その家族は，警察が盗まれた絵画を見つけ出すのに役立つ情報に対し，1,000ドルの懸賞金をかけている。

解説 懸賞金の目的は，盗まれた絵画を「見つけ出す」ためと考えるのが自然なので，track down ～「～を見つけ出す」が正解。**2**「～を強調する」，**3**「～を延期する」，**4**「～を軽視する」

(13) **解答** **3**

カメラと録音機器の法廷内への持ち込みは許可されていなかったので，記者たちは，裁判が進む中で見聞きしたことを書き留めるしかなかった。

解説 禁止事項により，記者に残された記録の手段は裁判の内容を「書き留める」ことである。よってjot down ～「～を書き留める」が正解。**1**「(提案）を却下する」，**2**「～を理解する」，**4**「～を混雑させる」

(14) **解答** **2**

それはとても難しい問題だ。しかし，進んで協力し何らかの犠牲を払う意思が全員にあれば，きっと解決策を考え出すことができると思う。

解説 全員の協力があれば，きっと解決策を「考え出す」ことができるという文脈になる。よってwork out ～「～を考え出す」が正解。**1**「～を合計する」，**3**「(車を）バックさせて～にぶつける」，**4**「(困難など）をうまく避ける」

NOTES

□serve to *do*
～する結果をもたらす

□the less fortunate
不運な人々

□reward
褒美，報賞，謝礼金

□trial　裁判

□make a sacrifice (for ～)
(～のために）犠牲を払う

load 動（車・飛行機・船など）に積む　pollute 動 ～を汚染する　spot 名（特定の）場所　prescription 名 処方箋

□□ **(15)** It's hard for me to (　　　) documentaries, since the ones I've seen have been so boring.

1 put down　**2** head off　**3** get into　**4** call on

□□ **(16)** The puppy (　　　) its owner when he was at work and made sad noises until he returned home in the evening.

1 yearned for　**2** ejected from　**3** quit on　**4** receded into

□□ **(17)** The hybrid cars that Japanese manufacturers launched about twenty years ago have (　　　) only three percent of the US market.

1 accounted for　**2** gotten out　**3** allowed for　**4** drawn on

□□ **(18)** ***A:*** Thanks so much for your help in this study group.
B: That's OK. I couldn't just (　　　) and let you get a poor grade!

1 hold on　**2** let down　**3** fade out　**4** stand by

□□ **(19)** Horace tried to (　　　) excess calories through a rigorous exercise program that his friend recommended.

1 cut in　**2** tone down　**3** dish out　**4** burn off

□□ **(20)** The large amount of CO_2 produced as a result of burning fossil fuels has (　　　) global warming and average temperatures have risen around the world.

1 made over　**2** let through　**3** evened up　**4** brought about

duty 名 仕事　union 名 組合　concept 名 概念　root 名 根本　survival 名 生き残ること

NOTES

(15) 解答 **3**

今までに見たものがすごく退屈だったから，私はドキュメンタリー**には夢中になり**づらい。

解説 退屈なものしか見たことがなければ，ドキュメンタリーに「夢中になる」のは難しい。よってget into ～「～に夢中になる」が正解。**1**「～を置く，書き留める」，**2**「～を阻止する」，**4**「～を訪問する」

(16) 解答 **1**

その子犬は，仕事に出ている飼い主のこと**が恋しく**て，夜，彼が帰宅するまで悲しそうに鳴いていた。

解説 yearn for ～で「～を恋しく思う」。**2**「～から追い出した」，**3**「～を見捨てた」，**4**「～へ去っていった」

(17) 解答 **1**

日本のメーカーが約20年前に販売を開始したハイブリッド車は，アメリカ市場の3%しか**占め**ていない。

解説 アメリカ市場の3%は「シェア」を表しているので（have）accounted for ～「～を占めた」が正解。**2**「～を取り出した」，**3**「～を考慮に入れた」，**4**「（情報・知識）を利用した」

(18) 解答 **4**

A：この研究班を手伝ってくれてどうもありがとう。
B：いいんだって。ただ**黙って見ていて**，君たちに悪い成績を取らせるようなことはできなかったんだ！

解説 悪い成績を取らせたくなくて手伝ったのだから，Bはstand by「傍観する」ことができなかったということになる。**1**「持ちこたえる」，**2**「～をがっかりさせる」，**3**「次第に消える」

(19) 解答 **4**

ホーラスは友達が推奨した過酷な運動メニューで，余分なカロリー**を燃焼させ**ようとした。

□rigorous　厳格な，苛烈な

解説 過酷な運動を実行するのは，余分なカロリーを「燃焼させる」ためと考える。burn off ～「～を燃焼させる」が正解。**1**「口をはさむ」，**2**「（語気など）を和らげる」，**3**「～を気前よく与える」

(20) 解答 **4**

化石燃料を燃やした結果として排出された大量のCO_2が地球温暖化**を引き起こし**，平均気温が世界各地で上昇している。

解説 平均気温が世界各地で上昇しているのだから，大量のCO_2は地球温暖化を「引き起こした」と考える。(has) brought about ～「～を引き起こした」が正解。**1**「～を譲り渡した」，**2**「～を通過させた」，**3**「～を均等にした」

maintenance 名 保守　formation 名 形成　educator 名 教育者　kidney 名 腎臓　nutrition 名 栄養（物）

長文の語句空所補充問題を攻略！②

今日の目標

筆記2では，論理展開を的確にとらえて長文を読む能力が必要とされる。今日は，論理展開を追いながら長文を読み進める上で重要なポイントとなる「つなぎ言葉」について詳しく学習しよう。

ポイント　つなぎ言葉に着目しよう！

空所に入る選択肢が比較的平易な英語で書かれている筆記2では，論理展開を的確にとらえて長文を読む能力が必要とされる。そこで重要なのが，**話の流れを方向付ける接続詞や副詞（句），（群）前置詞といった「つなぎ言葉」に着目して長文を読み進めること**である。

過去の出題例を見ても，つなぎ言葉が解答の重要ポイントとなる出題は少なくない。中には，**つなぎ言葉に着目することで，選択肢を見なくても，ある程度空所の内容が予測できる出題もある。**

それでは，つなぎ言葉に着目して，例題を解いてみよう。制限時間は3分（第2段落以下と設問(2)，(3)は割愛）。

例題

The Effect of Overconfidence

①When people have confidence in their abilities, it can have a positive effect on their work, their lives, and the lives of others. ②However, when people become overconfident in their abilities, (　**1**　). Numerous studies have shown that overconfidence can lead to ③relatively minor problems, like somebody overstating their abilities when applying for a job, and to ④much more serious issues like traffic accidents, fraud, and even fatal medical misdiagnoses. More worryingly, recent research shows that overconfidence may spread to others easily.

(1) **1** they can be more successful　　**2** the opposite can be true
　　3 they avoid making errors　　**4** the effect is more pronounced

解答のポイント

- タイトルを読むと，「自信過剰の影響」をテーマに扱う長文であることがわかる。
- 冒頭から読み進めていき，空所の前後を重点的に読む。第1文（①）で「人は自分の能力に自信を持っていれば，その自信が仕事にも人生にも，そしてほかの人の人生にもよい影響を与えることがある」と述べられたあと，〈逆接〉のつなぎ言葉であるHowever（②）を挟んで空所を含む文が続いている。このHoweverに着目すると，空所を含む第2文には，第1文とは対照的な内容が入ることがわかる。つまり，空所には「自信過剰は悪い影響を与える」といった否定的な内容が入ると論理展開から予測できる。また，空所のあとの文でも，自信過剰が「比較的軽微な問題」（③）や「より重大な問題」

brand 名 ブランド　storage 名 保管　firm 名 会社　statistics 名 統計（資料）

（④）につながることがあると述べられている。以上から，正解は**2**「その逆になることがある」だと判断できる。

- つなぎ言葉に着目しながら論理展開を的確につかんで長文を読み進めることで，選択肢を見なくても空所の内容が予測できるようになることを目標にしよう。

自信過剰の影響

人は自分の能力に自信を持っていれば，その自信が仕事にも人生にも，そしてほかの人の人生にもよい影響を与えることがある。しかし，自分の能力を過信してしまうと，その逆になることがある。自信過剰は，就職活動で自分の能力を誇張して述べるような比較的軽微な問題や，交通事故や詐欺，さらには致命的な誤診などのより重大な問題につながることが，多くの研究によって明らかにされている。さらに心配なことに，自信過剰はほかの人に容易に広がることがあると最近の研究でわかっている。

(1) **1** より成功する可能性がある　　**2** その逆になることがある
3 間違いを犯さない　　**4** 影響がより著しくなる

解答　**2**

代表的なつなぎ言葉

分類	つなぎ言葉
逆接・譲歩	but「しかし」，(al)though「…だけれども」，however「しかしながら」，still / yet「それでも」，while「…だけれども」，whereas「…だが」，despite / in spite of ～「～にもかかわらず」，nevertheless / nonetheless「それにもかかわらず」，unlike「～とは異なり」，even so「たとえそうであっても」，even if [though] ...「たとえ…だとしても」，otherwise「さもなければ」
対照	in [by] contrast「それとは対照的に」，on the contrary「それどころか」，on the other hand「一方で」，instead「その代わりに」，meanwhile / in the meantime「一方」
原因・理由	because of ～「～のために」，because / since / as / for「～なので」，due to ～ / on account of ～ / thanks to ～「～のために」，for this [that] reason「こういう［そういう］理由で」
例示	for example [instance]「例えば」，such as ～ / like「～のような」，including「～を含む」
言い換え	in other words「言い換えれば」，that is (to say) / namely「すなわち」，so to speak「いわば」
追加・補足	also「～もまた」，besides「～に加えて」，in addition (to ～)「（～に）加えて」，furthermore / moreover / what is more「さらに」，similarly / likewise「同様に」
比較	(as) compared with [to]～「～と比較して」，in comparison with ～「～と比べると」
順序	first(ly)「初めに」，second(ly) / next「次に」，finally「最後に」，then「そのあとで」，first of all / in the first place「第一に」，to begin with「初めに」，for one thing「1つには」
強調	of course「もちろん」，in fact / indeed「実際は」，above all「何よりも」，in particular / among other things「特に」
一般化	generally (speaking)「一般的に（言って）」，in general「一般的に」，on the whole / by and large「全般的に」
結果	so「だから」，as a result「結果として」，consequently / therefore / in [as a] consequence / accordingly「その結果」，thus / hence「したがって」
要約・結論	in short / in brief「要するに」，to put it shortly [briefly]「手短に言えば」，to sum up / to summarize「要約すれば」，in conclusion / in the end「最後に」，after all「結局」，all things considered「すべてを考慮すると」，all in all「全体的に見れば」
交換	in exchange (for ～)「（～と）引き換えに」，in return (for ～)「（～の）お返しに」
その他	surprisingly「驚いたことに」，apparently「聞いたところでは」

次のページからは練習問題。つなぎ言葉に注意して問題を解いてみよう！

toll 名（災害・戦争・病気などによる）損失　tip 名 秘訣　CEO 名 最高経営責任者　circumstance 名 状況

Read each passage and choose the best word or phrase from among the four choices for each blank.

The Myth of Psychological Gender Differences

Modern culture has created many ideas surrounding the supposed differences between men and women. Women are often thought of as being inherently more emotional and nurturing, while men are natural leaders. Women are said to cherish harmony, tranquility and accommodation, while men are inclined toward competition and conflict. This widespread (**1**) is deceptive, however: scientific findings do not support the concept of psychological gender differences. After years of extensive research, the gender similarities hypothesis confirms that within almost the entire range of psychological behaviors, men and women have differences that are at or very close to zero percent.

This does not mean, of course, that men and women behave similarly in all circumstances. In competitive tournaments, for instance, men tend to score higher than women. This is not because of differing thought processes, however, but because of (**2**). Women may expect themselves — and are expected by society — to perform less competitively in tournament situations, and do so. The reverse is true for men.

Current social misconceptions about gender psychologies have been an enormous obstacle to social progress. There may be fewer female business executives simply because both men and women consider the competitive world of business better suited for men. (**3**), since men are thought to be psychologically "tough," their own emotional problems may not be properly addressed. When mainstream society eventually comes to accept the gender similarities hypothesis, much more equality between men and women may finally emerge.

□□ **(1)** **1** controversial expertise　**2** social consensus
3 physical comparison　**4** public concern

□□ **(2)** **1** physical and mental qualities
2 similarities between men and women
3 the design of the tournaments
4 the impact of predetermined roles

□□ **(3)** **1** Namely　**2** Otherwise
3 Nonetheless　**4** Likewise

outsider 名 部外者　reduction 名 減少　settlement 名 開拓地　divorce 名 離婚

NOTES

心理的に男女差があるという神話

近代文化は，存在すると思われている男女間の違いをめぐって多くの思想を生み出してきた。女性は生来，より感情豊かで世話好きであり，一方の男性は生まれついての指導者だと考えられることが多い。女性は人の和，平穏，調整を大事にし，対して男性は競争や争いに向く傾向があると言われている。しかし，この広く行き渡った**社会的合意**は当てにならない。つまり，心理的な性差という概念を裏付ける科学的な発見はないのである。何年にもわたる広範囲の研究を経て，ジェンダー類似性仮説が，心理的行動のほぼすべての範疇で，男女の差は0%か，あるいはほぼ0%であると証明しているのだ。

もちろんこれは，いかなる状況下でも男女が同じように行動するということを意味しているわけではない。例えば，競い合う勝ち抜き試合では，男性のほうが女性よりも高い得点をあげる傾向がある。しかし，これは思考過程に違いがあるからではなく，**前もって決められた役割の影響**のせいなのである。女性は勝ち抜き試合という状況下では，なるべく対抗意識を持たないで競技することを自らに望むことがあり，また社会からそう期待されていて，実際にそのような行動をとる。その逆のことが男性には当てはまる。

心理面における性差についての現代社会に存在する誤った通念は，社会の発展の重大な障害になっている。単に，競争の激しいビジネス界は女性よりも男性に向いていると男女ともに考えてしまっていることが理由で，女性の管理職が少ないのかもしれない。**同様に**，男性は心理的に「タフ」であると考えられているので，男性が抱える精神的な問題は適切に対処されないこともあるのだ。社会の主流がジェンダー類似性仮説を最終的に受け入れるようになったとき，男女平等がずっと進んだ社会がようやく実現するのかもしれない。

□supposed 推測に基づく
□inherently 先天的に
□accommodation 調整，宿泊
□be inclined toward ～ ～への傾向を示す
□hypothesis 仮説
□obstacle to ～ ～への障害
□address (問題など)を扱う，処理する

(1) 解答 **2**

1 異論の多い専門的知識　　**2** **社会的合意**
3 身体上の比較　　**4** 人々の懸念

解説 空所のあとの「：(コロン)」は「つまり」を表す。空所を含む節は，コロン以下の「心理的な性差という概念を裏付ける科学的な発見はない」を言い換えたものとなる。「心理的な性差という概念」と「社会的合意」が対応する。

□controversial 物議をかもす
□consensus 合意

(2) 解答 **4**

1 肉体的ならびに精神的性質
2 男性と女性の類似点
3 勝ち抜き試合の設計
4 **前もって決められた役割の影響**

解説 第2段落第4文（Women ...）～最終文がヒント。女性も男性も，自らが望む，あるいは社会から期待された行動をとると述べられているので，「前もって決められた役割の影響（のせいで）」と考えるのが自然。

□predetermine ～をあらかじめ決める

(3) 解答 **4**

1 すなわち　　**2** そうでなければ
3 それにもかかわらず　　**4** **同様に**

解説 空所の前では，性差についての誤った通念が原因で女性に生じている弊害，空所のあとでは男性に生じている弊害が述べられているので，Likewise「同様に」が正解。

14日目 筆記2

likelihood 名 可能性　livestock 名（牛・羊・豚などの）家畜（類）　possession 名 所有物　plot 名 小区画（の土地）

The Power of Color

The idea that color can affect people's behavior is now widely accepted. In the business world, for example, companies take great care in selecting colors that will have the greatest influence on consumers, and research shows that even small changes make a big difference. In one study, simply changing the color of the purchase button on a website from green to red resulted in significantly higher sales. This (**4**). Since red is associated with stop signs, it was thought that it would make customers pause and think twice before making a purchase.

Color is also believed to have benefits in healthcare, and color therapy has been used to treat physical and mental health conditions such as high blood pressure and depression. This is not a new concept — a *New York Times* article from 1902 reported on the use of color to help cure mental patients in a psychiatric hospital. (**5**), the use of color for health purposes goes back even much further. A Swiss doctor named Paracelsus used colored light to treat patients in the 16th century, and there are also records of the ancient Greeks, Egyptians, and Chinese using color to treat people.

Despite the potential benefits of color therapy, it has faced criticism. One issue often raised is that there is no evidence to show conclusively that it works. Another problem is that (**6**). Many external factors, such as education and cultural background, influence how people react to colors, and these can cause people to respond in very different ways to the same color. Blue, for instance, is often associated with depression in the West but with healing in the East.

□□ **(4)** **1** had a similar effect in other situations
2 was not the case with all products
3 surprised many marketing experts
4 did not attract people to the website

□□ **(5)** **1** On the other hand　**2** Nevertheless
3 Consequently　**4** Moreover

□□ **(6)** **1** its effects are inconsistent
2 its use has been banned in some countries
3 some patients feel it is highly expensive
4 some therapists rely on it too much

 category 图 部類　welfare 图 福祉　moisture 图 湿気　obesity 图（病的な）肥満

色の力

色彩が人の行動に影響を与え得るという考え方は，今や広く受け入れられている。例えば，ビジネスの世界では，会社は消費者に最も影響を与える色を選択することに細心の注意を払っているが，小さな変化であっても大きな違いを生むことが調査で明らかにされている。ある調査では，ウェブサイトの購入ボタンの色を緑から赤に変えただけで，売上が大幅に伸びたという結果が出た。このことは多くのマーケティングの専門家を驚かせた。赤は停止標識を連想させるため，客が購入する前に一旦立ち止まって考え直すようになると考えられていたのである。

また，色彩は健康管理にも効果があるとされ，高血圧やうつ病など心身の不調を治療するためにカラーセラピーが取り入れられている。これは新しい概念ではなく，1902年のニューヨークタイムズ紙の記事で，精神科病院で精神病患者の治療を助けるのに色が使われたことが報告されている。さらに，健康目的での色の使用はさらに大昔までさかのぼる。16世紀にはスイスのパラケルススという医者が患者の治療に色のついた光を使っており，古代ギリシャ人，エジプト人，中国人が人々の治療をするのに色を使っていたという記録も残っている。

カラーセラピーは効果が期待できるものの，批判もある。よく問題となるのは，効果があることを決定的に示す証拠がないことである。もう1つの問題は，その効果に一貫性がないことである。教育や文化的背景など多くの外的要因が，人が色にどう反応するかに影響を与え，それが原因で同じ色でも人によって全く異なる反応を示すことがある。例えば青は，西洋ではうつと結び付けられることが多いが，東洋では癒しと結び付けられることが多い。

NOTES

□take great care in ～ ～に細心の注意を払う

□associate *A* with *B* AをBと結び付けて考える

□depression うつ（病）

□psychiatric 精神科の

□conclusively 決定的に

□be not the case with ～ ～に当てはまらない

□inconsistent 一貫性のない

(4) 解答 3

1 ほかの状況でも同様の効果が得られた
2 すべての製品に当てはまるわけではない
3 **多くのマーケティングの専門家を驚かせた**
4 ウェブサイトに人を引きつけなかった

解説 空所の前後の文の関係を見極めることがポイント。空所の直後では，赤がネガティブに働くと考えられていたと述べられているが，空所の直前では，予想に反して赤が売上にポジティブな影響を与えたことが述べられている。したがって，**3**が正解。

(5) 解答 4

1 一方で　**2** それにもかかわらず
3 その結果　**4** **さらに**

解説 空所の直前では，「これは新しい概念ではない」として1902年にすでに色を用いた治療が試みられていたことが述べられているが，空所の直後には，「健康目的での色の使用はさらに大昔までさかのぼる」と述べられ，16世紀の事例にも言及されている。「さらに」を補えば，空所の前後を矛盾なくつなげられるので，**4**が正解。

(6) 解答 1

1 **その効果に一貫性がない**
2 一部の国ではその使用が禁止されている
3 患者の中にはそれが非常に高価だと感じる人もいる
4 一部の療法士はそれに頼りすぎる

解説 空所の直後に「教育や文化的背景など多くの外的要因が，人が色にどう反応するかに影響を与え，それが原因で同じ色でも人によって全く異なる反応を示すことがある」と述べられているため，問題点は「その効果に一貫性がない」ことと考えるのが自然。

grant 名 助成金　layer 名 層　secretary 名 秘書　anxiety 名 不安

長文の内容一致選択問題を攻略！③

今日の目標

筆記3で出題される長文は3〜4つ程度の段落で構成されている。今日は，各段落のトピックをつかんで長文を読み進めるパラグラフ・リーディングについて学習しよう。

ポイント1 パラグラフ・リーディングとは？

英文では1つの段落（パラグラフ）に1つのトピックが含まれていることが多い。段落の典型的な構成例は，次のとおりである。

段落の構成例

① トピック・センテンス（主題文）＝トピックについての筆者の主張
② サポーティング・センテンス（支持文）＝トピックを支持する理由や具体例など
③ コンクルーディング・センテンス（結論文）＝トピック・センテンスの言い換え

このうち，最後のコンクルーディング・センテンスは，トピック・センテンスを別の表現で言い換えただけの場合が多いので，省略されることもある。**この段落の構成を念頭に置き，各段落のトピックを理解して読み進めていく長文の読み方をパラグラフ・リーディング**という。

ポイント2 トピック・センテンスに着目しよう！

パラグラフ・リーディングを実践する上で最も大切なのは，もちろんトピック・センテンスを探すことだ。**トピック・センテンスは各段落の冒頭部に置かれていることが多いので，各段落の最初の数行は注意深く読む**ようにしよう。トピック・センテンスを読んでその段落のトピックをつかむことができれば，その後の展開がある程度予測できて英文を読む速度が速くなる，あるいは，未知語の意味を文脈から推測するのに役に立つといった大きなメリットがあることを覚えておこう。

それでは，トピック・センテンスを見つけることを意識して，例題を解いてみよう。制限時間は3分（第2段落以下と設問(2)，(3)は割愛）。

例 題

Carbon Neutral

①Global warming has prompted the rise of more ambitious solutions to carbon emissions, which are known to be a major contributor, like carbon capture technologies. ②These aim to remove CO_2 from the source of emission — for example, a coal power station or a factory — and store the carbon away before it gets into the air. ③Brad Page of the Global CCS Institute claims that carbon capture is the "only technology that can deliver

ownership 名 所有権　foundation 名 基礎　division 名 不和　establishment 名 設立

deep emissions reductions" in industrial sectors where the production process requires a large amount of carbon, such as steel, fertilizer, and cement.

(1) According to Brad Page, one trait of carbon capture is that
  1 it is the exclusive technology for reducing carbon in carbon-heavy industries.
  2 it is an established process that has been used in coal power stations for decades.
  3 it has been a proven method for companies to achieve their carbon reduction goals.
  4 it captures carbon, using chemicals found in materials such as steel, fertilizer, and cement.

解答のポイント

- 「カーボンニュートラル」というタイトルから，炭素排出削減がテーマであることがわかる。この段落のトピック・センテンスは，冒頭文（①）の「地球温暖化により，炭素の回収技術など，地球温暖化の主要な原因とされている炭素排出へのより意欲的な解決策の出現が注目されてきている」である。
- 段落の構成を念頭に置けば，以降はトピック・センテンスを支持するための，サポーティング・センテンスに移ることが予測できる。その前提で読み進めてみると，第2文（②）では第1文で触れられた「炭素回収技術」がどのようなものなのかという具体的な説明が述べられている。また，第3文（③）ではブラッド・ペイジという人物が「炭素回収は炭素の大幅な排出削減を実現できる唯一の技術」であると主張していることを引用することで，トピック・センテンスの主張を裏付けている。
- このように，段落の構成に目を向けてトピックを的確につかむことで，論理展開をある程度予測しながら読み進めることができるようになる。論理展開を予測することは，すなわち，段落の主題やその支持の内容が書かれている場所を予測することであるため，英文を読む速度や解答の速度の向上が期待できる。
- 質問は「ブラッド・ペイジによると，炭素回収の特徴の1つは」という文完成型の質問なので，選択肢に目を向けると，**1**に「炭素を削減できる唯一の技術」とあり，本文で触れられたブラッド・ペイジの主張（③）が言い換えられている。よって，正解は**1**である。

カーボンニュートラル

地球温暖化により，炭素の回収技術など，地球温暖化の主要な原因とされている炭素排出へのより意欲的な解決策の出現が注目されてきている。炭素回収技術とは，石炭発電所や工場などの炭素排出源から二酸化炭素を取り除き，大気中に放出される前に貯蔵しようとしている。グローバル CCS インスティテュートのブラッド・ペイジは，鉄鋼，肥料，セメントなど，生産過程で大量の炭素を必要とする産業分野において，炭素回収が「大幅な排出削減を実現できる唯一の技術」であると主張している。

(1) ブラッド・ペイジによると，炭素回収の特徴の1つは，
  1 炭素を大量に消費する産業において，それは炭素を削減できる唯一の技術であることだ。
  2 数十年にわたり石炭発電所で使用されてきた確立されたプロセスであるということだ。
  3 企業が炭素削減の目標を達成するための方法として実績があるということだ。
  4 鉄鋼，肥料，セメントのような材料に含まれる化学物質を用いて炭素を回収することだ。

解答 1

次のページからは練習問題。トピック・センテンスに注意して問題を解いてみよう！

conservation 名（動植物・森林などの）保護　murder 名 殺人　presence 名 存在　paradox 名 パラドックス

Read the passage and choose the best answer from among the four choices for each question.

The Benin Bronzes

The Benin Bronzes are a collection of artworks from the Kingdom of Benin, which existed from the 12th to the 19th centuries in the area that is now southwest Nigeria in Africa. Despite their name, most pieces in the collection are not bronze at all—they are made of ivory or brass. The pieces display a quality that is comparable to that of some of the greatest Western artworks, and they can now be found in museums and private art collections across Europe and the United States. However, the story of how the Benin Bronzes were obtained is highly controversial and creates strong feelings among many Nigerians today.

In 1897, a British official named James Phillips visited the Kingdom of Benin to discuss trade with the "oba," or king. Phillips never returned from the trip because he was killed on the oba's orders. The British then sent more than 1,000 soldiers to take over the kingdom. British newspaper reports at the time described this as a justifiable and heroic act, but they failed to mention the less noble actions of the British Army. According to the diary of a British officer involved in the raid, "All the stuff of any value in the King's palace, and surrounding houses, has been collected." These treasures, which later became known as the Benin Bronzes, ended up in England, where they were either displayed in museums or sold to collectors. Over time, many pieces made their way to mainland Europe and the United States, often changing hands for large sums of money.

Nigerians have long called for the Benin Bronzes to be returned. Charles Omorodion, a Nigerian who has campaigned for this to happen, is angry about the situation. "It's not just that they were stolen, it's that you can see them being displayed and sold at a price," he said. Many believe that by keeping the artworks, museums are justifying the illegal way in which they were obtained. Museums, on the other hand, argue that the Benin Bronzes are safer where they are, pointing out that they might not exist today if museums had not protected them. There are signs that attitudes are changing, however. The British Museum in London is collaborating with the Nigerian government and Benin's royal family to allow some of its pieces to be displayed in Benin City. While this has been welcomed by the Nigerian people as a step in the right direction, it falls far short of the full return that they are demanding.

prisoner 名 囚人　surgeon 名 外科医　frequency 名 頻度　port 名 港

□□ **(1)** What is surprising about the Benin Bronzes?

1 Although they were discovered in the Kingdom of Benin, they were mostly made in Europe.

2 Many of them have designs that are similar to those found in many forms of Western art.

3 Most of them are made from materials that do not match the name that was given to the collection.

4 Despite their high quality, most private art collectors had no interest in purchasing them for their collections.

□□ **(2)** How did the Benin Bronzes end up in England?

1 The British Army took them to England at the request of the Kingdom of Benin's king, who feared that they would be destroyed.

2 The British Army removed them from the king's palace after attacking and taking control of the Kingdom of Benin.

3 The Kingdom of Benin was defeated by a neighboring kingdom, which then sold the artworks to England to pay for its military campaign.

4 The Kingdom of Benin made an agreement with British officials to display the artworks in British museums in order to promote its culture.

□□ **(3)** According to the author of the passage, many Nigerians

1 want the Benin Bronzes to be returned but also understand that museums in Nigeria do not have adequate facilities to preserve them.

2 think the Nigerian government should not accept the British Museum's offer because the exhibition will be too expensive for most people to enter.

3 believe museums that keep the Benin Bronzes are effectively excusing the fact that they got them through dishonest means.

4 claim that the British Museum would not be willing to display its pieces in Benin City if it were not being paid by Benin's royal family.

reception 名 歓迎会　coworker 名 同僚　rust 名 さび　athletics 名 スポーツ

NOTES

□be comparable to ～
～に匹敵する

□justifiable 正当な

□heroic 英雄の，立派な

□noble 立派な，崇高な

□raid 襲撃

□change hands
持ち主が変わる

□point out ～
～を指摘する

□royal 国王の，王室の

□fall far short of ～
～とはほど遠い

ベニン・ブロンズ

ベニン・ブロンズとは12世紀から19世紀にかけて，現在のアフリカのナイジェリア南西部に存在したベニン王国の美術品コレクションである。その名前にもかかわらず，コレクション中のほとんどの作品は青銅では全くなく，象牙や真鍮(ちゅう)でできている。これらの作品は，西洋の名品に匹敵するほどの品質を誇り，現在では欧米の美術館や個人コレクションに収蔵されている。しかし，ベニン・ブロンズがどのようにして入手されたのかについては，大いに議論を引き起こしており，今日，多くのナイジェリアの人々の間で強い感情を生んでいる。

1897年，ジェームズ・フィリップスというイギリスの役人がベニン王国を訪れ，「オバ」と呼ばれる王と貿易について議論を交わした。しかし，フィリップスはオバの命令で殺され，帰国することはなかった。その後，イギリスは1,000人以上の兵士を送り込み，王国を征服した。当時のイギリスの新聞は，このことを正当で英雄的な行為と表現したが，イギリス軍の立派とは言えない行為については触れなかった。襲撃に参加したイギリス軍将校の日記には，「王の宮殿とその周辺の家々にあるいかなる価値のものもすべて収集された」とある。これらの宝物は，後にベニン・ブロンズと呼ばれるようになり，イングランドに渡り，美術館に展示されたり，コレクターに売却されたりした。やがて，多くの作品がヨーロッパ本土やアメリカに渡り，しばしば大金で取引されるようになった。

ナイジェリアの人々は長い間，ベニン・ブロンズの返還を要求してきた。そのために運動を続けてきたナイジェリア人のチャールズ・オモロディオンは，この状況に憤慨している。「（憤慨しているのは）ベニン・ブロンズは盗まれただけでなく，展示されたり，値段をつけて売られたりしていることにあります」と彼は言った。美術館が作品を保管することで，違法な方法で入手したことを正当化していると考える人も多い。一方，美術館側は美術館が保護しなければ，ベニン・ブロンズは現存しなかった可能性があると指摘し，今ある場所のほうが安全だと主張している。しかし，その姿勢にも変化の兆しがある。ロンドンにある大英博物館は，ベニン市内で一部の作品を展示するために，ナイジェリア政府およびベニン王室に協力している。このことはナイジェリアの人々には正しい方向への一歩であると歓迎されているが，彼らが要求している完全な返還にはほど遠いものである。

(1) 解答 **3**

ベニン・ブロンズの驚くべき点とは何か。

1 ベニン王国で発見されたにもかかわらず，ほとんどがヨーロッパで作られたものである。
2 さまざまな形の西洋の美術品に見られるようなデザインが多い。
3 **コレクションの名称と異なる材料で作られたものが多い。**
4 高品質であるにもかかわらず，ほとんどの個人美術品コレクターがコレクションとして購入することに興味を示さなかった。

解説 第1段落第2文（Despite ...）で，ベニン・ブロンズという名前にもかかわらず，象牙や真鍮(ちゅう)でできているものが多いことがわかるので，**3**が正解。

voyage 名（ゆったりした長い）旅　ecologist 名 生態学者　soul 名 魂　isolated 形 孤立した

(2) 解答 2

ベニン・ブロンズは結局どのようにしてイングランドに渡ったか。

1 破壊されることを恐れたベニン王国の国王が依頼して，イギリス軍によってイングランドへ運ばれた。

2 ベニン王国を攻撃し，支配下においたイギリス軍が王宮から持ち出した。

3 ベニン王国は隣国に敗れ，隣国はその戦費のために美術品をイングランドへ売却した。

4 ベニン王国は，自国の文化を広めるため，美術品をイギリスの美術館に展示することをイギリス政府関係者と合意した。

解説 第2段落では，イギリス軍がベニン王国へ侵攻したことが述べられている。同段落第5文（According ...）以降には，イギリス軍が侵攻に乗じて，ベニン王国からベニン・ブロンズを収集し，イングランドに持ち帰って，展示や売買を行ったことが述べられているから，**2**が正解。

(3) 解答 3

この文章の筆者によれば，多くのナイジェリア人は，

1 ベニン・ブロンズが返還されることを望んでいるが，ナイジェリアの美術館にはそれを保存する十分な設備がないことも理解している。

2 展示会は多くの人にとって入場料が高すぎるため，ナイジェリア政府は大英博物館の申し出を受け入れるべきではないと考えている。

3 ベニン・ブロンズを保管している美術館は不正な手段で入手したという事実を効果的に弁解していると考えている。

4 ベニン王室からの報酬がなければ，大英博物館はベニン市での展示に応じていないだろうと主張している。

解説 第3段落第4文（Many ...）で，「美術館が作品を保管することで，違法な方法で入手したことを正当化していると考える人も多い」と述べられていることから，この部分を言い換えた**3**が正解。本文のjustifyingが選択肢ではexcusingへ，the illegal wayがdishonest meansへそれぞれ言い換えられている。

NOTES

□fear　～を恐れる
□remove　～を取り去る，移動する
□neighboring　隣接する，近くの
□military campaign　軍事作戦
□promote　～を推進する，促進する
□adequate　十分な
□exhibition　展示会
□excuse　～を弁明する，免れる
□be willing to *do*　～するのをいとわない
□claim　～と主張する

biased 形 偏った　multiple 形 多数の　critical 形 批判的な　remote 形 人里離れた

長文の内容一致選択問題を攻略！④

今日の目標

長文が2題出題される筆記3では，限られた時間内で合計約900語の長文を読まなければならないので，速読の技術が重要になる。今日は，長文をより速く読むためのポイントを学習しよう。

ポイント　フレーズ・リーディングに挑戦しよう！

英文をある一定の意味のまとまり（フレーズ）ごとにとらえて，英語の語順どおりに意味をとっていく読み方をフレーズ・リーディングという。左から右へと一方向に英文を読み進めていく手法なので，前に戻りながら日本語の語順に置き換えて意味をとっていくより数段速く読み進められる。

慣れるまでは，下の例題で示したように，意味のまとまりごとにスラッシュ（/）を入れて練習してみるとよい。スラッシュを入れる箇所の目安は，次のとおりである。

スラッシュを入れる目安

- 句読点（カンマ，ピリオド，コロン，セミコロンなど）のあと
- to不定詞の前
- 形容詞句，副詞句の前後
- 長い主語のあと
- 長い目的語や補語の前後
- 接続詞（becauseなど），that節，疑問詞節，whether節，関係詞節の前

瞬時に理解できる意味のまとまりが大きければ，その分速く英文を読み進めることができる。できるだけ大きなまとまりで英文をとらえて読み進めることを目標にしよう。

それでは，フレーズ・リーディングを実践して，できるだけ速く例題を解いてみよう。制限時間は3分（第2段落以下と設問(2)，(3)は割愛）。

例題

Talking Trees

A growing body of research has revealed / that trees, / rather than living solitary lives, / are actually communal, / and are able to communicate with other trees. // In fact, / many scientists point to the fact / that trees are able to form alliances, / share resources, / and even recognize / members of their own "family." // ①Scientists now believe / that trees communicate / not only by releasing certain chemicals / through the air, / forming scent signals, / but also by using a complex underground network / of roots and fungi / that has been named the "wood-wide web." //

(1) According to the passage, what do scientists believe about trees?

1 Trees are releasing fungi into the air to encode some information.

encouraging 形 勇気づける　underground 形 地下の　stable 形 安定した　domestic 形 国内の

2 The same kinds of trees actually communicate less with each other than with other species.
3 Trees develop deep relationships using a natural network that is underground.
4 Trees can work together and share resources in ways that mimic technology used in modern farming and agriculture.

❗ 解答のポイント

- 文の途中ではスラッシュ（/）を，文と文の間では二重スラッシュ（//）を使って，区切り方の一例を示してある。この区切り方でフレーズ・リーディングを実践すると，下記の訳で示したように読み進めることになる。
- 質問は「科学者は樹木について何を信じているか」なので，第3文（①）冒頭のScientists now believeに注目する。この文の中で「樹木は特定の化学物質を空気中に放出し，香りによる信号を発するだけでなく，『ウッドワイドウェブ』と呼ばれる根や真菌の複雑な地下ネットワークも利用してコミュニケーションをとる」と述べられているので，これを言い換えた**3**「樹木は地下にある自然のネットワークを使って深い関係を築いている」が正解であると判断できる。

（フレーズ・リーディングによる訳）　**しゃべる樹木**

相次ぐ研究で明らかになっている / 樹木は / 孤独に生きているのではなく / 実際には，共同体であることが / そして，ほかの樹木とコミュニケーションをとることができることが // 実際，/ 多くの科学者が事実を指摘している / 樹木は同盟関係を築くことができ / 資源を共有し / さらには認識することができる / 自分の「家族」のメンバーを // 現在，科学者たちは考えている / 樹木がコミュニケーションをとる / 特定の化学物質を放出することだけでなく / 空気中に / 香りによる信号を発し / 複雑な地下ネットワークも利用して / 根や真菌の / これは「ウッドワイドウェブ」と呼ばれている //

(1) この文章によれば，科学者は樹木について何を信じているか。

1 樹木は情報を暗号化するために，真菌を空気中に放出する。
2 実は，同じ種類の樹木同士のコミュニケーションは，ほかの種類とのコミュニケーションよりも少ない。
3 樹木は地下にある自然のネットワークを使って深い関係を築いている。
4 現代の農業技術を模倣した方法で，樹木は協力し合い，資源を共有することができる。

解答　**3**

内容語を中心に読んでみよう！
内容語とは，その単語のみで具体的な意味を持っている語（名詞，動詞，形容詞など）のことである。この内容語を中心に読み進めるだけでも，英文の要旨は十分に理解できることが多い。
例えば，例題の質問，
According to the passage, what do scientists believe about trees?
は，赤字で示した内容語のみを追うと「〜によって / 文章 / 何 / 科学者 / 信じる / 樹木」となる。
この読み方でも英文の要旨は十分に推測や理解が可能であり，すばやく内容を理解したい場合に役に立つ。

次のページからは練習問題。フレーズ・リーディングを実践してみよう！

shallow 形 浅薄な　willing 形 〜するのをいとわない　superior 形 優れている　profitable 形 利益になる

Read the passage and choose the best answer from among the four choices for each question.

Super Volcanoes

Volcanoes have long filled people with awe, wonder, and fright. Though normally quiet, eruptions can sometimes be devastating. The eruption of Mount Vesuvius in 79 A.D., for example, destroyed the Roman city of Pompeii. There are volcanoes much more powerful than Vesuvius, however. These are called super volcanoes, formed when underground superheated, semi-liquid rock, called magma, begins to press upward. The magma may concentrate for millions of years in a large chamber, just under the earth's surface. If it finds a weak spot, the magma will exit the chamber. This may be in intervals of small amounts, or in tremendous and sudden explosions. In these ways, super volcanoes are just like ordinary ones, but with much larger magma chambers. There, pressure concentrates over long geological ages.

The eruption of the super volcano Mount Toba is one of the most widely discussed cases in history. It exploded in the Indonesian landmass about 74,000 years ago, generating enough dust in the atmosphere to cause a substantial drop in world temperature, which greatly affected humans. These harsh climatic conditions may have reduced the entire world's population to fewer than 100,000 people. It may also have been responsible for causing the great human racial and genetic differences we see today. Scattered and cut off from one another after the eruption and ensuing ice age, survivors evolved quite distinctly throughout the world. Although human life began in Africa, only a portion of humans today are racially African, which may be attributed to this eruption.

The best-known super volcano is the one at Yellowstone National Park. Although the small amounts of steam let off regularly make it a tourist attraction, Yellowstone has a secret: it could violently erupt at any time. If it did, scientists project that it would probably cover the Western United States in one meter of ash — and possibly lead to another drop in world temperature.

solid 形 確実な　tremendous 形（大きさ・数量・程度などが）途方もない　intellectual 形 知的な　chief 形 主な

□□ **(1)** What distinguishes super volcanoes from other kinds of volcanoes?

1 The direction that the magma rises during its birth is the opposite of normal volcanoes.

2 The volume of the magma is considerably greater when compared to ordinary volcanoes.

3 The length of time it takes to find a weak spot for release is less than other volcanoes.

4 The location of the chambers containing the semi-liquid rock is further underground for super volcanoes.

□□ **(2)** The Mount Toba eruption is one possible reason why

1 the Indonesian landmass was drastically altered in size and shape.

2 a large number of deadly volcanic explosions have occurred since then.

3 scientists think that the ice age was delayed for hundreds of years.

4 there is great variation in ethnicity around the world at present.

□□ **(3)** What do scientists say about the super volcano in Yellowstone National Park?

1 It is the only super volcano that can provide important clues on preventing future eruptions.

2 There is a considerable risk that an eruption will affect the entire globe's weather conditions.

3 Its constant release of pressure through steam means that an eruption is unlikely to occur.

4 The fact that it has never erupted suggests that not all super volcanoes will erupt.

steady 形 着実な　evil 形 邪悪な　coastal 形 沿岸（地方）の　dairy 形 ミルクから作られる

NOTES

□awe　畏怖，畏敬

□eruption　噴火，噴出

□devastating　破壊的な

chamberは「部屋」や「(区切られた) 室」の意味。ここでは「マグマが溜まっている部屋」つまり「マグマ溜まり」となる。

□geological　地質 (学) の

□landmass　陸地，大陸

□substantial　かなりの

□ensue
あとに続いて起きる

□a portion of ～
～の一部

□attribute *A* to *B*
AはBに起因すると考える

スーパー・ボルケーノ

火山は長い間，人々の心を畏敬と驚嘆，恐怖の念で満たしてきた。通常は静かだが，噴火はときに破壊的である。例えば，西暦79年のベスビオ山の噴火は，ポンペイという古代ローマの都市を破壊した。しかし，ベスビオ山よりはるかに強力な火山がある。それらはスーパー・ボルケーノと呼ばれ，マグマと呼ばれる地下にある過熱した半流動体の岩が上方に圧力をかけるとき，形成される。マグマは，地表のすぐ下にある広大なマグマ溜まりで，何百万年もかけて集結しているかもしれない。マグマ溜まりにぜい弱な部分があれば，マグマはそこから外に出る。これは小刻みの間隔で起こるのかもしれないし，巨大で突然の爆発で起きるのかもしれない。こうした点でスーパー・ボルケーノは通常の火山と変わらないが，抱えているマグマ溜まりははるかに大きい。そこでは，圧力が地質学的な長い時間をかけて高まっていく。

トバ山というスーパー・ボルケーノの噴火は，史上最も広範に議論された事例の1つである。それは，約7万4,000年前にインドネシアの陸地で爆発し，世界の気温を大きく下げるほどのちりを大気中に発生させ，人類に大きな影響を及ぼした。これらの過酷な気候条件は人類の全人口を10万人以下に減少させた可能性がある。それはまた，私たちが今日目にする人種や遺伝上の大きな相違を引き起こす原因となったかもしれない。トバ山の噴火とそれに続く氷河期のあと，散り散りになり互いに離ればなれになった生き残った人々は，世界中のさまざまな地域で独特な進化を遂げていった。人類の生命はアフリカを起点とするにもかかわらず，今日では人種的にアフリカ人なのは人類のほんの一部にすぎない。そのことはこの噴火に起因するかもしれないのである。

最もよく知られているスーパー・ボルケーノは，イエローストーン国立公園にあるものだ。規則的に噴出される少量の蒸気が観光客のアトラクションになっているが，イエローストーンには秘密がある。それは，いつでも激しく噴火しかねないということだ。科学者たちの予測によると，もし噴火した場合，1メートルの高さの灰でアメリカ合衆国西部が覆われる見込みであり，そしておそらく，世界の気温は今一度，下落することになるだろう。

digestive 形 消化の　loyal 形 忠実な　sensory 形 感覚の　fancy 形 高級な　spoil 動 ～を台無しにする

(1) 解答 2

スーパー・ボルケーノをほかの種類の火山と区別するものは何か。

1 マグマが形成される間にそれが膨らむ方向が普通の火山と反対である。

2 **マグマの体積が通常の火山と比べてかなり大きい。**

3 噴出するための弱い部分を見つけるのに要する時間がほかの火山より短い。

4 半流動体の岩を有するマグマ溜まりの位置は，スーパー・ボルケーノではさらに深い地下にある。

解説 第1段落最終文から2文目（In ...）に，スーパー・ボルケーノと通常の火山の違いはマグマ溜まりの大きさだと書かれているので，これを言い換えた**2**が正解。

(2) 解答 4

トバ山の噴火が原因である可能性があるのは，

1 インドネシアの陸地の規模と形が大きく変えられたことである。

2 その時以来多くのひどい火山噴火が起こっていることである。

3 氷河期が何百年も遅れたと科学者たちが考えていることである。

4 **現在，世界で民族にとても多様性があることである。**

解説 第2段落第4文（It may ...）に「それはまた，私たちが今日目にする人種や遺伝上の大きな相違を引き起こす原因となったかもしれない」と述べられているので，正解は**4**。本文中のthe great human racial and genetic differencesが選択肢ではgreat variation in ethnicityと言い換えられている。

(3) 解答 2

イエローストーン国立公園のスーパー・ボルケーノについて科学者たちは何と言っているか。

1 それは未来の噴火を防ぐ重要な手がかりを提供し得る唯一のスーパー・ボルケーノである。

2 **噴火が地球全体の気象条件に影響を与えるかなりの危険性がある。**

3 蒸気による圧力の絶え間ない放出は，噴火が起こりにくいことを意味する。

4 今まで1度も噴火したことがないという事実が，すべてのスーパー・ボルケーノが噴火するわけではないことを示唆している。

解説 第3段落最終文（If ...）に，イエローストーン国立公園のスーパー・ボルケーノの噴火が世界の気温を再び低下させるだろうとあり，それはつまり気候に影響を与える危険性があるということなので，**2**が正解。

NOTES

□considerably かなり

□drastically 激しく，劇的に

□ethnicity 民族性

stimulate 動 ～を刺激する　distract 動 （注意・心など）をそらす　bargain 動 （売買の）交渉をする

長文の内容一致選択問題を攻略！⑤

今日の目標

筆記3の長文の内容一致選択問題では，正解を導く上で根拠となる箇所をすばやく見つけることが重要だ。今日は，短時間で確実に解答するために必要なスキャニング（検索読み）について学習しよう。

ポイント　スキャニングに挑戦しよう！

重要ではないところは読み飛ばして，必要な情報のみをねらった読み方をスキャニング（検索読み）という。筆記3の設問は，長文の一部が正解の根拠となる「部分・詳細を問う設問」と，「理由・根拠を問う設問」とが大半を占めているので，効率よく解答するためには，このスキャニングを実践することが大切だ。以下で手順を確認しよう。

短時間で解答するための手順

1. タイトルを読んで，大まかなテーマをつかむ（※タイトルだけではわからない場合もある）
2. 長文全体にさっと目を通し「どの辺りに何が書かれているか」という程度の内容をつかんでおく
3. 設問に目を通す
4. 設問に関係のある箇所をスキャニング（検索読み）で探して，重点的に読む
5. パラフレーズ（4日目（p.30）を参照）に注意して，4つの選択肢の中から正解を選ぶ

最終的には，手順2を手順4のところで同時に行うようにして，**タイトルと設問に目を通したあと，長文全体にさっと目を通しながら，設問に関係のある箇所のみを重点的に読めるようになること**を目標にしよう。

次の例題で，スキャニングを実践してみよう。制限時間は2分。短時間で正解にたどり着くことを目指そう（第2段落以下と設問(2)～(4)は割愛）。

例題

Associative Learning

In order to adapt and survive, animals need to associate certain circumstances with certain outcomes. For example, ①by associating fire with danger and the possibility of physical harm, animals can resist getting close to it and therefore preserve their safety. ②Conversely, by associating things like eating fruit with pleasant results, they will seek out such experiences again. Creating these connections between ideas and experiences in the brain is known as associative learning.

(1) In what way does associative learning help animals to survive?

emerge 動 明らかになる　browse 動（商品など）を見て歩く　define 動 ～を定義する　adjust 動 ～を調節する

1 It helps them develop the ability to only seek out experiences which are pleasant even at the risk of physical harm.

2 It allows them to categorize certain circumstances into positive or negative outcomes so that they can adapt to them.

3 It creates connections between food and pleasure, leading animals to only search for the food that is the most pleasurable.

4 It causes them to feel fear more than pleasure thereby helping them to avoid dangerous places and things.

解答のポイント

左ページで示した手順1～5にのっとって解説すると次のようになる。

1. タイトルを読むと「連合学習」がテーマであることがわかる。
2. 長文全体にさっと目を通すと，第1文がトピック・センテンスで「動物が適応して生き残るためには，ある状況とある結果を関連付ける必要がある」という主張が述べられ，第2～3文では，トピック・センテンスで述べられた関連付けの具体例が挙げられている。続く第4文では，第2～3文に挙げられた具体例をもとに，「連合学習」の説明がされている。この段階では，この程度の流れがつかめていれば十分である。
3. 設問は「連合学習は動物の生存にどのように役立っているか」である。
4. 連合学習と動物の生存の関係について述べられている箇所をスキャニングで探す。手順2の作業から，関連付けの具体例が第2～3文に書かれていることがわかっているため，そこに目を向ける。すると，第2文（①）には，火と危険というネガティブな関連付けが挙げられており，第3文（②）では，果物と心地よさというポジティブな関連付けが挙げられている。
5. 第2～3文の具体例を言い換えた**2**が正解となる。

連合学習

動物が適応して生き残るためには，ある状況とある結果を関連付ける必要がある。例えば，火を危険なもの，体に害を及ぼす可能性のあるものと関連付けることで，動物は火に近づくことを避け，その結果，安全を保つことができる。逆に，果物を食べるようなことを心地よい結果と関連付けることで，そのような経験を再び求めるようになる。このように，脳の中で考えと経験を結び付けていくことは連合学習として知られている。

(1) 連合学習は動物の生存にどのように役立っているか。

1 体に害を及ぼす危険があっても心地よい経験だけを求める能力を養う。
2 ある状況をポジティブな結果かネガティブな結果かに分類し，状況に適応できるようにする。
3 食べ物と快楽を結び付けることで，動物は最も おいしい食べ物だけを探し求めるようになる。
4 喜びよりも恐怖を感じるようになり，危険な場所やものを避けることができるようになる。

解答　**2**

次のページからは練習問題。スキャニングを使って少し短い時間で解いてみよう！

deserve 動 ～に値する　undergo 動 ～を経験する　contradict 動 ～と矛盾する　withdraw 動 ～を引き出す

Read the passage and choose the best answer from among the four choices for each question.

The Voynich Manuscript

In 1912, a book dealer named Wilfrid Voynich visited a villa near Rome in search of books for his shop in London. While he was there, he came across a book written in a mysterious script and full of strange illustrations. Although he had no idea what the book was, Voynich bought it and took it back to England with him. Later research showed that the book — which became known as the Voynich manuscript — was probably created around the early 1400s. The first recorded owner was a German emperor in the late 1500s, but scientific analysis of the book's paper shows it was made about 150 years before that.

One of the most surprising things about the Voynich manuscript is that nobody has been able to read it. It is written in a mixture of unique script and symbols that do not resemble any writing system in the world. Experts generally agree that the text is written in code, but all attempts to understand what it means have been unsuccessful. Even the famous American codebreaker William Friedman, who managed to decode the Japanese military's code during World War II, had little success with the Voynich manuscript. After years of study, he could give no insight into the code other than his suggestion that it was "an early attempt to construct an artificial or universal language."

There have also been many theories regarding the purpose of the Voynich manuscript. To the casual observer, the book's illustrations would suggest that it is some kind of encyclopedia of natural science. However, many of the creatures depicted in the book are a strange combination of real species found on earth today. The book also seems to have a section about herbal remedies for illnesses, but the herbs shown cannot be identified as any known varieties in modern science. In one recent theory, historical researcher Nicholas Gibbs claims the book is a woman's health manual written in code for the Latin language. While this theory seemed promising at first, other experts soon pointed out its flaws. Historian Lisa Fagin Davis said the text decoded by Gibbs "doesn't result in Latin that makes sense."

Many people claim the Voynich manuscript is a fake that was made in more recent times, and that its script and symbols cannot be decoded because they are meaningless. Language expert Reed Johnson suggests that this is unlikely, since faking the book would have required obtaining over a hundred sheets of blank paper made 600 years ago — an almost impossible task. Furthermore, while experts have been unable to understand the book's script, they have identified features of its structure that are common to known languages. Recent studies have also shown that there are distinct words associated with each section of the book. In an article about the manuscript in the *New Yorker*, Johnson wrote that "words found with plant illustrations do not appear near astronomical diagrams, and vice versa — exactly what you'd expect from a meaningful text organized by topic."

　accompany 動 ～と一緒に行く　infect 動 （人）を感染させる　rebel 動 反抗する　convert 動 （建物）を改造する

□□ **(1)** According to the first paragraph, what is true about the Voynich manuscript?

1 Wilfrid Voynich bought the book because he believed it was written by a famous author and could be sold for a high price in London.

2 Although there are no records of the book being owned before the 1500s, there is evidence that it was made earlier.

3 Wilfrid Voynich spent many years searching for the book before he eventually found it by chance while he was on a trip to Rome.

4 While the paper that was used to make the book was made in Germany, the content of the book was written in England.

□□ **(2)** Why does the author of the passage mention William Friedman?

1 He was the first person to discover that the symbols used in the Voynich manuscript did not match those used in any other language.

2 He was believed by some people to be the true author of the Voynich manuscript because he had a lot of knowledge about codes.

3 He was an example of a well-known person who tried and failed to solve the code used in the Voynich manuscript.

4 He was asked to translate the code used in the Voynich manuscript because he had created a similar code during World War II.

□□ **(3)** What is one reason it is difficult to determine why the Voynich manuscript was made?

1 Each part of the book seems to include content that has no relation to the content found in other parts.

2 Experts are unwilling to share what they have discovered about the book because they fear that their ideas will be criticized.

3 It is difficult for researchers to study the book because Nicholas Gibbs refuses to share the code needed to understand its content.

4 The plants and animals that appear in the book cannot be identified based on current knowledge of the natural world.

□□ **(4)** Reed Johnson believes that

1 theories suggesting that the Voynich manuscript is a fake are probably wrong because the requirements of creating such an old book are too high.

2 attempts to understand the text in the Voynich manuscript are a waste of time because the content of the book was never intended to have any meaning.

3 studies showing that the structure of the script in the Voynich manuscript has characteristics similar to other artificial languages cannot be trusted.

4 the Voynich manuscript is difficult to understand today because the sections of the book were originally in a different order.

calculate 動 …と計算する　utilize 動 ～を（効果的に）利用する　admit 動 …と認める　punish 動 ～を罰する

NOTES

□villa 邸宅，屋敷
□script 文字
□analysis 分析
□manage to *do* どうにか〜する
□decode 〜を解読する
□little ほとんどない
□artificial 人工の
□other than 〜 〜以外には
□encyclopedia 百科事典
□creature 生き物
□species 種（しゅ）
□remedy 治療
□flaw 欠点
□distinct 特有の
□vice versa 逆もまた同様に
□by chance 偶然に

ヴォイニッチ手稿

1912年，ウィルフリッド・ヴォイニッチという書籍商が，ロンドンにある自身の店に置く本を求めて，ローマ近郊の屋敷を訪れた。そこで彼は，不思議な文字で書かれ，奇妙な挿絵で埋め尽くされた1冊の本に出会った。何の本かわからなかったが，ヴォイニッチはその本を買い，イングランドに持ち帰った。この本はヴォイニッチ手稿として知られるようになったが，その後の研究により，おそらく1400年代初期ごろに作成されたことが判明した。記録されている最初の所有者は1500年代後半のドイツ皇帝だが，本の紙を科学的に分析した結果，その約150年前に作られていたことが判明したのである。

ヴォイニッチ手稿で最も驚くべきことの1つは，誰もそれを読むことができないということである。世界中のどの文字体系にも似ていない，独特の文字と記号が混在して書かれているのだ。専門家の間では，この文章が暗号で書かれていることは一般的に認められているが，その意味を理解しようとする試みはすべて失敗している。第二次世界大戦中，日本軍の暗号をなんとか解読したアメリカの有名な暗号解読者ウィリアム・フリードマンでさえ，ヴォイニッチ手稿ではほとんど成功しなかった。彼は何年も研究を続けたが，「人工言語または普遍言語を構築する初期の試み」であると示唆する以外，暗号について何の見解も与えることができなかった。

また，ヴォイニッチ手稿の目的については多くの説が存在してきた。一見すると，この本は挿絵から自然科学の百科事典のようなものだと思われる。しかし，本で描かれている生物の多くは，現在地球上に存在する実在の種（しゅ）の奇妙な組み合わせになっている。また，病気に対する薬草療法の項もあるようだが，描かれている薬草は，現代科学で知られているどの品種とも同定できない。最近の説では，歴史研究家のニコラス・ギブスが，この本はラテン語の暗号で書かれた女性の健康マニュアルであると主張している。この説は，当初は有望と思われたが，すぐにほかの専門家がその欠点を指摘した。歴史家のリサ・ファギン・デイヴィスは，ギブスによって解読された文章は，「意味のあるラテン語にはならない」と述べた。

ヴォイニッチ手稿はもっと最近の時代に作られた偽物であり，その文字や記号は意味がないので解読できないと主張する人が多い。言語の専門家であるリード・ジョンソンは，その可能性は低いと言う。この本の偽造には600年前に作られた100枚以上の白紙を入手する必要があり，それはほぼ不可能であるからだ。さらに，専門家はこの本の文字を理解することはできないが，既知の言語と共通する構造の特徴を認めた。また，最近の研究では，本の各セクションに関連する独特な単語が存在することが判明している。ジョンソンは『ニューヨーカー』誌のこの手稿に関する記事で，「植物の挿絵と一緒に見られる単語は，天文図の近くには現れず，その逆もまたそうである。話題ごとに構成された意味のある文章で見られるのと全く同じように」と書いている。

(1) 解答 **2**

第1段落によれば，ヴォイニッチ手稿について正しいことは何か。

1 ウィルフリッド・ヴォイニッチは，この本が有名な作家によって書かれ，ロンドンで高値で売れる可能性があると考え，この本を購入した。
2 **1500年代以前にこの本が所有されていたという記録はないが，それ以前に作られたという証拠がある。**
3 ウィルフリッド・ヴォイニッチは，この本を何年も探し続け，最終的にローマ旅行中に偶然発見した。

approve 動（〜を）承認する　owe 動 〜は…のおかげである　proceed 動 向かう　navigate 動（船など）（を）操舵する

4 本に使用されている紙はドイツ製だが，その中身はイングランドで書かれた。

解説 第1段落第5文（The first ...）において，最初の所有者が記録されている時期よりも，本に使用された紙がもっと昔に作られていることが述べられている。このことから本が記録上の最初の所有者の時期よりも前に存在していたことがわかるから，正解は**2**。

(2) 解答 3

この文章の筆者は，なぜウィリアム・フリードマンに言及しているか。

1 彼はヴォイニッチ手稿で使われている記号がほかの言語で使われている記号とは一致しないことを発見した最初の人物であったため。
2 彼は暗号に関する多くの知識を持っていたので，一部の人々からヴォイニッチ手稿の真の作者だと思われていたため。
3 彼がヴォイニッチ手稿に使われている暗号を解こうとして失敗した有名人の一例であるため。
4 彼が第二次世界大戦中に同様の暗号を作ったことから，ヴォイニッチ手稿に使われている暗号の翻訳を依頼されたため。

解説 第2段落第4文（Even ...）にフリードマンの名前が登場するため，注目したい。第二次世界大戦中に暗号解読の実績があるフリードマンでさえヴォイニッチ手稿の解読はほとんどうまくいかなかったことが述べられている。したがって，**3**が正解。

(3) 解答 4

ヴォイニッチ手稿が作られた理由を特定することが難しい理由の1つは何か。

1 本の各部分には，ほかの部分に見られる内容とは全く関係のない内容が含まれているように思われるため。
2 専門家は，自分たちの考えが批判されることを恐れて，この本について発見したことを共有したがらないため。
3 ニコラス・ギブスが内容を理解するのに必要な暗号の共有を拒否していることから，研究者がこの本を研究することが困難であるため。
4 この本に登場する動植物は，現在の自然界の知識では同定することができないため。

解説 第3段落第3文（However, ...）では「描かれている生物の多くは，現在地球上に存在する実在の種の奇妙な組み合わせになっている」とあり，第4文（The book ...）では「描かれている薬草は，現代科学で知られているどの品種とも同定できない」とあることから，本に登場する動植物が実在するものではないことがわかる。したがって正解は**4**。

(4) 解答 1

リード・ジョンソンが考えているのは，

1 ヴォイニッチ手稿が偽物であるとする説は，そのように古い本を作るのに必要な条件が難しすぎるため，おそらく間違っているということである。
2 ヴォイニッチ手稿の本文を理解しようとする試みは，その本の内容が意味を持つことを意図していなかったため，時間の無駄だということである。
3 ヴォイニッチ手稿の文字の構造がほかの人工言語と類似した特徴を持つことを示す研究は信用できないということである。
4 ヴォイニッチ手稿は，もともとは本の各セクションが異なる順序で書かれていたため，現在では理解することが困難だということである。

解説 第4段落第2文（Language ...）にある「600年前に作られた100枚以上の白紙を入手する必要があり，それはほぼ不可能である」が「そのように古い本を作るのに必要な条件が難しすぎるため，おそらく間違っている」と言い換えられた**1**が正解。

NOTES

□be unwilling to *do*
～したがらない

英文要約問題を攻略！②

今日の目標

筆記4の英文要約問題では，英文の論旨をつかみ，いかに自分の言葉でパラフレーズする（言い換える）かが大切だ。今日は要約における論理展開の明示とパラフレーズの方法をマスターしよう。

ポイント1 段落間の論理展開をきちんと示そう！

英文には段落ごとに役割があり，段落と段落の間では，話の流れが大きく変わることがある。例えば英文要約問題の問題文では，最初の段落でテーマが導入され，そのテーマに関して利点を述べる段落と，欠点を述べる段落に展開するのがよくあるパターンだ。この場合，要約においても利点と欠点の説明を逆接のつなぎ言葉を用いてつなぐなど，問題文と同じ論理展開を維持する必要がある。

問題文の論理展開をつかむ上で，また，問題文と同じ論理展開の要約を作成する上で，つなぎ言葉は重要だ。以下で確認をしておこう。

英文要約問題で使えるつなぎ言葉	
原因・理由	because of ～「～のために」，because / since「～なので」
追加・補足	also「～もまた」, besides「～に加えて」, in addition (to ～)「(～に) 加えて」, furthermore / moreover / what is more「さらに」
例示	for example [instance]「例えば」，such as ～ / like「～のような」，including「～を含む」
結果	so「だから」，as a result「結果として」，consequently / therefore「その結果」
逆接・譲歩	but「しかし」，(al)though「…だけれども」，however「しかしながら」，while「…だけれども」，nevertheless / nonetheless「それにもかかわらず」
対照	on the contrary「それどころか」，on the other hand「一方で」

ポイント2 パラフレーズを効果的に使おう！

パラフレーズを効果的に使えば，文章の要旨を簡潔に表現することができる。

① **細かい具体的な情報は抽象的な表現を用いて言い換える**
② **問題文と同じ表現をなるべく避け，類義語やイディオムを活用する**
③ **文を句に置き換えたり構文を工夫したりして，複数の文を1つにまとめる**

といった方法が効果的だ。例題で，どのように言い換えが使われているのか確認してみよう。

overhear 動 ～を偶然耳にする　depression 名 うつ病　stem 名（草木の）茎　personnel 名 職員

例題

Between 2000 and 2022, the cost of electricity in the United States almost doubled. Similarly, ①large rises in energy costs have been seen in other countries, and this has prompted some people to build houses that would help them manage their monthly bills. As a result, ②there has been a growing interest in houses that are built either completely or partially underground.

People who build such houses say ③the earth that surrounds them helps to reduce energy use. The temperature inside the houses changes little all year round, even when it is much hotter or colder outside. Because of this, the energy costs of keeping the houses at a comfortable temperature are low.

Studies of underground houses in the United States suggest they can lead to annual energy savings of up to 300 dollars, but critics say the houses have downsides. One of these is the cost of construction. ④Digging out earth and taking measures to make the houses waterproof result in a 20-percent increase in overall building costs. In addition, ⑤the houses often have poor air circulation. Because they generally have few windows, if any, damp air cannot be replaced naturally.

解答例

In recent years, increasing energy prices have led to underground houses gaining more attention. One benefit of such houses is that the earth around them keeps them at a stable temperature, making them energy-efficient. However, while studies show that underground houses reduce energy costs, they have disadvantages. One is that they are more expensive to build. Also, the difficulty of getting fresh air into the houses reduces air quality.

解答のポイント

- まず問題文の要旨を押さえよう。

　第１段落は，「全部あるいは一部を地下に建設する住宅への関心が高まっている」（②）というのが主張である。その原因として「（アメリカ国内だけでなく）ほかの国々でもエネルギーコストが大幅に増えた」（①）ことが挙げられている。第２段落では，「地下住宅は，家を囲む土のおかげで室内温度がほとんど変わらず，エネルギー使用量の削減に一役買う」（③）というのが主張である。一方，第３段落では「地下住宅は建設費用が高い」（④）こと，さらには，「空気が循環しにくい」（⑤）ことの２つの欠点があるというのが主張である。

- 上で押さえた要旨を１つの段落につき１～２文にまとめよう。

　第１段落は，①と②の情報をincreasing energy prices have led to underground houses gaining more attention「エネルギー価格の上昇によって，地下住宅が注目を集めている」とまとめられる。〈第１文，第２文＋As a result, 第３文〉が，解答例では*A*（第１文，第２文の内容）lead to *B*（第３文の内容）に言い換えられていることにも注目したい。また，第１段落冒頭のBetween 2000 and 2022「2000年から2022年にかけて」は具体的な情報なのでIn recent years「近年」のような抽象的な情報に置き換えればよい。解答例におけるその他のパラフレーズは次のとおり。

controversy 名（長期の）論争　**recognition** 名（人・物が）それと分かること　**applicant** 名 応募者

パラフレーズ
large rises in energy costs「エネルギーコストの大幅な上昇」
→increasing energy prices「エネルギー価格の上昇」
there has been a growing interest in ～「～への関心が高まっている」
→～ gaining more attention「～が注目を集めている」
houses that are built either completely or partially underground
「全部あるいは一部を地下に建設する住宅」→ underground houses「地下住宅」

第2段落は地下住宅の利点について述べられている段落である。したがって，One benefit is ～「利点の1つは～」という表現を用いることができる。第2段落は3文で構成されているが，「地下住宅ではエネルギー使用量を減らすことができる」という主張とその理由・説明を解答例では1文にまとめている。

パラフレーズ
the earth that surrounds them「家を囲む土」→ the earth around them「家の周りの土」
helps to reduce energy use「エネルギー使用量の削減に一役買う」
→ making them energy-efficient「(その結果，地下住宅は) エネルギー効率がよくなる」
＊問題文のhelp to *do* を解答例では〈make＋目的語＋補語〉と分詞構文を組み合わせて言い換えている

第3段落は地下住宅の欠点について述べられている段落である。欠点が2つ挙げられているので，どちらももれなく要約に組み込む必要がある。解答例ではthey have disadvantages「欠点がある」とした上で，2つの欠点をOne is ～. Also, ...の形で続けている。

1つ目の欠点であるa 20-percent increase in overall building costs「建築費全体の20%増加」は，具体的な数値を省略し，内容を変えずに別の語句を用いるとmore expensive to build「建築費がより高くつく」のように言い換えられる。

2つ目の欠点であるthe houses often have poor air circulation. Because they generally have few windows, if any, damp air cannot be replaced naturally「地下住宅は空気循環が悪いことも多い。一般的に窓があったとしてもごく少数で，湿った空気を自然に入れ替えることができないのだ」は，「窓が少ないため，湿った空気が自然に入れ替わらない」→「新鮮な空気を取り込むのが難しい」，「空気循環が悪い」→「空気の質が低下する」と言い換えて組み合わせるとthe difficulty of getting fresh air into the houses reduces air quality「家に新鮮な空気を取り込むのが難しいため，空気の質が低下する」のようにまとめることができる。

- 以上の各段落の主張を，つなぎ言葉を用いて論理的な展開の要約にする必要がある。例題では，第2段落で利点，第3段落で欠点がそれぞれ述べられているが，要約する際には，Although, But, However, Whileなどの逆接や譲歩を表すつなぎ言葉を，第2段落と第3段落の内容の間に挿入して，要約に論理性を持たせることが大切だ。また，第3段落第1文で「アメリカの地下住宅の研究によれば，地下住宅は年間で300ドルまでのエネルギー節約につながり得る」のように，第2段落で示された利点が再度提示され，その後，逆接を表すbutによって欠点が説明されることにも注目したい。このように，問題文は欠点を強調するために「利点もあるが欠点もある」のような展開になることがあるため，要約の際には，解答例のようにwhileなどのつなぎ言葉を用いて本文の論理展開を再現するとよい。以上より，つなぎ言葉を挿入するためには，段落の内容だけでなく，段落同士の関係性についても読み取る必要がある。

- 賛成意見や利点が述べられる段落の言い換えでよく使われる表現には，benefit「利益」やadvantage

 sewage 图 汚水　**developer** 图 宅地造成業者　**circulation** 图 発行部数　**appliance** 图 （特に家庭用の）器具

「利点」，supporter / proponent「支持者」，などが挙げられる。一方で，反対意見や欠点が述べられる段落では，difficulty「困難」，disadvantage / drawback / downside「欠点」，critic「反対者」などがある。これらの表現も覚えておこう。

（問題文の訳）

2000年から2022年にかけて，アメリカの電気代はほぼ倍増した。他国でも同様にエネルギーコストの大幅な上昇が見られるため，月々の料金を管理しやすい住宅を建てようという動きが出ている。その結果，全部あるいは一部を地下に建設する住宅への関心が高まっている。

このような家を建てる人々は，家を囲む土がエネルギー使用量の削減に一役買うと言う。外がとても暑かろうが寒かろうが，室内温度は一年中ほとんど変わらない。そのため，家を快適な温度に保つためのエネルギーコストは低い。

アメリカの地下住宅の研究によれば，地下住宅は年間で300ドルまでのエネルギー節約につながり得るようだが，批判的な人々によれば欠点があるという。その1つが建設費だ。土を掘って家に防水対策を施すと，建築費全体が20%増加する。さらに，地下住宅は空気循環が悪いことも多い。一般的に窓があったとしてもごく少数で，湿った空気を自然に入れ替えることができないのだ。

（解答例の訳）

近年，エネルギー価格の上昇によって，地下住宅が注目を集めている。それらの住宅の利点の1つは，周りの土が住宅の温度を安定させるため，エネルギー効率がよくなることだ。しかし，地下住宅はエネルギーコストを削減するという研究結果がある一方で，欠点がある。1つは建設費がより高くつくことだ。また，家に新鮮な空気を取り込むのが難しいため，空気の質が低下する。

メリットとデメリット

日本語の「メリット」は「利点，利益となること」という意味で用いられることがある。一方で，英語のmeritは主に「長所，賞賛に値すること」という意味。「利益となること」という意味はないため，注意したい。

日本語の「デメリット」もまた「損失，不利な点」という意味合いで用いられることがあるが，英語のdemeritは主に「短所」を意味しており，ニュアンスがやや異なる。

よって「利点」と「不利な点」は，それぞれadvantageとdisadvantageなどを用いて表すとよい。

次のページからは練習問題。ここで学んだことを活かして問題を解いてみよう！

bond 名 きずな　circuit 名 周回すること　innovation 名（技術）革新　infant 名 幼児　anthropologist 名 人類学者

- Instructions: Read the article below and summarize it in your own words as far as possible in English.
- Suggested length: 60-70 words
- Write your summary in the space provided on your answer sheet. Any writing outside the space will not be graded.

During the 1970s, a growing number of parents in the United Kingdom became dissatisfied with how their children were being taught in state-founded schools. Some decided to shift to homeschooling, and in 1978, an organization was set up to support parents educating their children at home. Today, approximately 1.5 percent of the nation's school-aged children are being educated in this way.

Supporters of this form of education say that it is a more effective way to teach children. At home, parents can select the teaching materials used and the pace at which they are taught. As a result, lessons are better suited to the academic ability of each child.

While research in the United Kingdom has shown that homeschooled children perform 30 percent better on public exams, some experts point out the negative effects of homeschooling. One issue is that there are much fewer chances to interact with other children. This can lead to difficulty making friends and feelings of loneliness. Some homeschooled students also experience problems gaining places at university or college. This happens because they lack access to academic counselors and do not have teachers who can provide recommendations.

Write your English Summary in the space below.

respondent 名（調査・アンケートなどの）回答者　well-being 名 健康　flaw 名 欠点　strain 名 重圧

NOTES

1970年代，イギリスでは公立学校の子どもの教育方法に不満を抱える親が増えた。中には，ホームスクーリングに移行する決断をする者も現れ，1978年には，家庭で子どもを教育する親を支援する団体が設立された。現在では，全国の就学年齢の子どもの約1.5%がこの方法で教育を受けている。

この教育形態を支持する人たちは，これは子どもたちへのより効果的な教育方法であると言う。家庭では，使用する教材や教えられるペースを親が選ぶことができる。その結果，授業はそれぞれの子どもの学力により合ったものになる。

イギリス国内の調査では，ホームスクーリングを受けた子どもは，公的な試験で30%成績がよかったという結果が出ている一方，ホームスクーリングの弊害を指摘する専門家もいる。1つの問題は，ほかの子どもたちと交流する機会が非常に少ないということである。そのため，友達を作るのが難しくなったり，孤独を感じたりすることがある。また，ホームスクーリングを受けている生徒の中には，大学進学に際して問題にぶつかる人もいる。これが起こるのは，彼らにはアカデミック・カウンセラーを利用できなかったり，推薦してくれる教師がいなかったりするからだ。

解答例

① Some parents in the United Kingdom have chosen homeschooling for their children because they are unhappy with state-founded schools. ② Proponents believe homeschooling allows parents to adjust lessons appropriately for their children's needs. ③ However, although research suggests homeschooling improves academic performance, some experts say homeschooled children can have relationship challenges and isolation from limited social interaction. ④ Also, they cannot receive support from academic school staff to help them enter higher education.

（70語）

イギリスには，公立の学校に不満があるため，子どものためにホームスクーリングを選択する親がいる。支持者たちは，ホームスクーリングは親が子どものニーズに合うよう授業を適切に調整することを可能にすると考えている。しかし，ホームスクーリングによって学業成績が向上するという研究結果もあるが，専門家の中には，ホームスクーリングを受けた子どもは，社会的交流が制限されるために人間関係に苦労したり孤立したりすることがあると言う人もいる。また，学校関係者から進学のためのサポートを受けることもできない。

解説 問題文は「ホームスクーリング」に関する文章である。第1段落ではテーマ（ホームスクーリング）の導入がなされ，その概要が述べられている。第2段落では「ホームスクーリング」のメリット，第3段落では「ホームスクーリング」のデメリットがそれぞれ紹介されている。各段落のポイントを詳しく見ていこう。

第1段落では，問題文のテーマと概要を押さえる。冒頭で「公教育への不満」が背景として提示され，その結果として第2文で「ホームスクーリングへの移行」や「家庭で子どもを教育する親を支援する団体の設立」が説明されていることから，問題文のテーマは，「ホームスクーリング」であると把握できる。

第2段落では，第1文に「（ホームスクーリングは）より効果的な教育方法である」ことが述べられている。続く第2文は「教材や教えられるペースを親が選ぶことができる」というように，第1文で述べられた「（ホームスクーリングは）より効果的な教育方法である」ことの例が示されている。第3文では，「授業はそれぞれの子どもの学力により合ったものになる」と述べられており，第2文と同様に第1文の「（ホームスクーリングは）より効果的な教育方法である」ことの根拠となっている。

第3段落では，while節で，「ホームスクーリングを受けた子どもは，公的な試験で30%成績がよかったという結果が出ている」というメリットについて触れられているが，後続する主節で述べられている「ホームスクーリングの弊害」というデメリットがこの段落の

rivalry 名 ライバル意識　publicity 名 一般に知れ渡ること　consent 名 同意　addiction 名 依存

NOTES

主張である。第3文と第5文に，2つのデメリットが具体的に述べられており，1つは「友達を作るのが難しくなったり，孤独を感じたりすることがある」，もう1つは，「アカデミック・カウンセラーを利用できなかったり，推薦してくれる教師がいなかったりする」ことが挙げられている。

問題文から抽出したテーマや各段落のキーポイントは以上のとおりである。これらをまとめるポイントについて，解答例を見ていこう。

① 第1段落第1文と第2文から拾ったキーポイントを，解答例ではbecauseを用い，因果関係を明確にしてまとめている。また，1970sや1978といった具体的な情報は省き，問題文の語句の言い換えを行っている。例えば，問題文で使用されているdecided to shift toを解答例ではhave chosenに，dissatisfiedをunhappyに置き換え，問題文の内容を簡潔に述べている。

② 第2段落の主旨は「（ホームスクーリングは）より効果的な教育方法である」ことであるが，これだけでは読み手に内容が伝わらない。したがって，第2文「使用する教材や教えられるペースを選ぶことができる」の内容を付け加えて，「使用する教材や教えられるペースを選ぶことができるので，効果的である」という内容を述べればよい。要約問題では，並列されている複数の事柄を，より広い概念を表す語（上位語）や，似通った抽象的な概念を用いて，1つにまとめる。解答例では，「使用する教材や教えられるペースを選べる」という問題文の内容を「親が子どものニーズに合うよう授業を適切に調整することを可能にする（allows parents to adjust lessons appropriately for their children's needs）」とまとめている。

③ 第3段落は，単に「デメリットがある」という情報だけでなく，「公的な試験で30%成績がよかったというメリットがあるものの，デメリットもある」という論理展開を要約にも反映させたい。解答例では「学業成績が向上するものの」のように，数値などの具体的な情報は取り除き，譲歩を表すつなぎ言葉althoughを用いて表現している。次に，第3段落第3文で述べられているデメリットの1つ目に言及するが，第3段落第2文がデメリットの原因（理由）を述べている点に留意したい。解答例では，第2文の「ほかの子どもたちと交流する機会が非常に少ない」という原因と，第3文の「友達を作るのが難しくなったり，孤独を感じたりすることがある」という結果を〈結果 from 原因〉のようにまとめている。第3文のdifficulty making friends and feelings of lonelinessは解答例では，より抽象的にrelationship challenges and isolationとまとめられている。また，第2段落とは対照的にデメリットについて述べるため，文頭に逆接を表すつなぎ言葉（However, など）を用いて，段落間の論理展開も明確にする。

④ 解答例では，デメリットの2つ目「アカデミック・カウンセラーを利用できなかったり，推薦してくれる教師がいなかったりするため，進学に際して問題にぶつかる人もいる」は，デメリットの1つ目（③）とは文を分けて述べられている。③で掲げたデメリットの1つ目に追加して，デメリットの2つ目を述べるので，Also, やIn addition, Furthermore, などのつなぎ言葉を用いて，③との論理関係を明確にする。アカデミック・カウンセラーや教師はより抽象的なacademic school staff「学校関係者」と表現している。

profession 名（主に知的な）職業　**sacrifice** 名 犠牲　**nerve** 名 度胸　**assumption** 名（確証のない）仮定

英作文問題を攻略！③

今日の目標

筆記5の英作文問題では，つなぎ言葉を効果的に使用すると，論理展開が明確なエッセイを作成することができる。今日は，つなぎ言葉の使い方をマスターしよう。

ポイント　つなぎ言葉の効果的な使い方をマスターしよう！

120～150語で説得力のあるエッセイを書かなければならない筆記5では，つなぎ言葉を使って論理展開を明確にする必要がある。具体的には次に示すような場合，つなぎ言葉を使用すると効果的だ。

つなぎ言葉が効果を発揮する場面

- 自分の立場（賛成／反対，肯定／否定）を示すとき
- 理由や根拠を述べるとき
- 次の段落（特に本論にあたる第2・第3段落）に移るとき
- 理由や根拠，関連する情報などを追加するとき

実際に，つなぎ言葉を効果的に使ったエッセイ例を見てみよう。

例題

TOPIC

Do you think that unhealthy foods and drinks should be taxed at a higher rate than healthy ones?

POINTS

- ***Health benefits***
- ***Poverty***
- ***Healthcare finance***
- ***Dietary education***

解答例

①I think that unhealthy foods and drinks should be taxed at a higher rate than healthy ones. I have two reasons: health benefits and healthcare finance.

②To begin with, many people are consuming more unhealthy foods, such as fatty foods, and soft drinks these days. ③As a result, the number of people with diseases is increasing. Raising the cost of unhealthy foods through taxes would be an effective way to change people's unhealthy eating habits to healthy ones.

 context 名 文脈　consequence 名 結果　application 名 申請書　workout 名 運動

④Secondly, people who have a poor diet are more likely to need healthcare services, so they should bear the cost. The money raised from the taxes on unhealthy foods could be reserved for funding government healthcare and research.

⑤Because of the need for changing our recent dietary habits and for getting financial resources for improving healthcare services, unhealthy foods and drinks should be more heavily taxed.

❗ 解答のポイント

- 解答例では，トピックを肯定する立場から，4つのポイントのうち，「健康上の利点」と「医療財政」の2つを取り上げている。序論では，トピックを肯定する立場であることと，それを支持する理由を2つ本論で挙げることを明らかにしている。
- つなぎ言葉といってもその種類や使用する目的はさまざまである。解答例では，to begin with (②)を第2段落冒頭で，secondly (④)を第3段落冒頭で用いて，序論で取り上げた「健康上の利点」と「医療財政」の2つを導入している。
- 序論では，トピックを肯定する立場であることをI think (①)という意見を表明するためのつなぎ言葉を用いて述べている。
- 第2段落では，as a result (③)というつなぎ言葉を使って，第1文で述べた「近年の不健康な食生活」の結果が，第2文で述べた「病気の増加」を引き起こした，のように「原因→結果」の関係を示している。
- 結論では，文頭で原因・理由を示すbecause of (⑤)を用いて，「～のために重い税をかけるべきだ」と締めくくっている。

英作文問題で効果的なつなぎ言葉	
順序	first(ly)「初めに」，second(ly) / next「次に」，then「そのあとで」，first of all / in the first place「第一に」，to begin with「初めに」
意見	I think [don't think] ...「…と思う［思わない］」，I believe ...「…と思う」，in my opinion / in my view / from my point of view「私の考えでは」，It seems to me that ...「私には…のように思える」
原因・理由	because of ～「～のために」，because / since「～なので」，This is because ...「これは…だからだ」，The reason is that ...「その理由は…だ」，That is why ...「それが…の理由だ」，for this reason「この理由から」
追加・補足	also「～もまた」，besides「～に加えて」，in addition (to ～)「（～に）加えて」，furthermore / moreover / what is more「さらに」，similarly / likewise「同様に」
例示	for example [instance]「例えば」，such as ～ / like「～のような」，including「～を含む」
結果・結論	so「だから」，as a result「結果として」，consequently / therefore / in [as a] consequence / accordingly「その結果」，in conclusion「結論として」
逆接・譲歩	but「しかし」，(al)though「…だけれども」，however「しかしながら」，still / yet「それでも」，while「…だけれども」，whereas「…だが」，despite / in spite of ～「～にもかかわらず」，nevertheless / nonetheless「それにもかかわらず」，unlike「～とは異なり」，even so「たとえそうであっても」，even if [though] ...「たとえ…だとしても」，otherwise「さもなければ」
対照	in [by] contrast「それとは対照的に」，on the contrary「それどころか」，on the other hand「一方で」，instead「その代わりに」，meanwhile / in the meantime「一方」
強調	of course「もちろん」，in fact / indeed「実際は」，above all「何よりも」，in particular「特に」

次のページからは練習問題。つなぎ言葉を使って解答を作成してみよう！

obstacle 名 障害（物）　treaty 名（国家間の）条約　deforestation 名 森林破壊　infrastructure 名 インフラ

練習問題

- Write an essay on the given TOPIC.
- Use TWO of the POINTS below to support your answer.
- Structure: introduction, main body, and conclusion
- Suggested length: 120-150 words
- Write your essay in the space provided on your answer sheet. Any writing outside the space will not be graded.

TOPIC

Is it a good idea for companies to hire elderly workers?

POINTS

- ***Salaries***
- ***The workforce***
- ***Skills***
- ***Health***

contribution 名 貢献　congestion 名 混雑　exposure 名 身をさらすこと　blow 名 強打　participation 名 参加

Write your English Composition in the space below.

19日目 筆記5

crisis 名 危機　ancestor 名 先祖　architect 名 建築家　existence 名 存在

NOTES

TOPIC

企業が年配の労働者を雇用することは良案だと思うか。

POINTS

・給料
・労働力
・技術
・健康

□the workforce
労働力（通例theを付ける）

□overcome
～を克服する

□productivity　生産性

help (to) *do* は，受け身形の場合を除いて，help に続く to は省略されることがある。

□maintain　～を維持する

解答例

① I believe it is a good idea for companies to hire elderly workers. I have two reasons for this related to the workforce and workers' skills.
② Firstly, in many countries, especially those with aging populations, the workforce is getting smaller. One way for companies to overcome this problem is to allow even elderly people to be part of the labor force. Otherwise, they will find it difficult to recruit enough employees.
③ Secondly, elderly people have a lot of experience and have gained many skills during their careers. These skills can be very valuable for companies, and elderly workers can pass on their knowledge to young workers. As a result, the productivity of companies will be increased.
④ In conclusion, because elderly employees can help maintain the workforce and have useful skills to teach young workers, I believe that it is reasonable for companies to hire them. (145語)

私は，企業が年配の労働者を雇用することは良案であると考えます。その理由は労働力と労働者の技術に関連して2つあります。

まず，多くの国，特に高齢化が進んでいる国では，労働人口が減少しています。企業がこの問題を克服する1つの方法は，年配者であっても労働力の一部であることを企業が認めることです。そうでなければ，企業は十分な従業員を採用することが難しくなることでしょう。

次に，年配者は多くの経験を持ち，経歴の中で多くの技術を身につけています。これらの技術は企業にとっては大変かけがえのないものであり，年配の労働者はその知識を若い労働者に伝えることができます。その結果，企業の生産性は向上するでしょう。

結論として，年配者は労働力の維持に役立ち，若い労働者に教える有用な技術を持っているので，企業が年配者を雇用するのは合理的であると思います。

解説 会社が年配の労働者を雇うことの是非を問うトピックである。解答例はトピックに対して賛成の立場である。つなぎ言葉がどのように活用されているのかを中心に解答例を確認していこう。

解答例の論理展開と内容は次のようにまとめられる。

①序論	「企業が年配の労働者を雇用することは良案である」
②本論1	「労働力の低下の克服」 ・高齢化による労働人口の減少 ・年配者も労働力と認めることで労働人口の減少という問題が克服できる
③本論2	「若い労働者への技術の継承」 ・年配者は多くの技術を身につけている ・年配者がその技術を若い労働者に伝えれば，生産性が向上する
④結論	「企業が年配者を雇用するのは合理的である」

deposit 名 内金　finance 名 金融　awareness 名 認識　intake 名 摂取量

NOTES

この論理展開とその内容では，トピックに対する意見が2つのポイントを用いてしっかりと根拠とともに挙げられている。しかし，単にトピックに対する意見とその根拠を書けばよいわけではない。つなぎ言葉を用いて，それぞれのパーツを円滑につなげて論を展開する必要がある。

つなぎ言葉の主な役割は，論理展開を明確にし，主張をわかりやすくすることである。解答例の序論（①）では，I believeという意見を導入するためのつなぎ言葉を用いている。つなぎ言葉によって，意見がどこで述べられるのかが明確になる。

本論（②，③）では，意見の理由が2つ述べられていることが，firstlyとsecondlyという順序を表すつなぎ言葉によって明確にされている。

本論1（②）では，順序を表すつなぎ言葉のほかにも，逆接を表すつなぎ言葉otherwiseが使用されている。ここでは，企業が労働者不足を克服する1つの方法として，企業が高齢者を雇用することが述べられているが，逆接を表すotherwiseを用いることによって，それに続く「企業は十分な従業員を採用することが難しくなる」という意見を際立たせることができる。

本論2（③）では，結果を表すas a resultを用いることによって，段落の論理展開を明確にしている。すなわち，「年配の労働者が持つ技術を若い労働者へ継承できる」というトピックに対する利点があり，結果的に，「企業の生産性向上」という別の利点ももたらされることがつなぎ言葉によって際立ち，主張が明確になる。

最後に結論（④）では，in conclusionという結果や結論を導入するつなぎ言葉によって段落が始められているとともに，意見を述べる際に用いるつなぎ言葉I believeを用いて①で述べた主張を繰り返している。

解答例のように，つなぎ言葉を効果的に使って論理展開を明確にし，説得力のあるエッセイを書く練習をしよう。

ワード数の数え方

日本語と違って「文字数」ではなく，「単語数」で数える。

1. 冠詞（a(n) / the）は1語と数える　例：a watch　→2語
2. 短縮形は1語と数える　例：I've got a new CD.　→5語
3. ハイフンで結ばれた単語は1語と数える　例：a three-year-old boy　→3語
4. 句読点（カンマ，ピリオドなど）は数えない　例：A fine day, isn't it?　→5語

witness 名 目撃者　coverage 名 報道　lawsuit 名（民事）訴訟　session 名 会議

英作文問題を攻略！④

今日の目標

筆記5では，論旨が明確で説得力のあるエッセイを書くことが重要だが，より自然で英語らしい表現を心がけることも忘れてはいけない。今日は，英語らしい自然な表現でエッセイを書くためのポイントを押さえよう。

ポイント1 知っている表現で工夫しよう！

エッセイには難しい語句や構文を使わなければならないと思ってしまう受験者もいるだろう。しかし，無理をして難しい語句や構文を使おうとすると，かえって不自然な英語になってしまうことが多い。

選んだ2つのポイントに即して論理的で説得力のあるエッセイを120～150語で書くことが求められる筆記5では，必ずしも多面的な意見を持ち，高等な表現を用いる必要はない。**自分が自信を持って使うことができる表現で，オーソドックスな内容のエッセイを書くよう心がけよう。**

次の例題の解答例を見て，別の表現を使って書けないか考えてみよう。

例題

TOPIC

Agree or disagree: Japanese companies should allow employees to work remotely

POINTS

- ***Technology***
- ***Employees' demands***
- ***Globalization***
- ***Efficiency***

解答例

①Although the Japanese government has implemented workstyle reforms, most Japanese companies require employees to work at the office. However, this is likely to change in the future because of globalization and efficiency needs.

First, ②providing remote work opportunities to employees will help Japanese companies compete globally, since they can hire employees from abroad. Thanks to technology, as long as employees have access to the Internet, they can work from anywhere in the world.

Furthermore, more employees realize that they can use time more efficiently if they work remotely, so the demand for remote work is rapidly increasing globally. Remote work allows employees to reduce the amount of commuting time and ③lets them work more

means 名 手段　pioneer 名 先駆者　satisfaction 名 満足　basis 名 根拠

flexible hours. This helps employees boost efficiency.

Throughout the world, globalization and efficiency needs are impacting companies' decisions about remote work, and ④this trend also seems likely to grow in Japan in the future.

解答のポイント

解答例では，「日本企業は従業員が遠隔で働くことを許容するべきである」というトピックに対して，日本企業の現状に触れ，これが今後変わるだろうという見通しを述べることで賛成の立場を表明している。そして「グローバル化」と「効率化」の２つの観点からその理由を述べている。英作文問題で肝心なことは，平易でも自然な言い回しで読み手に伝わるように書かれているかどうかである。解答例の下線部①～④を，内容を変えずに，ほかにどのように書き換えられるかを考えてみよう。

①書き換え例

下線部①は，implemented「実施した」をpromote「～を促進する」やcarry out ～「～を実施する」，encourage *A* to *do*「A（人）に～するよう勧める」を用いて書き換えられる。

Although the Japanese government has promoted [carried out] workstyle reforms, ...

Although the Japanese government has encouraged Japanese companies to reform workstyles, ...

②書き換え例

下線部②は，いわゆる無生物主語の構文が使用されているが，この構文が思い浮かばなかったとしても，次のようにby *doing*や条件文if節の形を使ってほぼ同じ内容を表すことができる。

... by providing remote work opportunities to employees, Japanese companies will be able to compete globally ...

... if Japanese companies provide remote work opportunities to employees, they will be able to compete globally ...

③書き換え例

下線部③では，letをenableで置き換えたり，句や節を用いて記述したりすることもできる。

... enables them to work more flexible hours.

... gives them some options for when they start and end their work.

④書き換え例

下線部④は，seem likely to ～を使って今後の傾向を予測しているが，断定を避けるための助動詞を使って次のように表現してもほぼ同じ内容になる。

... this trend can also grow in Japan in the future.

ポイント２ 書きやすい立場・ポイントを選ぼう！

筆記５の英作文問題でエッセイを書く際には，必ずしも自身の信念に基づいて立場を選択する必要はない。**与えられた４つのポイントを先に検討して，論証する際に自身が書きやすいほうの立場を選択するのも実践的なテクニックの１つだ。**もしトピックに対して，明確な自分の意見がない場合には，戦略的に書きやすい立場を選択すると解答にかける時間を効果的に使用できる。

次のページからは練習問題。より自然な表現になるように工夫して解答を作成してみよう！

element 名（構成）要素　phenomenon 名 現象　scale 名 規模　journal 名（専門）雑誌

練習問題

- Write an essay on the given TOPIC.
- Use TWO of the POINTS below to support your answer.
- Structure: introduction, main body, and conclusion
- Suggested length: 120-150 words
- Write your essay in the space provided on your answer sheet. Any writing outside the space will not be graded.

TOPIC

Agree or disagree: Developed countries are obliged to assist less developed countries

POINTS

- ***Fairness***
- ***Corruption***
- ***World peace***
- ***Cost of assistance***

grain 名 穀物　continent 名 大陸　headquarters 名 本社　globalization 名 グローバル化

Write your English Composition in the space below.

brochure 名 パンフレット　inspection 名 検査　attendance 名 出席者数　copper 名 銅

NOTES

TOPIC

賛成か反対か：先進諸国には発展途上国を援助する義務がある

POINTS

・公平さ
・贈収賄
・世界平和
・援助の費用

developed countryのdevelopedは名詞の前に付ける形容詞で「（経済や科学技術などが）先進の」という意味。developed country [nation]「先進国」に対してdeveloping country [nation]は「発展途上国」。

解答例

① In my opinion, wealthy countries have an obligation to assist less developed countries. There are two main reasons why I think so : fairness and world peace.

② To begin with, people in many countries are born into poverty. They face hardships due to geography, history or weather. This is unfair. As compassionate human beings, I believe we are obligated to help those who are less fortunate.

③ The second reason is that of security. Developed countries are generally more stable and safer than struggling countries. Providing assistance to people in developing countries is a good thing because it promotes economic stability. This lessens the risk of war and promotes world peace.

④ Developed countries should help those that are less developed to increase equal opportunities and ensure world peace. (126語)

securityは，人や場所などを危険から守るもの，という意味。ここでは国への脅威に対する安全を確保する「安全保障」の意味で使われている。

私の意見では，豊かな国は発展途上国を支援する義務があります。私がそのように考える理由は主に2つあります。公平さと世界平和です。

最初に，多くの国の人々は貧しい環境に生まれます。彼らは地理，歴史，あるいは気候が原因で困難に直面しています。これは不公平です。思いやりのある人間として，私たちは恵まれない人々を助けなければならないと考えます。

2番目の理由は，安全保障にあります。先進国は貧困国と比べて一般的により安定しており，より安全です。発展途上国の人々に援助を行うことは，経済的な安定を促進するからよいことなのです。このことは，戦争の危険性を減らし，世界平和を推進することになります。

機会平等を増やし世界平和を確かなものにするために，先進国は発展途上国を援助するべきです。

開発援助に関する用語にも慣れておこう。
ODA (official development assistance)「政府開発援助」
foreign aid「外国支援，対外援助」
development assistance「開発援助」
recipient government「被援助国政府」
donor country「援助国」
food aid「食糧援助」
emergency humanitarian assistance「緊急人道援助」
military assistance「軍事援助」

解説 先進国は発展途上国を援助すべきか否か，という賛否を問う問題である。解答例では，トピックに対して賛成の立場から，4つのポイントのうち，「公平さ」（②で展開），「世界平和」（③で展開）の2つを取り上げている。

賛否の立場をポイントにある2つの観点から論証していく際，論証に十分な根拠や理由付けで補強していく。その際に可能な限り，自分の表現できる英語で書いていくことが重要である。たとえ，表現に行き詰まったとしても，自分の知っているフレーズやイディオム，単語で置き換えることができないかを落ち着いて考えてみよう。

トピックで使われている用語や表現は，本文の中では言い換えてバリエーションを持たせるとよい。どのように言い換えられているか，解答例の事例を見ていこう。

・トピック developed countries（先進諸国）
　→① wealthy countries（豊かな国々）
・トピック be obliged to *do*（～するよう義務付けられている）
　→① have an obligation to *do*（～する義務がある）
・トピック less developed countries（発展途上国）

 dozen 名 12（個）　flu 名 インフルエンザ　burial 名 埋葬　mold 名 カビ

NOTES

→③ struggling countries（貧困国）
・トピック assist（援助する）
→③ provide assistance（支援を提供する）

形容詞を同義語で置き換えたり，動詞を〈動詞＋名詞〉で言い換えたり，工夫していることがわかる。

適切な名詞や動詞が思い出せないときなどは，別の言い方で置き換えることを考えよう。例えば，②の第２文にある face hardships という表現はhave a hard and difficult lifeや experience difficultiesなどのようにも表せるだろう。また，③の最終文にある lessen the risk はよく使われる語句の組み合わせである。lessen のほかには例えば，reduce や lower，decrease，minimize などの動詞も使えるだろう。

最後に，賛否を問う問題では，一見して賛成の立場をとるべきと思った場合でも，反対の立場から論旨を組み立ててみると意外と書きやすいこともある。エッセイのトピックを見たときに，自分自身の考えはいったん脇に置いて，どちらの立場から書くほうが書きやすいか，という観点から賛否の立場を選んでみるとよい。本問で反対の立場をとった場合，「贈収賄」「援助の費用」のポイントからどのような理由付けができるか考えてみよう。

ポイント「贈収賄（Corruption）」
・被援助国政府の関連企業の問題——わいろの慣行
・最も援助を必要としている人に支援が届かない。

ポイント「援助の費用（Cost of assistance）」
・国家予算からの多額の支出が必要。
・日本のように巨額の借金を抱える国に他国を援助する余裕はない。
・人道援助で自衛隊を紛争地域に送ることは費用の点でも人命の点でも難しい。

説得力のある事例を挙げたり説明が加えられるよう，普段から社会的な問題に注意を払い，自分の意見を組み立てる練習をしておきたい。

文法チェックリスト

エッセイが完成したら，スペリングのチェックはもちろん，文法上のミスがないかどうかのチェックも重要だ。文法上のミスに関しては，注意すべき点を挙げたらきりがないが，少なくとも次の5項目は必ずチェックするようにしよう。

1. 主語の単複や人称と動詞の形は一致しているか（3単現のs，be動詞の形など）
2. 時制は適切か（主節と従属節の時制の一致など）
3. 名詞の形は適切か（単数形 or 複数形，冠詞の有無など）
4. 名詞と代名詞の単複は一致しているか
5. 動詞の語法は適切か（文型，不定詞・動名詞・that節といった後続する要素など）

patch 名 小区画の土地　diagram 名 図（表）　placement 名（就職先・学校・里親などの）斡旋　shame 名 残念なこと

会話の内容一致選択問題を攻略！②

今日の目標

リスニングPart 1では，会話の内容に関する質問が放送で行われて，問題冊子には選択肢が印刷されている。今日はリスニングPart 1の選択肢に見られる特徴を詳しく学習しよう。

ポイント1 選択肢から多くの情報を手に入れよう！

リスニングPart 1では，選択肢は問題冊子に印刷されている。先に選択肢に目を通しておく（＝選択肢の先読み）と，会話の場面が予測できたり，意識して聞くべきポイントがわかったりするメリットがあるのはもちろん，質問のパターンまである程度予測できることが多い。リスニングPart 1の選択肢には，次に示す3つのタイプがある。

選択肢のパターン

① S（主語）とV（動詞）が含まれている「普通の文」
② S（主語）がなくV（動詞）から始まる「動詞句」
③ to不定詞句・動名詞句・名詞句など

これらのタイプの中でも，特に①「普通の文」と②「動詞句」のタイプの選択肢が多く，そのほかは出題されたとしても1～2問程度である。選択肢が①「普通の文」の場合は「**原因・理由**」や「**登場人物の問題・意図・発言内容**」が質問されることが多く，②「動詞句」の場合は「**登場人物の今後の行動**」や「**相手に求めている［勧めている］行動**」が質問されることが多い点を頭に入れておくと，会話を聞く際のポイントを絞るのに役立つはずだ。

ポイント2 パラフレーズ（言い換え）に注意しよう！

リスニングPart 1では，放送文中の表現が選択肢にそのまま使われず，別の表現にパラフレーズ（言い換え）されていることが多い。例えば，過去の出題例を見ると，放送文中の表現が選択肢では次のようにパラフレーズされている。

パラフレーズの例

- **放送文** watch the kids → **選択肢** look after the children
- **放送文** not good at expressing myself → **選択肢** present herself poorly
- **放送文** Roberto doesn't usually get mad about ～. → **選択肢** He is unlikely to be upset.
- **放送文** You would've expected the team to win more games.
  → **選択肢** The team's results were unsatisfactory.

筆記3のポイント（4日目（p.30）を参照）でも述べたとおり，出題形式が長文問題であってもリスニング問題であっても，内容一致選択問題とは，**本文中の表現を正しく言い換えている選択肢を選ぶ問題のこと**である。確実に正解するためには，このようなパラフレーズに注意することが大切だ。

wheelchair 名 車椅子　experienced 形 熟練した　initial 形 初めの　mainstream 形 主流の

次の例題を，選択肢を先に読み，聞くべきポイントを意識してから解いてみよう。

例題

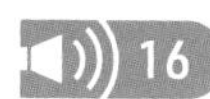

1 ①Study with him for his exam.
2 ②Provide money for his coffee at a café.
3 ③Take Hayley to the library.
4 ④Pick him up at the library before dinner.

（放送される会話と質問）

★：Mom, ⑤can you tell Hayley to be quiet? My exam is tomorrow, and I need to study.
☆：I will, but you know she's just going to start being noisy again. Why don't you go to the library? You should be able to concentrate there.
★：It's nearly 5 p.m. The library will have closed by the time I get there.
☆：That's true. ⑥How about trying out the café instead? I'll give you some money for a coffee. Just come back by 7 for dinner.
★：Thanks, Mom.
Question: What will the woman do for her son?

解答のポイント

- 先に選択肢に目を通すと，動詞から始まる「動詞句」タイプの選択肢が並んでおり，「登場人物の行動」が質問されると予測することができる。
- 選択肢の内容から「男性と勉強するか」（①），「男性にコーヒー代を与えるか」（②），「ヘイリーを図書館に連れて行くか」（③），「男性を図書館に迎えに行くか」（④）といったポイントを意識して会話を聞けばよい。
- 放送文中では，まず下線部⑤から，男性は明日に控えているテストのために勉強をしたいが，ヘイリーがうるさいことに不満を感じていることがわかる。そして，下線部⑥で女性が「カフェに行くこと」と「コーヒー代を渡すこと」を提案していることから，女性はこのあと男性にコーヒー代を渡すと考えられる。質問は「女性は息子のために何をするか」なので，**2**が正解である。

★：お母さん，ヘイリーに静かにするよう伝えてくれる？　明日は試験だし，勉強しないといけないんだ。
☆：そうするけど，またうるさくし始めるってわかっているでしょ。図書館に行ったらどう？　そこでなら集中できるはずよ。
★：もう午後5時近いよ。僕が行くころには図書館は閉まっているよ。
☆：そうね。じゃあ，代わりにカフェに行ってみたら？　コーヒー代を渡すわ。夕食の7時までには戻ってきなさいね。
★：ありがとう，お母さん。

質問：女性は息子のために何をするか。

1 試験に向けて彼と勉強する。
2 カフェでのコーヒー代を与える。
3 ヘイリーを図書館に連れて行く。
4 夕食前に彼を図書館まで迎えに行く。

解答　**2**

次のページからは練習問題。選択肢を先読みしてから問題を解いてみよう！

appropriate 形 適切な　fake 形 偽の　alert 形 油断のない　fatal 形 致命的な

練習問題

Listen to each dialogue and choose the best answer from among the four choices. The dialogue and the question will be given only once.

□□ **No. 1**

1 Serve the man some more dessert.
2 Teach the man how to cook the meal.
3 Bring some more beer for the man.
4 Check the stock of the wine.

□□ **No. 2**

1 Look for Jane's bank card.
2 Lend Jane some money.
3 Buy a book for Jane.
4 Visit a shop on campus.

□□ **No. 3**

1 Agree to the agency's conditions.
2 Promise to take the dog out regularly.
3 Give up on adopting a dog.
4 Find another adoption agency.

□□ **No. 4**

1 She can help the man's assistant get to work.
2 She has a meeting in an hour.
3 She has many reports to finish.
4 She can finish the report for the man.

□□ **No. 5**

1 It is a quiet and wealthy area.
2 It is popular with their colleagues.
3 It can attract many people.
4 It has some new restaurants.

□□ **No. 6**

1 Because he did not go to school.
2 Because he did not meet her.
3 To tell him she will arrive late.
4 To tell him she canceled the appointment.

 nutritious 形 栄養になる　sophisticated 形 洗練された　automatic 形 自動の　raw 形 生の

MEMO

slight 形（量などが）わずかな　man-made 形（物質などが）合成の　aging 形 高齢化が進む　spiritual 形 精神的な

NOTES

□can't possibly *do* とても～できない

now that you mention itは口語表現で「そういえば，そう言われてみると」という意味。「そういえば」はほかにもcome to think of [about] itなどで表す。

□the thing is ... 問題なのは…ということです

No. 1 解答 **4**

★：That was an absolutely wonderful meal. Thank you very much. Where did you learn to cook like that?

☆：From my mother. She always took the time to teach me cooking every weekend when I was younger. Would you like some more dessert?

★：No, thank you. I couldn't possibly eat another bite.

☆：How about some more beer or wine?

★：Well, now that you mention it, I wouldn't mind another drop of wine if you've got any left.

☆：Just give me a minute. I'll go and check.

Question: What will the woman do next?

★：本当に素晴らしい食事でした。ありがとうございます。このような料理をどこで覚えたのですか。

☆：母からです。私がもっと若かったころに，毎週末，母が私に料理を教える時間をとってくれたんです。もう少しデザートはいかがですか。

★：いいえ，結構です。もう一口もお腹に入りそうにありません。

☆：もう少しビールかワインはいかがですか。

★：ええ，そうおっしゃるなら，ワインが残っていたら，もう少しいただくのも悪くないですね。

☆：ちょっと待っていてくださいね。見てきます。

質問：女性は次に何をするか。

1 男性にもう少しデザートを出す。
2 男性に食事の作り方を教える。
3 男性にもう少しビールを持ってくる。
4 **ワインのストックを確認する。**

解説 男性の3番目の発言に「ワインが残っていたら，もう少しいただくのも悪くない」とあり，女性はそれに対し，I'll go and check. と答えているので，正解は**4**。

No. 2 解答 **2**

☆：Hi, Bill, thanks for meeting me here. Could you do me a favor?

★：Sure, what is it, Jane?

☆：I need to go to the campus store to buy a textbook today, but I'm a bit short of money. Could you lend me some?

★：The bank is still open, isn't it?

☆：Well, the thing is, I forgot to bring my bank card.

★：I understand. OK, I'll help you out. So, how much do you need?

Question: What will the man probably do?

☆：こんにちは，ビル。ここで会ってくれてありがとう。お願いがあるんだけど。

★：いいよ，何だい，ジェーン？

☆：今日，教科書を買いにキャンパスの売店に行く必要があるんだけど，お金がちょっと足りないの。少しお金を貸してくれない？

★：銀行はまだ開いているんじゃないのかい？

☆：そうなんだけど，問題は私が銀行のカードを持ってくるのを忘れたってことなの。

★：そっか。いいよ，貸してあげる。それで，いくらいるの？

質問：男性はおそらく何をするか。

1 ジェーンの銀行のカードを探す。
2 **ジェーンにお金をいくらか貸す。**
3 ジェーンのために本を買う。
4 キャンパスにある売店を訪れる。

endangered 形 絶滅の危機にある　sticky 形 ねばねばの　fertile 形 肥沃な　elsewhere 副 どこかほかのところで

解説 お金を貸してほしいと言っている女性に，男性は最後の発言でOK, I'll help you out. と言っており，結局お金を貸すとわかるので，正解は**2**。

NOTES

No. 3 解答 **4**

★：The application form for this dog adoption agency is really long.
☆：I guess they want to make sure the dogs go to good homes.
★：Sure, but there are so many conditions. We have to promise to feed the dog a certain type of food, and we can't keep it in a cage when we're not at home.
☆：Even if it's a puppy? But it'll make a mess everywhere and damage the furniture.
★：Well, it says we should only apply if we agree to all of their rules. Maybe we should apply somewhere else.
☆：I think you're right. Let's do that.
Question: What does the couple decide to do?

★：この犬の里親斡旋機関の応募用紙は本当に長いね。
☆：犬がよい家庭に行くようにとの配慮なんでしょうね。
★：そうだね，でも条件がとてもたくさんあるんだ。決まった種類の餌をあげることを約束しなければならないし，留守中にケージに入れちゃいけないし。
☆：子犬でも？　でも，あちこち汚したり，家具に傷をつけたりしそうね。
★：ええと，すべてのルールに同意する場合のみ申し込むことって書いてあるね。ほかのところに申し込んだほうがいいんじゃないかな。
☆：あなたが正しいわね。そうしましょう。
質問：夫婦は何をすることに決めているか。

1 機関の条件に同意する。
2 定期的に犬を散歩に連れ出すことを約束する。
3 犬を引き取ることを諦める。
4 **別の里親斡旋機関を探す。**

解説 会話の前半では，里親の申し込みにさまざまな条件があることが示されており，夫婦はその条件に同意しかねている。男性の3番目の発言にMaybe we should apply somewhere else.と提案があり，女性が賛成していることから，正解は**4**。

□adoption　養子縁組

No. 4 解答 **4**

★：Has anyone seen my assistant this morning?
☆：Oh, I forgot to tell you. He called to say he'll be late. There's been an accident on the expressway.
★：Oh, no. That's unfortunate timing. I really needed him to finish typing this report for me.
☆：How long is the report and when do you need it by?
★：It's five pages long and I need it for my meeting in an hour.
☆：Hmm. I've got some spare time.
Question: What does the woman imply?

★：誰か今朝，私の助手を見たかい？
☆：あっ，お伝えするのを忘れていました。彼から遅刻すると電話がありました。高速道路で事故があったようです。
★：うわあ，タイミングが悪いな。この報告書の入力を終えるのに彼が本当に必要だったんだ。
☆：報告書はどれくらいの長さで，いつまでにご入り用ですか。
★：長さは5ページで，1時間後に始まる会議に必要なんだ。

□spare time　空き時間

NOTES

☆：うーん。私なら少し時間が空いていますよ。
質問：女性は何をほのめかしているか。
1 彼女は男性の助手が職場に来るのを手助けできる。
2 彼女は1時間後に会議がある。
3 彼女には仕上げなければならない報告書がたくさんある。
4 彼女は男性のために報告書を仕上げることができる。

解説 女性の最後の発言I've got some spare time.「少し時間が空いている」は，男性の助手の代わりに仕事を引き受けるという申し出である。よって，正解は**4**。

No. 5 解答 **3**

★：Lisa, has the committee decided on a place to hold the charity fundraising event?
☆：Well, most of our colleagues think the Moonriver Café would be ideal because it's in a wealthy area.
★：Hmm. But isn't that area kind of inconvenient? How about that restaurant in front of Central Station instead?
☆：But that's a pretty loud area, Paul — with trains arriving and departing all the time.
★：True, but with such easy access, the chance of attracting more people is much greater.
Question: Why does the man prefer the area near Central Station?

□colleague 同僚，仲間
□pretty （口語で）とても
□True. 確かに。／そのとおり。

★：リサ，委員会はチャリティー募金イベントを開催する場所を決めたのかい？
☆：えーと，私の仲間のほとんどはムーンリバー・カフェが理想的だと思っているの。裕福な地域にあるからね。
★：うーん。でもあの地域はちょっと不便じゃない？　代わりにセントラル駅の前のレストランはどう？
☆：でもあそこはかなり騒々しい地域よ，ポール。しょっちゅう列車が行き来するんだから。
★：そのとおりだよ。でもそれだけ交通の便がよいってことは，より多くの人を引きつける可能性がずっと大きいってことなんだ。
質問：男性はなぜセントラル駅周辺の地域を好むか。
1 静かで裕福な地域だから。
2 彼らの仲間たちに人気があるから。
3 多くの人を引きつけられるから。
4 新しいレストランがいくつかあるから。

解説 男性の2番目の発言で，男性は女性が提案したカフェをinconvenientだと否定し，代わりにセントラル駅の前のレストランを提案している。その理由として男性は，「多くの人を引きつける可能性」を挙げているので，正解は**3**。

No. 6 解答 **2**

☆：Hello? Luke, where are you?
★：Hi, Mom. I just got home from school.
☆：I've been waiting at the station for 15 minutes. Why aren't you here?
★：The station? Was I supposed to meet you?
☆：Yes, so that I could take you to your dentist's appointment. You were supposed to be here at 5:30.
★：But I'm sure you told me that was tomorrow.
☆：Did you check the calendar on the fridge? It clearly says today. And I sent you a text message about it this morning.

□be supposed to *do* ～することになっている

combat 動 ～を撲滅しようとする　pose 動 （問題など）を引き起こす　emphasize 動 ～を強調する

NOTES

★：Sorry, I must've gotten the days mixed up. I'll come now.
☆：Well, hurry up! I'll call the dentist to say we'll be late.
Question: Why did the woman call her son?

☆：もしもし？　ルーク，どこにいるの？
★：やあ，お母さん。ちょうど学校から帰ったところだよ。
☆：15分も駅で待っているのよ。どうしてここにいないのよ？
★：駅って？　待ち合わせなんてすることになっていたっけ？
☆：そうよ。歯医者の予約があって，あなたを連れて行くんだったじゃない。5時30分にここにいることになっていたのよ。
★：だけど，確かお母さんは明日だって言っていたよ。
☆：冷蔵庫に貼ってあるカレンダーを確認したの？　今日だってはっきりと書いてあるわよ。それに，今朝このことについてあなたにメッセージを送ったのよ。
★：ごめんね，日にちを混同していたんだね。今行くね。
☆：じゃあ，早くしなさいよ！　歯医者には遅れるって電話しておくから。
質問：女性はなぜ息子に電話をしたか。
1 彼が学校に行かなかったから。
2 彼が待ち合わせに来なかったから。
3 彼に遅れると伝えるため。
4 彼に予約をキャンセルしたと伝えるため。

解説 女性の2番目の発言にWhy aren't you here? とあることや，女性の3番目の発言にYou were supposed to be here at 5:30. とあることから，電話は息子が待ち合わせ場所にいなかったからだとわかるので，正解は**2**。

会話の内容一致選択問題を攻略！③

今日の目標

リスニングPart 1では，日常生活におけるさまざまな場面での会話が出題される。今日は登場人物やシチュエーションをすばやく把握するためのポイントを学習しよう。

ポイント　キーワード（内容語）を聞き取ろう！

リスニングPart 1では，日常生活におけるさまざまな場面での会話が出題されるので，登場人物やシチュエーションをすばやく把握することが重要である。その手がかりとなるのが内容語だ。内容語は名詞，動詞，形容詞が中心で，強く発音されるので耳に残る。こういったキーワードからだけでも，会話の内容はある程度つかめることが多い。例えば，8日目（p.57）の例題の会話からキーワードだけを抜き出すと，次のようになる。

★：how, gym, going, Kana//
☆：going great, first, Mike// now, don't seem, lifting, heavier weights, feels, chore, get to, gym// thinking, going, gym, less often//
★：maybe, need, try, another, exercise// how about, joining, exercise programs, find, new activities, fit//
☆：unfortunately, gym, doesn't offer, programs, except, yoga// yoga, isn't, really// besides, want, focus, building, muscles, more//
★：see// hope, find, way, strengthen, body//

これらのキーワードからだけでも，「最初はジムがうまくいっていたが，今は重いウエイトが持ち上げられず，ジムに行くことが面倒に感じ，行く回数を減らすことを考えている」→「適したアクティビティーを見つけるために，プログラムに参加し，別のエクササイズに挑戦する必要がある」→「ジムにはヨガ以外のプログラムがないし，もっと筋肉をつけたい」→「体を鍛える方法を見つけられるといい」という会話の流れを把握することが可能である。このように，**キーワードを重点的に拾いながら，登場人物やシチュエーションをすばやく的確に把握することを心がけよう。**

それでは，キーワードに着目して，次の例題を解いてみよう。

例題　23

1 Sonia's sales report is late.
2 The sales conference is important.
3 Sonia should take a long vacation.
4 The sales conference was canceled.

disprove 動 ～の誤りを証明する　crawl 動 はって進む　foster 動 ～を促進する　harass 動 ～を絶えず悩ます

（放送される会話と質問）

★：Sonia, have you ①signed up for the ②sales conference next week?

☆：Not yet. I was hoping to ③take a few days off, actually. My ④mom's going to be in ⑤town and I'd like to ⑥show her around.

★：Oh, I see. That shouldn't be a problem, but I wish you had given us a bit more notice. ⑦Conferences like this are a ⑧great way to ⑨network and ⑩meet new clients.

☆：I know. I'm sorry for the short notice. I'll be sure to ⑪attend the one ⑫next month.

★：That would be ⑬great. Well, I hope you have fun with your mom.

☆：Thanks, and sorry for the trouble.

Question: What does the man imply?

解答のポイント

- 先に選択肢に目を通すとSoniaやsales，conferenceという語が複数回登場することから，**ソニアという人物が登場する，おそらく会社での会話であり，「セールス」，「会議」に関連した英文**が放送されると予想できる。
- **キーワードを拾っていく意識でリスニングに臨む**と，「申し込みをしたか」（①）「来週のセールス会議に」（②）というキーワードが拾える。その応答として女性が，「休みを取る」（③），「母が町に来る」（④，⑤），「案内をする」（⑥）ことを述べている。続いて男性の発言から，「会議はよい方法」（⑦，⑧），「人脈を広げ，新規の顧客と会う」（⑨，⑩）がキーワードとなる。その後，女性が「来月の会議に参加する」（⑪，⑫）ことがわかり，それに対して，男性が「よかった」（⑬）と返答している。以上がこの会話のキーワードである。
- 質問は「男性がほのめかしていること」で，「会議はよい方法」（⑦，⑧），「人脈を広げ，新規の顧客と会う」（⑨，⑩）と，そのあとの女性による「来月の会議に参加する」（⑪，⑫）に対する返答「よかった」（⑬）から，正解は**2**であることが判断できる。
- 放送される会話文中では，選択肢で使用される語句を連想させるような会話が行われることが頻繁にある。例えば，会話文中のキーワードであるtake a few days off（③）は**3**のvacationを連想させるが，これは誤答選択肢である。キーワードの中には誤答選択肢に登場するものもあり，必ずしもすべてのキーワードが解答に直結しているわけではないため，複数のキーワードをもとに会話の内容を整理することが重要だ。

★：ソニア，来週のセールス会議に申し込んだかい？
☆：まだよ。実は，何日か休みを取りたいと思っていたの。母がこの町に来るから，案内したいの。
★：ああ，そうか。それは問題ないのだけど，もうちょっと前に告知してほしかったな。こういう会議は，人脈を広げたり，新しい顧客に出会ったりするのにとてもいい方法なんだ。
☆：わかっているわ。急なお知らせでごめんなさい。来月は必ず参加するわ。
★：それはよかった。じゃあ，お母さんと楽しんできてね。
☆：ありがとう，迷惑かけるわね。

質問：男性は何をほのめかしているか。

1 ソニアの営業報告書は遅れている。
2 **セールス会議は重要である。**
3 ソニアは長期休暇を取るべきである。
4 セールス会議は中止になった。

解答　**2**

magnify 動 ～を拡大する　sneak 動 こっそり動く　stray 動 迷い出る　worsen 動 悪化する

Column

口語表現リスト

Part 1で出題される会話は日常的なものが多く，くだけた口語表現が多用される。次に示すような口語表現を数多く覚えておくと，会話の流れを把握するのに役立つはずだ。

- Not quite.「そうでもないよ」
- (I'll) tell you what.「じゃあ，こうしよう」
- I'll survive.「なんとかなるさ」
- Cut it out!「やめてくれ！」
- I can't agree more.「大賛成です」
- It's on me.「私のおごりです」
- You can say that again!「全くそのとおり！」
- You can count on me.「私に任せて」
- It's a deal.「これで話は決まりだ」
- That suits me (fine).「それで結構です」
- I wouldn't be surprised.「そうでしょうね」
- I doubt it.「それはどうかな」
- Leave it to me.「私に任せて」
- Be my guest.「どうぞ，ご遠慮なく」

次のページからは練習問題。キーワードを拾いながら聞いてみよう！

advocate 動 ～を主張する　evacuate 動 ～を避難させる　verify 動 ～の正しさを確認する　abuse 動 ～を虐待する

練習問題

Listen to each dialogue and choose the best answer from among the four choices. The dialogue and the question will be given only once.

□□ **No. 1**
1 Make dinner at home.
2 Contact the restaurant.
3 Stop by the bank.
4 Search for another restaurant.

□□ **No. 2**
1 She finds them relaxing.
2 They are unpredictable.
3 The actors are likeable.
4 She can learn new things.

□□ **No. 3**
1 Confirming the release date.
2 Coming back another day.
3 Trying another location.
4 Buying another recent novel.

□□ **No. 4**
1 Go to bed earlier.
2 Stop taking classes in the morning.
3 Be more independent.
4 Call his teacher to apologize.

□□ **No. 5**
1 She is good at speaking in public.
2 She has not met the clients.
3 She is always relaxed before meetings.
4 She does not trust her coworkers.

□□ **No. 6**
1 Its meetings should not be held online.
2 It should study more than just philosophy.
3 It will not be helpful for her assignments.
4 It will be popular with other students.

scatter 動 〜をまき散らす　endorse 動 〜を推奨する　modify 動 〜を（部分的に）修正する　penetrate 動 〜を貫く

NOTES

No. 1 解答 2

★：Shall we go out tonight for dinner?
☆：Yeah. What about that new restaurant around the corner from the park? I heard the food's really good.
★：I don't think we have enough cash. It's very small, so I doubt that they accept credit cards.
☆：Why don't we call and see if they take them? Or I guess we could stop by the bank.
★：Hmm, the bank is a little far and I'm getting hungry. Do you have their phone number?
☆：Yeah, I do. OK, I'll call them now.
Question: What will the woman do next?

□stop by ～
～に立ち寄る

★：今晩，食事に出かけようか。
☆：ええ。公園の角を曲がったところにあるあの新しいレストランはどう？　とてもおいしいそうよ。
★：でも，現金が足りないと思うな。小さな店だからクレジットカードは使えないだろうし。
☆：使えるかどうか電話して確かめてみない？　でなければ，銀行に立ち寄ることもできるわ。
★：うーん，銀行は少し遠いね。それにだんだんお腹が空いてきたな。店の電話番号はわかるかい？
☆：ええ。じゃあ，今，電話するわ。
質問：女性は次に何をするか。
1 家で夕食を作る。
2 **レストランに連絡する。**
3 銀行に立ち寄る。
4 別のレストランを探す。

解説 女性の2番目の発言に，クレジットカードが使えるかどうかをレストランに電話して確かめるか，銀行に立ち寄るか，2つの選択肢が提示されている。女性の最後の発言から，結局レストランに電話することにしたとわかるので，正解は**2**。

No. 2 解答 4

☆：Not again! Do we really have to watch this?
★：Of course! I love this show — it's my favorite.
☆：But I hate TV soap operas. The stories are so predictable.
★：Well, I like the main actor in this one. Anyway, what would you rather watch?
☆：I prefer quiz shows. There's a good one on at 7:30.
★：But that show's so boring and unoriginal.
☆：What makes you think that? In my opinion, the topics can really open up your mind to new ideas and make you wonder about the world.
Question: Why does the woman like quiz shows?

□predictable
予測できる，意外性のない

□unoriginal
独創性のない

□open up *one's* mind (to ～)
（～に）心を開く

☆：ああ，またなの！　この番組，本当に見ないとだめ？
★：もちろんだよ！　この番組が大好きなんだ。僕のお気に入りだよ。
☆：でも私はテレビのメロドラマは大嫌いよ。ストーリーがわかりきっているんだもの。
★：うーん，僕はこのドラマの主演俳優が好きなんだよ。それじゃあ，君は何が見たいんだい？
☆：私はクイズ番組のほうが好き。7時半にいい番組があるの。
★：でもあの番組は退屈で独創性もないよ。

conform 動 従う　leave 名 休暇　tissue 名（動植物の細胞の）組織　gut 名 腸

☆：何でそう思うのよ？　私の考えでは，クイズの題材は新しいアイデアに本当に心を開かせてくれるし，この世界を知りたいと思わせてくれるわ。
質問：女性はなぜクイズ番組が好きか。
1 クイズ番組は気分をくつろがせてくれるから。
2 クイズ番組は予測できないから。
3 俳優に好感がもてるから。
4 新しいことを学べるから。

解説 女性の最後の発言the topics can really open up your mind to new ideas and make you wonder about the worldを端的に言い換えた**4**が正解。

NOTES

□likeable　好ましい

No. 3 **解答** **3**

☆：Do you have the new novel by Christopher Walker?
★：Let me check ... according to our records, we won't have any copies until the day after tomorrow.
☆：Oh? I'm sure it was due out yesterday.
★：Well, it was, but we only had enough copies for the customers who pre-ordered it. Most bookstores don't have many copies in stock yet.
☆：That's too bad. I really wanted to read it today.
★：You should try our main store downtown. They may have some more copies of it by now.
Question: What does the man suggest?

☆：クリストファー・ウォーカーの新しい小説はありますか。
★：確認してみましょう…データによると，あさってまで入ってこないですね。
☆：えっ？　確か昨日発売の予定でしたよ。
★：えーと，そうなんですが，予約されたお客さまの分しかなかったんです。ほとんどの書店ではその本の在庫はまだあまりないですよ。
☆：残念だわ。本当に今日，読みたかったのに。
★：ダウンタウンにある私どもの本店に行ってみてください。今ならもう少し在庫があるかもしれません。
質問：男性は何を提案しているか。
1 発売日を確認すること。
2 別の日にまた来ること。
3 ほかの場所に行ってみること。
4 ほかの最近の小説を買うこと。

解説 男性が最後の発言で，本店に在庫があるかもしれないから行ってみてと勧めていることから，正解は**3**。our main storeを選択肢ではanother locationと言い換えている。

□copy
（本・レコードの）部数・冊

No. 4 **解答** **3**

☆：Jack, get up! Don't you have classes this morning?
★：Huh ... Mom ...? Oh, no, it's 7 a.m.! I've got classes at 8!
☆：Didn't you set your alarm clock?
★：I thought I did, but maybe it's not working properly. Anyway, Professor Donaldson doesn't seem to get angry when I'm late.
☆：That's not the point, Jack. You're not a child anymore. You can't depend on me for everything.
★：I guess you're right, Mom. After class ends today, I'll go to the store and look at some clocks.
Question: What does the woman expect her son to do?

□That's not the point.
そういう問題じゃない。

lightning 名 雷　camel 名 ラクダ　antioxidant 名 抗酸化物質　disorder 名 障害

NOTES

☆：ジャック，起きなさい！　今朝は授業があるんじゃないの？
★：うーん…，お母さん…？　ああ，しまった，午前7時だ！　8時に授業があるんだ！
☆：目覚まし時計はセットしなかったの？
★：したと思ってたけど，たぶんきちんと動いていないんだ。どうせ，ドナルドソン教授は僕が遅刻しても怒りそうにないし。
☆：そういう問題じゃないわよ，ジャック。あなたはもう子どもじゃないんだから。何でもかんでも私に頼ってはだめよ。
★：お母さんの言うとおりだね。今日授業が終わったら，店に行って時計を見てくるよ。
質問：女性は息子に何をすることを望んでいるか。
1 もっと早く寝る。
2 午前中の授業をとるのをやめる
3 **もっと自立する。**
4 先生に電話をして謝罪する。

解説 母親の最後の発言，You can't depend on me for everything. から，母親が息子に望んでいるのはindependentになることだとわかる。よって，**3**が正解。

No. 5 解答 **1**

★：What's wrong, Samantha?
☆：I'm just really nervous about the talk I'm giving this afternoon.
★：Really? But you always do so well when speaking in front of groups of people.
☆：I know, but today's presentation is for the Goodwell Group. They're one of our most important clients.
★：You should trust yourself more. I know they were impressed by your earlier presentation, so I'm sure you'll do fine. How about having a cup of herbal tea before you start? That always helps me relax.
☆：Thanks for being so supportive, John.
Question: What do we learn about the woman?

give a talkは「講演をする，話をする」の意味。この会話では「プレゼンをする」ことを指す。

herbalは「ハーブの」という意味。日本語では「ハーブ」と発音するが，英語ではherb, herbalのhの音は発音しないことが多いので注意しよう。

★：どうしたの，サマンサ？
☆：今日の午後，プレゼンをするからすごく緊張しちゃって。
★：本当に？　だけど君はたくさんの人の前で話すときはいつだって，とても上手だよ。
☆：ええ，でも今日はグッドウェル・グループのためのプレゼンなの。彼らは私たちの最も重要な顧客の1つだから。
★：もっと自分を信じなよ。僕は，彼らが君の以前のプレゼンに感銘を受けていたのを知っているから，君はきっとうまくできると思うよ。始める前にハーブティーでも1杯飲んだらどうだい？　僕はいつもそれでリラックスできるんだ。
☆：支えてくれてありがとう，ジョン。
質問：女性についてわかることは何か。
1 **彼女は人前で話すのが上手である。**
2 彼女は顧客に会ったことがない。
3 彼女はいつも会議前にリラックスしている。
4 彼女は自分の同僚を信頼していない。

□coworker　同僚

解説 男性の2番目の発言にyou always do so well when speaking in front of groups of peopleとあり，男性は女性を励ましている。これを言い換えるとgood at speaking in publicということなので，**1**が正解。

cattle 名 牛（の群れ）　oath 名 誓い　monument 名（人・事件などの）記念碑　heating 名 暖房（装置）

No. 6 解答 **4**

★：Ellie, have you finished the reading assignment for our philosophy course?

☆：I tried to, but I found it hard to understand.

★：Me, too. Maybe we should start a study group. That way, the members could help each other with difficult concepts.

☆：Good idea. I'm sure a lot of our classmates would be interested in joining. We could meet online, so we wouldn't even need to find a room.

★：It's settled, then. I'll write up a notice and ask the professor to post it on the course website.

☆：Great.

Question: What is the woman's opinion about the study group?

★：エリー，哲学の授業の文章を読んでくる課題は終わったかい？

☆：やろうとしたんだけど，理解するのが難しかったの。

★：僕もそうなんだ。きっと，勉強会を始めたらいいと思う。そうすれば，難しい概念についてお互いに手助けできるよ。

☆：いいわね。たくさんのクラスメイトが参加したがると思うわ。オンラインで集まれば，部屋を見つける必要だってなくなるわ。

★：じゃあ，それで決まり。お知らせを書いて，教授に授業用ホームページに載せてもらうように頼んでみるよ。

☆：わかったわ。

質問：勉強会についての女性の意見は何か。

1 オンラインでやらないほうがいい。
2 哲学以外にも勉強したほうがいい。
3 課題の役には立たない。
4 **ほかの学生にも人気になる。**

解説 女性の2番目の発言I'm sure a lot of our classmates would be interested in joining.が言い換えられた**4**が正解。

NOTES

□assignment　課題

22日目 リスニング1

germ 名 細菌　legend 名 伝説　auditorium 名（学校の）講堂　therapy 名 療法

文の内容一致選択問題を攻略！②

今日の目標

リスニングPart 2の，パッセージ（文）の内容一致選択問題の質問数は合計12問で，4つの選択肢の中から適切なものを選ぶ形式だ。今日は，質問と選択肢に見られる特徴を詳しく見てみよう。

ポイント1 質問で問われる内容を把握しよう！

リスニングPart 2の質問には，よく出題されるパターンがあるので覚えておくとよい。

よく出題される質問

「部分・詳細」を問う：

- What is one thing we learn about ～?「～についてわかることの1つは何か」
- What is one problem [issue] with ～?「～について問題の1つは何か」
- What does S（主語）believe [think, say, suggest] about ～?
  「S（主語）は～について何を信じて［思って，言って，提案］しているか」
- What did the study in ～ suggest [show, find, reveal]?
  「～についての研究は何を示唆した［示した，発見した，明らかにした］か」

「理由・根拠」を問う：

- What is one reason for ～?「～の理由の1つは何か」
- Why does S（主語）criticize [oppose] ～?「なぜS（主語）は～を批判［～に反対］しているか」

パッセージの一部が正解の根拠となる「**部分・詳細**」を問うパターンと，「**理由・根拠**」を問うパターンの質問がよく出題されている。意識して聞くべきポイントを絞るのに役立てよう。

ポイント2 選択肢を先読みしよう！

リスニングPart 2では，問題冊子に印刷されている選択肢に先に目を通しておくと，パッセージの内容がある程度予測できたり，意識して聞くべきポイントがわかったりすることが多い。

ただし，Part 1と同様にPart 2でも，**放送文中に出てくる表現がそのまま選択肢に使われずに，別の表現にパラフレーズ（言い換え）されていることが多い。**例えば，過去の出題例を見ると，放送文中の表現が選択肢では次のようにパラフレーズされている。

パラフレーズの例

- **放送文** result in fewer accidents → **選択肢** reduce accidents
- **放送文** can now be done by machine → **選択肢** no longer need humans
- **放送文** can cause serious pollution → **選択肢** can harm the environment

heritage 名 遺産　invasion 名 侵害　instruction 名（製品の）使用書　extinction 名（家系・種などの）絶滅

ほかでも述べたが，内容一致選択問題とは，本文中の表現を正しく言い換えている選択肢を選ぶ問題のことである。確実に正解するためには，このようなパラフレーズに注意することが大切だ。

次の例題を，選択肢を先読みしてから解いてみよう（パッセージの後半とNo. 2の設問は割愛）。

例題

30

No. 1 **1** They are ①limited to flags and songs.
2 They ②exclusively feature special flowers.
3 They are ③designed to show strength.
4 They ④sometimes include fictional animals.

（放送されるパッセージと質問）

National Symbols

Countries around the world can be identified by symbols like flags and national songs. However, ⑤national symbols go beyond just flags and songs, to include flowers, animals, and more. For example, ⑥animals that signify strength, such as lions, tigers, and eagles, feature as national symbols in many countries. ⑦Sometimes, such animals are imaginary creatures. For example, ⑧a dragon is the national symbol of Bhutan, and a unicorn is the national animal of Scotland.

Questions: No. 1 What is one thing we learn about national symbols?

解答のポイント

- 先に選択肢に目を通すと，いずれの選択肢もtheyから始まっており，その内容まではわからないものの，「旗や歌に限定される」（①），「特別な花のみを取り上げている」（②），「強さを表現するためのものである」（③），「架空の動物が含まれることもある」（④）という選択肢の内容から，theyは物であることが予想できる。
- 放送文冒頭のタイトルから「国のシンボル」が話題となることが判明し，選択肢のtheyは国のシンボルを指す可能性があると予想できる。下線部⑤では国旗や国歌だけでなく，花や動物までもが国のシンボルとして使われることが述べられ，続く下線部⑥では，具体例として強さを示すライオンやトラ，ワシが多くの国のシンボルとして用いられていることが述べられている。そして下線部⑦では，それらの動物が想像上の生き物の場合もあり，下線部⑧でその具体例として龍やユニコーンが国のシンボルとして用いられていることが紹介されている。質問は「国のシンボルについてわかることの1つは何か」なので，下線部⑦のimaginary creaturesをfictional animalsと言い換えた**4**が正解。

国のシンボル

世界の国々は，国旗や国歌などのシンボルで識別することができる。しかし，国旗や国歌だけでなく，花や動物なども国のシンボルとして使われる。例えば，ライオンやトラ，ワシなど，強さを表す動物は，多くの国で国のシンボルとして使われる。また，そのような動物が想像上の生き物であることもある。例えば，龍はブータンの国のシンボルであり，ユニコーンはスコットランドの国獣である。

質問：国のシンボルについてわかることの1つは何か。

1 旗や歌に限定されている。
2 特別な花のみを取り上げている。

creativity 名 創造性　plantation 名（熱帯・亜熱帯の）（大）農園　drought 名 干ばつ　wealth 名 財産

3 強さを表現するためのものである。
4 架空の動物が含まれることもある。

解答 **4**

次のページからは練習問題。選択肢を先読みしてから問題を解いてみよう！

reminder 名 思い出させるもの　inquiry 名 問い合わせ　investigation 名（詳しい）調査　boundary 名 境界（線）

練習問題

Listen to each passage and choose the best answer from among the four choices. The passage and the questions will be given only once.

(A)

□□ **No. 1**

1 Some of them do not like to breed in nature.
2 Their population status will never improve.
3 Their homes have been taken over by other animals.
4 Some of them are being taken away from the wild for now.

□□ **No. 2**

1 Pandas have become less aggressive and easier to hunt.
2 A big campaign was held giving pandas an image of pride.
3 Money was donated by other countries for pandas.
4 The panda has replaced the dragon as a popular symbol.

(B)

□□ **No. 3**

1 Children gradually lose interests in their sports.
2 Players are afraid of injuring themselves.
3 Children quit the sports after losing games.
4 Smart and confident youths do not need it.

□□ **No. 4**

1 Children need more independence from coaches.
2 Good sports programs require frequent staff change.
3 Coaches have to stop children from getting hurt.
4 Kids should be given good grades for being on a team.

(C)

□□ **No. 5**

1 She was raised in a family of politicians.
2 She stood as a political candidate in Paris.
3 She started the Sinn Fein political party.
4 She promoted voting rights for women.

□□ **No. 6**

1 She refused a position in the UK Parliament.
2 She joined a rebellion against the UK's rule of Ireland.
3 She created an illegal Irish government.
4 She helped rebels escape from prison.

compartment 名（列車などの）コンパートメント　substitute 名 代わり　hybrid 名 雑種　characteristic 名 特徴

NOTES

□reservation 特別保護区，禁猟区
□in hopes of ～ ～を願って
□beloved 愛される
□public relations 広報活動，PR

(A) Saving Giant Pandas

Giant pandas, or pandas in China nearly became extinct in the 1960s, their numbers having fallen to a low of 1,000. Since then, pandas have been given protected status by the Chinese government. Hunting and habitat destruction by humans have been considered as the main reasons why pandas have difficulty surviving in the wild. Part of the wild panda population has been placed in reservations with research and breeding programs, in hopes of someday returning them to nature. Recently, the population has increased to as many as about 1,800 pandas.

Yet, how has China been able to shift the image of these once hunted animals into a beloved one? First of all, they banned panda hunting. But more importantly, they held a massive public relations campaign that promoted the image of the panda into a symbol of pride, next to the dragon. These efforts have borne fruit, and the panda has become a beloved animal in China.

Questions: No. 1 What is suggested about pandas in China?
No. 2 What is one thing that has helped improve people's feelings toward pandas?

ジャイアントパンダを救う

ジャイアントパンダ，すなわちパンダは1960年代，中国でほとんど絶滅しかけ，その数は1,000頭という少ない数にまで減少した。その時以来，パンダは中国政府から保護される地位を与えられた。人間による狩猟と生息地の破壊は，パンダが野生で生存するのを困難にした主要因と考えられてきた。いつの日か自然に返すことを願って，野生のパンダの一部は研究と繁殖プログラムを有する特別保護区に置かれている。最近では，パンダの個体数は1,800頭ほどまで増加した。

とはいえ中国は，かつて狩りの対象とされたこれらの動物のイメージを，どうやって愛されるものに変えることができたのだろうか。最初に，政府はパンダ狩りを禁止した。しかしもっと重要なのは，政府が，パンダのイメージを龍に次ぐ誇りの象徴に押し上げる大規模な広報キャンペーンを行ったことである。これらの努力は実を結び，パンダは中国で愛される動物になったのである。

No. 1 解答 4

質問：中国のパンダについて何が示唆されているか。

1 一部のパンダは自然の中で繁殖するのを好まない。
2 パンダの個体数の状況は決して改善しないだろう。
3 パンダの生息地はほかの動物によって奪われた。
4 さしあたり，一部のパンダは野生地から引き離されている。

□take over ～ ～を奪う，(会社など) を乗っ取る

解説 第1段落第4文（Part ...）に，「いつの日か自然に返すことを願って，野生のパンダの一部は研究と繁殖プログラムを有する特別保護区に置かれている」とあるのを「野生地から引き離されている」と言い換えている**4**が正解。

No. 2 解答 2

質問：パンダに対する人々の感情を改善するのに役立ったことの1つは何か。

1 パンダの攻撃性が後退し，より狩猟しやすくなった。
2 パンダに誇りのイメージを与える大々的なキャンペーンが行われた。
3 他国からパンダに対してお金が寄付された。
4 パンダは人気のある象徴として龍に取って代わった。

解説 第2段落にはパンダのイメージが向上した理由が2つ挙げられており，そのうちの1つ，「パンダのイメージを誇りの象徴に押し上げる大規模な広報キャンペーンを行った」と

routine 名 日課　edge 名 優勢　incident 名（反乱・戦争などの）事件　clue 名 手がかり

一致する**2**が正解。**4**は，政府がパンダを「龍に次ぐ」象徴に押し上げる広報キャンペーンを行ったとは述べられているが，「龍に取って代わった」とは述べられていないので誤り。

(B) Youth Participation in Sports

Nearly 30 million children are taking part in sports programs in America. However, this number is falling, despite research that links participation to increased academic performance and self-esteem. This is happening because some parents are discouraging their children from playing due to the risks, such as getting head injuries from football games. Another explanation is that kids themselves grow tired of their chosen sports, especially after age 12, because practice sessions lengthen and schools start to overemphasize winning.

How can we get more children to stay on sports teams? The answer to this is getting well-qualified and long-term sports staff. According to the government, proper supervision may prevent over 1.5 million injuries per year, which means we need capable coaches that can regulate how hard kids should play. Secondly, shortening practice time will help them stay motivated and in good physical condition. Lastly, coaches need to set proper attitudes and realistic expectations for the players.

Questions: No. 3 What is one reason there is lower participation in sports?

No. 4 What does the speaker say about the issues of sports teams?

若者のスポーツへの参加

アメリカでは3,000万人近くの子どもたちがスポーツプログラムに参加している。しかし，参加することが学業成績と自尊心の向上に結び付くという研究にもかかわらず，その数は減少している。これが生じているのは，フットボールの試合で頭部外傷を負うような危険性を鑑みて，子どもに運動するのをやめさせる親がいるためである。別の説明では，子ども自身が，特に12歳以上の子どもが，選んだスポーツに次第に飽きてくることにある。なぜなら，練習時間は長くなり，学校は勝利を過剰に強調し始めるからである。

どうすればもっと多くの子どもたちをスポーツチームにとどめておくことができるだろうか。これに対する答えは，十分な資格を持ち長期間携わることのできるスポーツ職員を確保することである。政府によると，適切に監督することで，毎年150万件以上の怪我を防止できるかもしれないという。このことは，子どもたちがどのくらい激しくスポーツをするべきかを調節できる有能なコーチを必要としていることを意味する。第2に，練習時間を短くすることは，子どもたちがやる気を失わずよい体調でいることを助けるだろう。最後に，コーチは選手のために適切な態度や現実的な期待を設定してあげる必要がある。

NOTES

□lengthen　長くなる

□supervision　監督，管理

No. 3 解答 1

質問：スポーツへの参加が減少した理由の１つは何か。

1 子どもたちは徐々に自分の選んだスポーツへの興味を失うから。
2 選手が自らの怪我を恐れているから。
3 子どもたちは試合に負けたあとにそのスポーツをやめてしまうから。
4 賢く自信に満ちた若者はそれを必要としないから。

解説 第１段落で子どものスポーツ参加が減少している原因としていくつか理由が述べられている。同段落最終文（Another ...）にkids themselves grow tired of their chosen sportsとあり，この部分が言い換えられている**1**が正解。なお，怪我することを恐れてい

removal 名 除去　outcome 名 結果　altitude 名 高度　closure 名（工場・学校などの）閉鎖

NOTES

るのは親なので**2**は間違い。

No. 4 解答 **3**

質問：話者はスポーツチームの問題について何と言っているか。

1 子どもたちはコーチからもっと自立する必要がある。

2 よいスポーツプログラムは頻繁な職員の入れ替えを必要とする。

3 コーチは子どもたちが怪我するのを防止しなければならない。

4 子どもたちはチームにいることに対して，よい成績を与えられるべきだ。

解説 第2段落ではスポーツチームにおける有能な指導者の必要性が指摘されている。その理由は同段落第3文（According ...）にあり，「適切に監督することで，毎年150万件以上の怪我を防止できるかもしれない」と述べられているので，正解は**3**。

(C) Constance Markievicz

Constance Markievicz was born in 1868 and grew up in a wealthy family in Ireland. In her early twenties, she went to study art in London and Paris. While she was in Paris, she became interested in politics and joined a campaign for women's voting rights. After moving back to Ireland, she continued her political activities. She became a member of the political party Sinn Fein, which was fighting for Ireland's independence from the UK.

In 1916, Markievicz took part in the famous Easter Rising, in which armed rebels took over important buildings in central Dublin in order to end the UK's rule. As a result, Markievicz and other rebels were arrested and given the death penalty. However, Markievicz was later released, and she then ran as a Sinn Fein candidate in the UK's national election. She was the first woman ever to be elected, but she refused to go to the UK Parliament, instead becoming part of an unofficial Irish government.

Questions: No. 5 What does the speaker say about Constance Markievicz?

No. 6 Why was Markievicz arrested?

□campaign 運動，キャンペーン

□take part in ～ ～に参加する

□armed 武装した

□death penalty 死刑

コンスタンス・マーキヴィッチ

コンスタンス・マーキヴィッチは1868年に生まれ，アイルランドの裕福な家庭で育った。20代前半に彼女はロンドンとパリに留学し，美術を学んだ。パリ滞在中に政治に関心を持ち，女性の投票権を求める運動に参加した。アイルランドに戻ったあとも，彼女は政治活動を続けた。彼女はイギリスからのアイルランド独立のために戦っている政党であるシン・フェインの一員となった。

1916年，マーキヴィッチは，イギリスの支配を終わらせるために，武装した反逆者たちがダブリン中心部の重要な建物を占拠した有名なイースター蜂起に参加した。その結果，マーキヴィッチら反逆者は逮捕され，死刑を宣告された。しかし，その後マーキヴィッチは釈放され，イギリスの国政選挙にシン・フェインの候補者として出馬した。彼女は女性初の当選者となったが，英国議会への登院を拒否し，代わりに非公式のアイルランド政府の一員となった。

compound 名 化合物　surplus 名 余剰　vaccine 名 ワクチン　reference 名 言及

NOTES

No. 5 解答 **4**

質問：話者はコンスタンス・マーキヴィッチについて何と言っているか。

1 彼女は政治家の一家で育てられた。
2 彼女はパリで政治家に立候補した。
3 彼女はシン・フェイン党を立ち上げた。
4 彼女は女性の投票権を促進した。

解説 第1段落第3文（While ...）で，「パリ滞在中に政治に関心を持ち，女性の投票権を求める運動に参加した」とあることから，「女性の投票権を促進した」と言い換えられた**4**が正解。

No. 6 解答 **2**

質問：マーキヴィッチはなぜ逮捕されたか。

1 イギリス議会での地位を拒否したため。
2 イギリスのアイルランド支配に対する反乱に参加したため。
3 違法なアイルランド政府を作ったため。
4 反逆者の脱獄を助けたため。

解説 第2段落の最初の文（In 1916, ...）で，マーキヴィッチがイギリスの支配に対する蜂起に参加したことが述べられており，続く第2文で，「その結果，マーキヴィッチは逮捕された」と述べられている。したがって，正解は**2**。放送文ではtook part in the famous Easter Rising, in which armed rebels took over important buildingsと述べられている部分が，選択肢では，joined a rebellionと言い換えられている。

obligation 名 義務　ritual 名 儀式　mean 形 意地の悪い　coral 形 サンゴ（製）の

文の内容一致選択問題を攻略！③

今日の目標

リスニングPart 2で出題されるパッセージは，あるテーマに関するまとまった英文（論説文）になっているのが基本だ。今日はパッセージを聞き取る際のポイントを確認しよう。

ポイント1　パッセージの構成を把握しよう！

リスニングPart 2で出題されるパッセージは，2段落で構成されている。**英文では1つの段落に1つのトピック（主題）が含まれていることが多い**（段落の典型的な構成例は，15日目（p.110）を参照）。

その段落のトピックを示すトピック・センテンスは，各段落の冒頭に置かれていることがほとんどだ。そして，**第1段落のトピック・センテンスの内容がパッセージ全体のテーマも示している場合が多いので，特にパッセージの導入部分は注意深く聞くようにしよう。**

ポイント2　つなぎ言葉に注意しよう！

出題されるパッセージは論説文が基本なので，論理展開を的確にとらえて聞き取る能力が必要とされる。そこで重要なのが，**話の流れを方向付ける接続詞や副詞（句），（群）前置詞などの「つなぎ言葉」に注意すること**である（「代表的なつなぎ言葉」は，14日目のリスト（p.105）を参照）。何か新しい発見や情報などが提示されたあと，それに対する別の意見や反論などが〈逆接・譲歩〉のつなぎ言葉（howeverなど）を用いて紹介されるという展開は，特に頻出のパターンだ。

パッセージの導入部分とつなぎ言葉に注意して，次の例題を解いてみよう（パッセージの後半とNo. 2の設問は割愛）。

例題

No. 1
1 The government is trying to get them to do small tasks for startups.
2 The process of immigration works as a barrier when immigrants start a business.
3 Visa documents are difficult to obtain before arriving in the country.
4 New innovations in the visa process are not properly implemented.

novel 形 斬新な　relevant 形 関連がある　efficient 形 効率的な　fragile 形 壊れやすい

（放送されるパッセージと質問）

Immigration Innovation

①Immigrants have often faced challenges in their new country, such as culture shock and discrimination. ②**Moreover**, visa requirements can also make their lives difficult. ③In the United States, the immigration process is regarded as complicated and sometimes works against them if they want to start and build a business. **Yet**, immigrants appear to have contributed greatly to innovation in the United States. One study found that immigrants created more than half of US startups valued at or over one billion dollars.

Questions: No. 1 What is one problem that US immigrants may face?

❗ 解答のポイント

- 下線部①で「移民は，新しい国でカルチャーショックや差別などの問題に直面することがよくある」と問題を提起し，続く下線部②をMoreover「さらに」と〈追加〉を表すつなぎ言葉で始めている。この下線部①と②が第１段落のトピック・センテンスとなっており，移民の抱える問題がテーマとなっていることがわかる。
- 続く下線部③では，アメリカ合衆国の移民手続きが取り上げられ，その複雑さが起業や新しいビジネス構築の際の障壁になり得ることが述べられている。質問は「アメリカの移民が直面するかもしれない問題の１つは何か」なので，下線部③を言い換えた**2**が正解である。放送文はこのあと，〈逆接〉を表すYetを用いて，移民が障壁にぶつかりながらもアメリカ合衆国に貢献していることを説明している。
- トピック・センテンスを確実に聞き取り，論理展開をある程度予測しながら聞き取りを進めることを目標にしよう。

移民イノベーション

移民は，新しい国でカルチャーショックや差別などの問題に直面することがよくある。さらに，ビザの発給要件も彼らの生活を困難なものにしている。アメリカ合衆国では，移民手続きは複雑とされ，起業やビジネスを構築する際に不利に働くこともある。しかし，移民はアメリカ合衆国のイノベーションに大きく貢献しているようである。ある調査によると，10億ドル以上の価値のあるアメリカのスタートアップの半分以上を移民が生み出したという。

質問：アメリカの移民が直面するかもしれない問題の１つは何か。

1 政府は移民にスタートアップのための小さな仕事をさせようとしている。
2 起業する際に移民手続きが障壁として働く。
3 入国前にビザの書類を入手するのが困難である。
4 ビザの手続きにおける新制度が適切に実施されない。

解答　2

次のページからは練習問題。トピック・センテンスとつなぎ言葉に注意して問題を解いてみよう！

練習問題

Listen to each passage and choose the best answer from among the four choices. The passage and the questions will be given only once.

(A)

□□ **No. 1**
1 America only cares about its universities and getting prizes.
2 People are not interested in reading.
3 School staff members are given low salaries.
4 Teachers are not following proper teaching procedures.

□□ **No. 2**
1 Major universities are developing literacy courses.
2 New programs have been implemented to improve reading skills.
3 Measures are being taken to address the problem of crime.
4 Babies are being encouraged to start learning the alphabet.

(B)

□□ **No. 3**
1 It is good to eat a proper lunch before napping.
2 It is important to nap on hot days only.
3 Sleeping deeply increases productivity.
4 Sleeping lightly for a short time is ideal.

□□ **No. 4**
1 People who nap may be more likely to suffer from disease.
2 Napping can increase the length of a person's life.
3 Napping prevents cancer and promotes a healthy heart.
4 Everyone can benefit from napping routinely.

(C)

□□ **No. 5**
1 A material that can be used instead of plastic.
2 A natural way to deal with plastic waste.
3 A disease that is killing bees.
4 A new species of moth.

□□ **No. 6**
1 Wax worms can be used to make plastic someday.
2 Producing plastic takes too long.
3 Disposing of plastic is a waste of money.
4 Plastic waste will increase in the future.

arrogant 形 傲慢な　spacious 形 広々とした　reasonable 形 筋の通った　substantial 形（数量などが）かなりの

MEMO

disabled 形 身体障害の　straightforward 形 率直な　tame 形 飼い慣らされた　mandatory 形 義務的な

NOTES

□illiteracy 読み書きができないこと

□distract （人）の心を乱す

□prioritize ～を優先する

(A) Illiteracy

Despite having many of the world's most respected academic institutions and the largest share of Nobel Prizes, the United States also has a severe illiteracy problem: 14 percent of Americans cannot read or write. Some say that this problem has been caused by teachers not using correct educational methods: not providing children enough time or space to fully master the alphabet and English language. Others say that the reasons are that too many families are poor, and that children are distracted by violence and crime in their communities.

What is most alarming is that illiteracy seems to be getting worse, not better. Federal, state and city authorities have launched programs to improve reading skills among both children and adults, through libraries and community centers. However, some believe it would be more effective to prioritize dealing with the problems of poverty instead. If illiterate children have fewer problems at home, they may naturally become more motivated to concentrate on school.

Questions: **No. 1** What is one reason for the high illiteracy rate?

No. 2 What is currently being done to solve illiteracy?

非識字

世界で最も尊敬される多くの学術機関があり，ノーベル賞における最も高い占有率があるにもかかわらず，アメリカ合衆国は，深刻な非識字問題も抱えている。というのも，アメリカ人の14%は読み書きができないのだ。正しい教育方法を用いない教師がこの問題を引き起こしていると言う人もいる。つまり，アルファベットや英語を完全に習得するための十分な時間や場所を子どもたちに提供していないというのだ。また，貧しい家庭が多すぎて，子どもたちは自分たちの住む地域の暴力や犯罪に気をとられていると言う人もいる。

最も心配なことは，非識字は悪化しており，よくなっていないように見えることである。連邦，州，市の当局は，図書館や公民館を通して，子どもと大人の両方の読む技能を改善するためのプログラムを立ち上げた。しかし，代わりに貧困の問題に取り組むことを優先したほうがもっと有効であると信じている人もいる。読み書きのできない子どもたちが家で抱える問題が少なくなれば，彼らは自然と，学校に集中する意欲をもっと持つようになるかもしれない。

No. 1 解答 **4**

質問：高い非識字率の理由の1つは何か。

1 アメリカは自国の大学と賞をとることのみに関心があるから。
2 人々は読書に関心がないから。
3 学校職員の給料が安いから。
4 **教師が適切な指導手順に従っていないから。**

解説 第1段落第2文（Some ...）以降に，アメリカで非識字率が高い理由が2点挙げられている。そのうちの1つ，「正しい教育方法を用いない教師がこの問題を引き起こしている」と**4**が内容的に一致する。

□implement ～を実行する，実施する

addressは「住所」という名詞の意味のほかに，動詞として「～を処理する；～宛てにする；～と呼ぶ；～に話しかける」など複数の意味を持つ。ここでは「～に対処する」の意味。

No. 2 解答 **2**

質問：現在，非識字を解決するために何がなされているか。

1 主要な大学が識字コースを開発している。
2 **読む技能を改善するために新しいプログラムが施行された。**
3 犯罪問題に対処する措置がとられている。

edible 形 食用の　outstanding 形 際立った　deadly 形 致命的な　petty 形 低級の

4 赤ん坊がアルファベットを学び始めるように勧められている。

解説 第2段落第2文（Federal, ...）に「読む技能を改善するためのプログラムを立ち上げた」とあることから**2**が正解。放送文中のhave launched programsが選択肢ではNew programs have been implementedと言い換えられている。

(B) Napping in the Afternoon

Taking a midday nap is common in many warm places, such as in tropical or Mediterranean countries. They practice this custom because high heat after lunchtime affects their work productivity. Recently, Spanish researchers have found strong evidence that taking a 20-30 minute afternoon nap can help with the management of stress and energy levels. Also, they emphasize having a light nap in an armchair rather than going into a deep sleep; otherwise it may affect one's ability to fall asleep in bed at night.

However, according to a British study led by Yue Leng, napping carries an increased 32 percent chance of death. For instance, she found that cancer and heart disease rates may increase. Yet, her biggest concern is the risk of lung disease. This is because napping triggers inflammation in the body, which allows the lungs to get infected more easily. Although most experts tend to agree that napping is beneficial when it is practiced routinely, there are opposing findings such as in Leng's work.

Questions: No. 3 According to Spanish researchers, what is one thing that is important about napping?

No. 4 What did Yue Leng's research discover about napping?

NOTES

□nap 昼寝をする

□midday 真昼の

□productivity 生産性［力］

□inflammation（病理の）炎症

午後の昼寝

熱帯や地中海諸国のような多くの温暖な場所では，昼寝をすることが一般的である。この習慣が実行されるのは，昼食後の暑さが仕事の生産性に影響するからである。最近，スペインの研究者たちが，20～30分の午睡をすることはストレスとエネルギーのレベルの管理に役立つという強力な証拠を発見した。さらに彼らは，深い眠りに入るのではなく，肘掛け椅子で軽い昼寝をすることを重要視している。さもないと（深い眠りについてしまうと），夜，ベッドで寝入るのに影響する可能性があるからである。

しかし，ユー・レンが率いるイギリスの研究によれば，昼寝は死亡率を32%増加させる。例えば，彼女はがんと心臓疾患の罹患率が上昇する可能性を発見した。だが，彼女の最大の懸念は肺疾患の危険性にある。なぜなら，昼寝が体内で炎症を引き起こし，このことで肺がより簡単に感染してしまうからである。ほとんどの専門家は昼寝が日常的に行われれば有益であることに同意する傾向にあるが，レンの研究にあるような相反する発見がある。

No. 3 解答 **4**

質問：スペインの研究者たちによると，昼寝について重要なことの1つは何か。

1 昼寝の前に適切な昼食をとるのはよいことである。
2 暑い日にだけ昼寝をすることが重要である。
3 深く眠ることで生産性が上がる。
4 短時間軽く眠ることが理想的である。

解説 第1段落最終文（Also, ...）でスペインの研究者たちが重要視しているのは「深い眠りに入るのではなく，肘掛け椅子で軽い昼寝をすること」なので，正解は**4**。

definitely 副 間違いなく　roughly 副 おおよそ　virtually 副 ほとんど　apparently 副 聞いたところでは

NOTES

No. 4 解答 1

質問：ユー・レンの研究は昼寝について何を発見したか。
1 昼寝をする人は病気を患う可能性がより高いかもしれない。
2 昼寝は寿命を延ばし得る。
3 昼寝はがんを予防し健康な心臓を作る。
4 誰もが日常的に昼寝することから恩恵を受け得る。

解説 第2段落第2文（For ...）には，昼寝によりがんと心臓疾患の罹患率が上昇する可能性があると述べられており，続く第3～4文でも，昼寝による肺疾患の危険性が指摘されているので，正解は**1**。

millionは100万を表すので，hundreds of ～「何百もの～」と一緒に使うと「何億もの～」の意味になる。

□break down
分解される

□make sense
道理にかなう

□deal with ～
～に対処する，～を扱う

(C) A Plastic Problem

Hundreds of millions of tons of plastic waste are produced globally each year. Because it does not break down, much of this ends up polluting the environment. However, scientists in Spain have found a natural way to solve this problem by using a certain insect — the wax worm. Wax worms are the young form of a type of moth, and they get their name from the fact that they live in beehives and feed on the wax produced by bees.

Wax worms produce a chemical substance that breaks down beeswax, and the scientists found that the chemical substance also works on plastic. One problem, however, is that it would take 100 wax worms several weeks to break down just a few grams of plastic. Marine biologist Tracy Mincer also has another objection to using wax worms. According to Mincer, it makes more financial sense to recycle plastic rather than dispose of it, since plastic for recycling can be sold for hundreds of dollars per ton.

Questions: No. 5 What have scientists in Spain discovered?
No. 6 What does Tracy Mincer believe?

プラスチック問題

世界では毎年，何億トンものプラスチックごみが生み出されている。プラスチックごみは分解されないため，その多くは環境を汚染することになる。しかし，スペインの科学者たちは，ある昆虫を使うことでこの問題を解決する自然な方法を発見した。ワックスワームだ。ワックスワームはガの一種の幼虫で，ミツバチの巣に住み，ミツバチが作るろうを食べることからその名がついた。

ワックスワームは蜜ろうを分解する化学物質を生産するが，科学者たちはこの化学物質がプラスチックにも作用することを発見した。しかし，たった数グラムのプラスチックを分解するのに100匹のワックスワームと数週間を要するという問題がある。海洋生物学者のトレイシー・ミンサーも，ワックスワームを使うことに別の観点から異議を唱えている。ミンサーによれば，リサイクル用のプラスチックは1トンあたり数百ドルで売れるため，プラスチックを捨てるよりも，リサイクルをするほうが金銭的な面でより合理的であるという。

No. 5 解答 2

質問：スペインの科学者たちは何を発見したか。
1 プラスチックの代わりに使用できる素材。
2 プラスチックごみを処理するための自然な方法。
3 ミツバチを死に至らしめる病気。
4 新種のガ。

unfairly 副 不当に　briefly 副 少しの間　aside 副 わきに　legally 副 法的に

NOTES

解説 第1段落第3文（However, ...）が解答の決め手。「スペインの科学者たちは，ある昆虫を使うことでこの問題を解決する自然な方法を発見した」とあり，「この問題」とは前文で触れられているプラスチックごみによる環境汚染のことである。**2**にある「プラスチックごみを処理するための自然な方法」が内容的に一致する。

No. 6 解答 3

質問：トレイシー・ミンサーは何を信じているか。

1 ワックスワームはいつかプラスチックを作るために使われるかもしれない。
2 プラスチックの生産には時間がかかりすぎる。
3 プラスチックを廃棄するのはお金の無駄だ。
4 プラスチックごみは将来的に増える。

解説 第2段落後半でトレイシー・ミンサーの主張について触れられている。放送文では，リサイクル用のプラスチックは1トンあたり数百ドルで売れるため，（ワックスワームで分解して）捨てるよりもリサイクルをするほうがよいと述べられている。この部分を言い換えた**3**が正解。

resort 動 訴える　submit 動 ～を提出する　originate 動 由来する　regret 動 ～を後悔する　cooperate 動 協力する

Real-Life形式の内容一致選択問題を攻略！②

今日の目標

リスニングPart 3では，状況（Situation）・質問・選択肢の3点が問題冊子に印刷されているので，先にそれらすべてに目を通しておくことが重要だ。今日は，この状況・質問・選択肢に見られる特徴を詳しく見ていこう。

ポイント 状況（Situation）・質問・選択肢の特徴を把握しよう！

リスニングPart 3では，状況（Situation）・質問・選択肢の3点が問題冊子に印刷されているので，事前に得られる情報は多いと言える。選択肢にまで先に目を通しておくと，パッセージの内容がある程度予測でき，意識して聞くべきポイントがさらに明確になることが多い。

状況を示す英文の語数は20～25語程度と短く，語彙は比較的平易である。また，主語はyouが基本であり，受験者が実際に自分の状況として考えられるようになっているので，この「あなた」になったつもりで聞き取りに臨むことが大切だ。

状況を示す英文には，設定（職業，担当部署，購入予定，参加予定，旅行予定，病状など）や条件（予算の上限，期限，スケジュール上の都合，あなたの希望，家族の希望など）といった解答する上で鍵となる情報が必ず含まれている。リスニングPart 3では，**設問ごとに，それらの鍵となる情報をきちんと頭に入れて聞き取りに臨むようにしよう。**

質問には，次に示すように典型的なパターンが2つあるので，覚えておくとよい。

よく出題される質問のパターン

「とるべき行動」を問う：

- What should you do (first, today など)?「あなたは（まず，今日）何をすべきか」
- What should you do to get the best price?「最良の価格で購入するには，あなたは何をすべきか」
- What should you do to save the most money?「お金を最も節約するには，あなたは何をすべきか」

「とるべき行動の詳細」を問う：

- What should you order?「あなたは何を注文すべきか」
- Where should you go first?「あなたはまずどこへ行くべきか」
- Which option [plan, school, apartmentなど] should you choose?
「あなたはどの選択肢［プラン，学校，アパート］を選ぶべきか」

質問が「とるべき行動」を問う場合，選択肢は「動詞句」になっており，「とるべき行動の詳細」を問う場合，選択肢は「名詞句・副詞句」になっているのが基本である。特に，質問が「とるべき行動の詳細」を問うパターンで，選択肢が「名詞句」（商品名，部屋番号，建物名，街道名，企業名など）になっている場合，**パッセージでは選択肢の順番どおりにそれらに関する情報が語られることが多い**ので，そのことを念頭に置いて聞き取りに臨むとよい。

revise 動（法律など）を改正する　restrict 動（大きさなど）を制限する　occupy 動（国・町など）を占領する

いずれにせよ，誤答の選択肢であっても関連した内容がパッセージの中で触れられることが多いので，解答する上で必要となる情報を選び出し，そのほかの不必要な情報に惑わされないようにすることが重要だ。

それでは，選択肢まで先読みして，例題を解いてみよう。

例題

Situation: ①You are looking for a new home. ②You need to live within a 10-minute walk from a train station, and ③you value space over noise concerns. The real estate agent tells you the following.

Question: Which apartment location should you go with?

1 5 Beechwood Road.

2 12 Park Street.

3 39 Clarke Street.

4 63 Mitchell Avenue.

（放送されるパッセージ）

Let's see what we have. There's an apartment on 5 Beechwood Road. It's nice and quiet and ④is 5 minutes from a bus stop. It takes 10 minutes from there to Greenwood Station by bus. 12 Park Street is a little closer to Greenwood Station. ⑤You can walk there in about 7 minutes or so, and it's reasonably large, though there is some noise. Let's compare that with 39 Clarke Street, which ⑥is about 10 minutes on foot to the station and is quite beautiful. However, the place is about half the size and the area is noisy. If you're after space, 63 Mitchell Avenue ⑦is a very spacious 2-bedroom apartment. You'd probably need a car to get around, but it includes a car space.

❗ 解答のポイント

- まずSituationで示されている「あなた」が置かれた状況を把握しよう。新しい家を探しているあなたに不動産業者が語りかけている。ここで押さえておくべき情報は次の3点である。

  「新しい家を探している」（①）
  「駅から徒歩10分以内のところに住む必要がある」（②）
  「騒音の懸念よりも広さを重視している」（③）

- 質問は「とるべき行動の詳細」を問うパターンになっていて，選択肢は「名詞句」（住所）で統一されている。したがって，パッセージでは選択肢の順番どおりにそれらに関する情報が語られる可能性が高いことを念頭に置いて聞き取りに臨む。
- 下線部④から，**1**はバス停まで徒歩5分で，さらに駅までバスで10分かかるので，除外される。続いて，下線部⑤から，**2**は若干の騒音はあるものの，駅から徒歩約7分でかなり広いので，正解の候補であることがわかる。そして，下線部⑥から，**3**は駅から徒歩約10分ではあるが，広さが**2**の約半分になるので除外される。下線部⑦から，**4**は広さは十分にあるが，おそらく生活に車が必要になるとあるので除外される。よって，正解は**2**だと判断することができる。

fade 動（記憶などが徐々に）消えていく　relieve 動（苦痛など）を和らげる　suppress 動（感情など）を抑える

私どもが所有する物件を見てみましょう。ビーチウッド・ロード5番地にアパートがあります。そこは素敵で静かなところで，バス停から5分のところにあります。そこからバスで10分でグリーンウッド駅に到着します。パーク・ストリート12番地はグリーンウッド駅に少し近くなります。歩いて約7分ほどで行くことができ，かなり広いですが，若干の騒音があります。そこをクラーク・ストリート39番地と比べてみましょう。こちらは駅まで歩いて約10分かかってかなりきれいです。しかし，およそ半分の広さで，そのエリアは騒々しいです。お客さまが広さをお求めでしたら，ミッチェル・アベニュー63番地は寝室が2つあるとても広々としたアパートです。動き回るのにおそらく車が必要になりますが，駐車スペースが備わっています。

状況：あなたは新しい家を探している。あなたは駅から徒歩10分以内のところに住む必要があり，騒音の懸念よりも広さを重視している。不動産業者はあなたに次のことを告げる。

質問：あなたはどのアパートの立地を選ぶべきか。

1 ビーチウッド・ロード5番地。
2 **パーク・ストリート12番地。**
3 クラーク・ストリート39番地。
4 ミッチェル・アベニュー63番地。

解答　**2**

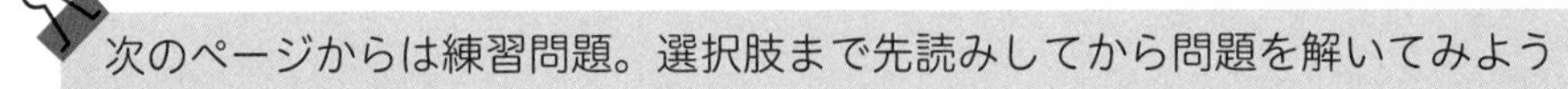
次のページからは練習問題。選択肢まで先読みしてから問題を解いてみよう！

starve 動 餓死する　scratch 動 ～を引っかく　unite 動 団結する　grip 動 ～をしっかりつかむ　surrender 動 降伏する

練習問題

Read the situation and question. Listen to the passage and choose the best answer from among the four choices. The passage will be given only once.

(A)

□□ **No. 1**

Situation: You are waiting in line outside a movie theater. The movie you are planning to see is *Hide and Run*. You hear the following announcement by a staff member.

Question: What should you do?

1 Come back tomorrow.
2 Stay where you are.
3 Wait for a late showing.
4 Go to a different box office.

(B)

□□ **No. 2**

Situation: You are driving to the mall in your car. You turn on the car radio and hear the following traffic report.

Question: What route should you take?

1 42nd Avenue.
2 Highway 23.
3 Highway 28.
4 The North Bypass.

(C)

□□ **No. 3**

Situation: You have just arrived at Shannon Towers to meet a client. You have to go to floor 34. You hear the following from the receptionist.

Question: What is one thing you should do?

1 Take the express elevators.
2 Ride the escalator to floor 16.
3 Change elevators on floor 20.
4 Use the stairs.

twist 動 ～を捻挫する　remodel 動 ～を改装する　triple 動 3倍になる　drown 動 溺れ死ぬ

NOTES

□box office （映画・劇の）チケット売り場

(A)

No. 1 解答 **2**

I'm sorry to announce that all seats for the 7:30 p.m. showing of *Summer Journey* are sold out. There are still plenty of seats available for the 10:15 late showing, however — or you could come back for a matinee show tomorrow. Our other offerings we invite you to see tonight are *Tom Tom*, *Hide and Run* or *Across the Mountain*, all of which begin at 7:40, and are very popular with audiences of all ages. Remain in line to see one of those films, and tell the ticket-taker your preference when you reach the box office. Thank you, and sorry for the inconvenience.

残念なお知らせですが，午後7時30分からの*Summer Journey*の上映は全席売り切れとなりました。しかしながら，10時15分からのレイトショーならまだ十分にお席がございます。あるいは，明日昼間の上映に再びおいでになることもできます。今晩お勧めするほかの作品は，*Tom Tom*，*Hide and Run*および*Across the Mountain*で，これらはすべて7時40分に始まり，すべての年齢層のお客さまに大変人気がございます。これらの映画のうちのいずれかをご覧になるには，そのまま並んでお待ちいただき，チケット売り場に着いたら係員にご覧になりたい映画をお知らせください。ありがとうございます。そしてご不便をお詫び申し上げます。

状況：あなたは映画館の外で並んで待っている。あなたが見ようとしている映画は*Hide and Run*だ。スタッフによる次のアナウンスが流れてくる。

質問：あなたは何をすべきか。

1 明日再び来る。
2 そのまま今の場所にいる。
3 レイトショーを待つ。
4 ほかのチケット売り場に行く。

解説 状況の説明から，見ようとしている映画のタイトルをきちんと押さえることがポイントとなる。「あなた」が見ようとしている映画は*Hide and Run*であり，*Summer Journey*ではないので，**1**と**3**は該当しない。*Hide and Run*を見る場合には，第4文でRemain in line to see one of those filmsと言っているので，**2**が正解。第2文にあるmatineeとは「昼間の上映」の意味。

lean 動 傾く　soak 動（雨・汗などが）～をずぶ濡れにする　hover 動（鳥などが）空中（の一点）に止まる

(B)

No. 2 解答 3

And now for a traffic report. Good news for those stuck in the traffic jam on 42nd Avenue. The accident site has now been cleared and traffic should soon be flowing smoothly in that area again. An overturned truck at the north entrance of the World Shopping Mall on Highway 23, however, is slowing traffic, so drivers going to the mall are advised to head for the east entrance on Highway 28 instead. There is also some congestion at the entrance to the Blacktown Tunnel due to road work, so if you're headed downtown, it might be a good idea to use the North Bypass instead.

それでは交通情報です。42番通りで渋滞に巻き込まれている方にはいいお知らせです。先ほど事故現場の処理が終わり，まもなく事故現場周辺の流れはまたスムーズになるでしょう。しかし，幹線道路23号線にあるワールドショッピングモールの北口で起きたトラックの横転事故のため，流れが遅くなっていますので，モールにお出かけになるドライバーの方は，代わりに幹線道路28号線にある東口に向かうことをお勧めします。また，道路工事のため，ブラックタウントンネルの入口にも混雑があるため，ダウンタウンに向かう方は，代わりに北バイパスをご利用になるとよいでしょう。

状況：あなたは自動車を運転してショッピングモールに向かっている。カーラジオをつけると次の交通情報が聞こえてくる。

質問：あなたはどのルートで行くべきか。

1 42番通り。
2 幹線道路23号線。
3 **幹線道路28号線。**
4 北バイパス。

解説 状況の説明から，あなたはショッピングモールに行きたいとわかる。第4文（An ...）で，モールの北口はトラックの横転事故があり車の流れが滞っており，drivers going to the mall are advised to head for the east entrance on Highway 28と勧められているので，正解は**3**。

NOTES

□stuck （行き）詰まった
□accident site 事故現場
□congestion 渋滞

interrupt 動（人の話・行動など）を妨げる　socialize 動（社交的に）交際する　termite 名 シロアリ　microbe 名 微生物

NOTES

floors 31 and above は「31階以上」という意味。~ and above [over] は「~とその上」,つまり「~以上」を表す。~ and below [lower] なら「~以下」となる。

□cross over to ~
~に乗り換える

(C)

No. 3 解答 **3**

Welcome to Shannon Towers. At the moment, Express Elevators A and C to floors 31 and above are out of order. To reach those floors, please take Elevators D or E to floor 20, and then cross over to Elevators I or J to reach all higher floors. Escalators only go up to floor 16, with no direct access to the elevators. Stairs are closed except for emergencies. We apologize for any inconvenience. Have a nice day.

シャノン・タワーズへようこそ。現在,31階以上の階へ行く高速エレベーターのAとCは故障中です。これらの階に行くには,エレベーターのDかEで20階まで行き,そこで,その階より上のすべての階に行くIかJにお乗り換えください。エスカレーターは16階までしか行きませんし,そこからエレベーターへ直接乗り換えることはできません。階段は緊急時を除き閉鎖されています。ご不便をおかけして申し訳ございません。よい1日をお過ごしください。

状況:あなたは顧客に会うためにシャノン・タワーズに到着したところだ。あなたは34階に行かなくてはならない。あなたは受付係から次のように聞く。

質問:あなたがすべきことの1つは何か。

1 高速エレベーターに乗る。

2 16階までエスカレーターに乗る。

3 **20階でエレベーターを乗り換える。**

4 階段を使う。

解説 第3文(To ...)が聞き取れるかがポイント。31階以上に行く高速エレベーターは故障中のため,34階に行くにはまずエレベーターDかEで20階まで行き(take Elevators D or E to floor 20),次にエレベーターIかJに乗り換える(cross over to Elevators I or J)ので,正解は**3**。放送文中のcross overが選択肢ではchangeと言い換えられていることに注意。

beverage 名(水以外の)飲み物　paperwork 名(必要)書類　descendant 名 子孫　sculpture 名 彫像

MEMO

handout 名（講演・授業などの）配布物　replacement 名 交換　minister 名 大臣　stream 名 小川

Real-Life形式の内容一致選択問題を攻略！③

今日の目標

リスニングPart 1やPart 2と同様にPart 3でも，放送文中に出てくる表現が，状況を示す英文や選択肢では別の表現にパラフレーズされていることが多い。今日は，このパラフレーズに見られる特徴を詳しく見ていこう。

ポイント　パラフレーズ（言い換え）の特徴を把握しよう！

Part 1やPart 2と同様にPart 3でも，放送文中に出てくる表現が状況を示す英文や選択肢にそのまま使われずに，別の表現にパラフレーズ（言い換え）されていることが多い。

このパラフレーズには，次に示すように，典型的なパターンが3つある。Part 3の過去問を例に，その3つのパターンを確認してみよう。

パラフレーズの例

名詞句を言い換える：

- **放送文** how to create motivating lessons → **状況** student motivation
- **放送文** proof that you've had a medical examination → **選択肢** a medical examination certificate
- **放送文** shoplifting of most products → **状況** losses caused by theft
- **放送文** your replacement → **選択肢** a suitable person for your position
- **放送文** tickets for traffic violations → **状況** a speeding ticket

述語表現（動詞句や熟語表現）を言い換える：

- **放送文** mind driving out of town → **状況** do not want to travel out of town
- **放送文** be new to volunteer work → **状況** do not have experience volunteering
- **放送文** have special dietary requirements → **状況** be allergic to dairy products
- **放送文** be concerned about the cost → **状況** be worried about funding
- **放送文** arrange for someone to administer the test → **選択肢** find someone to conduct the test

単語を同義語や類義語などに置き換える：

- **放送文** additional (credit) → **状況** extra (credit)
- **放送文** appliance → **状況** washing machine
- **放送文** pills → **選択肢** medicine
- **放送文** former (employer) → **選択肢** previous (employer)
- **放送文** *one's* four-wheel drive → **選択肢** *one's* vehicle

リスニングPart 1のポイント（21日目（p.148）を参照）でも述べたとおり，内容一致選択問題とは，

predator 名 捕食動物　observer 名 監視員　commission 名 代理手数料　committee 名 委員会　junk 名 がらくた

本文中の表現を正しく言い換えている選択肢を選ぶ問題のことだと言ってよい。すばやく確実に正解するためには，このような**パラフレーズの典型的なパターンを頭に入れておくことが大切だ。**

それでは，パラフレーズに注意して次の例題を解いてみよう。

例題

42

Situation: ①You are attending a meeting in the company where you work. ②You work in the design department. The CEO says the following.

Question: What should you do first?

1 ③Talk to the sales promotion department.

2 ④Contact people at Randall Technology.

3 ⑤Start preparing press releases.

4 ⑥Begin designing some new logos.

（放送されるパッセージ）

As you know, we will be merging with Randall Technology at the end of the year. That means we will be rebranding and need to share the news with our customers, clients, and the general public. The PR department should start by preparing press releases and getting them out to the media. ⑦I'd like our designers to start working on some logo ideas combining our name with Randall's. For those in sales promotion, we need you to work with both the PR and design departments to plan a long-term strategy for the new brand. That can come a little later, though.

❶ 解答のポイント

- まずSituationで示されている「あなた」が置かれた状況を把握しよう。あなたが出席している勤務先の会議でCEOが発言している。ここで押さえておくべき情報は次の2点である。

　「勤務先の会議に出席している」（①）
　「デザイン部で働いている」（②）

- 質問と選択肢にまで目を通すと，デザイン部で働いているあなたがまずすべきなのは「販売促進部との相談」（③）なのか，「ランダル・テクノロジー社の人たちに連絡を取ること」（④）なのか，「報道発表の準備」（⑤）なのか，「新しいロゴのデザイン」（⑥）なのかといったポイントを意識してパッセージを聞けばよいことがわかる。
- 下線部⑦から，デザイナーは勤務先とランダル社との社名を組み合わせたロゴのアイデアの作成に取り掛かることが求められているとわかる。このstart working on some logo ideas combining our name with Randall'sという放送文中の内容をBegin designing some new logos.とパラフレーズした**4**が正解。
- Situationでは，あなたの所属部署はYou work in the design department.という表現で示されているが，放送文中では，CEOはour designersという表現を使っているので，注意が必要だ。販売促進部は，広報部とデザイン部と協力して新ブランドのための長期戦略を練ることを求められているが，まずすべきことではないので**1**は除外される。ランダル･テクノロジー社の人たちに連絡を取ることについては触れられておらず，報道発表の準備を求められているのは広報部なので，**2**と**3**も除外される。

departure 名 出発　description 名 描写　supervisor 名 監督者　guidance 名 指導

ご存じのように，我が社は年末にランダル・テクノロジー社と合併することになっています。それはつまり，我が社はイメージを変えることになり，その知らせを我が社の顧客，取引先，そして一般大衆に伝える必要があるということです。広報部は報道発表の準備をして，メディアに流すことから始めてください。デザイナーには，我が社とランダル社の社名を組み合わせたロゴのアイデアに取り組み始めていただきたい。販売促進の人たちに関しては，広報部とデザイン部の両部署と協力して，新ブランドのための長期戦略を練ってもらう必要があります。ですが，そちらは少しあとになってもかまいません。

状況：あなたは勤務している会社の会議に出席している。あなたはデザイン部で働いている。CEOは次のことを告げる。

質問：あなたはまず何をすべきか。

1 販売促進部に相談する。
2 ランダル・テクノロジー社の人たちに連絡を取る。
3 報道発表の準備を始める。
4 **新しいロゴをデザインし始める。**

解答　4

次のページからは練習問題。パラフレーズに注意して問題を解いてみよう！

landscape 名 眺め　crew 名（船の）乗組員　drain 名 排水管　stereotype 名 固定観念

Read the situation and question. Listen to the passage and choose the best answer from among the four choices. The passage will be given only once.

(A)

□□ **No. 1** ***Situation:*** You are visiting the hospital for a minor operation. You have pre-registered online but have not paid yet. The person at the reception desk tells you the following.

Question: Where should you go next?

1 To the 1st floor.
2 To the 2nd floor.
3 To the 3rd floor.
4 To the information desk.

(B)

□□ **No. 2** ***Situation:*** You are at work and you receive a voice mail from your husband. You have a meeting until 7:30 p.m.

Question: What should you do?

1 Cancel your dinner reservation.
2 Meet your husband at the restaurant.
3 Ask your husband to collect Sally.
4 Tell the school you will be late.

(C)

□□ **No. 3** ***Situation:*** You want a table and some chairs for your garden at the lowest price. You are a member of the Garden World members' club. You hear the following commercial on the radio.

Question: When should you go to Garden World?

1 Between the 10th and the 14th.
2 Between the 15th and the 18th.
3 Between the 19th and the 23rd.
4 Between the 24th and the 30th.

edition 名 (刊行物の) 版　graphic 名 図　pathway 名 小道　reunion 名 再会の集い

NOTES

□admit
～に（入院することを）認める

□in advance　前もって

(A)

No. 1 解答 **2**

Welcome to Greenfield Hospital. Before we admit you for your operation, we need to get some information from you. You just need to complete this form and take it to the registration desk on the 1st floor. However, if you've already input your information on our website, you can skip that step. In that case, you can go straight to the admissions desk on the 3rd floor. Payment needs to be made in advance, though, so if you haven't done that, please go to the payment desk before going to admissions. That's on the 2nd floor. If there's anything you don't understand, you can ask the staff at the information desk.

グリーンフィールド病院へようこそ。手術のために入院される前に，少しあなたの情報をお伺いする必要があります。このフォームにご記入の上，1階の登録受付にお持ちください。ただし，すでに当院のホームページで情報を入力されている場合は，この手順は省略できます。その場合には，そのまま3階の入院受付にお越しください。しかし，事前にお支払いが必要ですので，お支払いがお済みでない方は，入院受付に行く前にお支払い窓口へお越しください。お支払い窓口は2階にございます。ご不明点がありましたら，案内所の従業員に聞いてください。

状況：あなたは簡単な手術を受けるために病院を訪れている。オンラインで事前登録を済ませているが，支払いはまだ済ませていない。受付の人が次のように言っている。

質問：あなたは次にどこへ行くべきか。

1 1階へ。
2 **2階へ。**
3 3階へ。
4 案内所へ。

解説 状況から，支払いがまだ済んでいないことがわかる。第6文（Payment ...）で言われているとおり，事前に支払いをするために，支払い窓口へ行く必要がある。続く第7文で，That's on the 2nd floor. と述べられていることから，正解は**2**。

　cliff 名 崖　coordinator 名 コーディネーター　depth 名 深さ　liver 名 肝臓

(B)

No. 2 解答 3

Hi, it's me. Could you pick up Sally from basketball practice on your way home from work this evening? The practice is at her school, and she'll finish at 7. I know I promised to do it, but one of my clients has asked me to meet him for dinner at 7:30. The restaurant is about an hour away, so I won't get there on time if I pick up Sally. I've prepared dinner for you and Sally, so you just need to heat it up when you get home. If you can't get to the school on time, let me know. I can tell my client I'll be a little late if I have to.

やあ，僕だよ。今晩，仕事帰りにバスケの練習に行っているサリーを迎えに行ってくれないかな？　練習は学校であって，7時に終わるよ。僕が迎えに行くって約束したのはわかっているんだけど，取引先から7時半に夕食を食べようと言われたんだ。レストランまで1時間くらいかかるから，サリーを迎えに行ったら間に合わなくって。君とサリーのために夕食を用意しておいたから，家に帰ったら温めるだけでいいよ。もし，時間までに学校へ行けないようなら知らせて。もしものときは少し遅れると取引先に伝えられるから。

状況：あなたは仕事中で，夫から留守番電話があった。あなたは午後7時30分まで会議が入っている。

質問：あなたは何をすべきか。

1 夕食の予約をキャンセルする。
2 レストランで夫と会う。
3 夫にサリーを迎えに行くよう頼む。
4 学校に遅刻すると連絡を入れる。

解説 留守番電話の前半で，あなたの夫から，サリーを迎えに行けなくなったというメッセージが残されている。しかしながら，状況の説明から，あなたも7時半まで会議が入っているため，第7文のIf you can't get to the school on time, let me know. と一致する**3**が正解。

NOTES

□on time　時間どおりに

26日目 リスニング3

monopoly 名（商品・事業などの）独占　usage 名 使用　chart 名 グラフ　expectancy 名 期待

NOTES

□sign up for ～
～の参加登録をする
□take advantage of ～
～を利用する

(C)

No. 3 解答 **3**

Here at Garden World, we'll be offering huge discounts on selected goods over the next two weeks. From the 10th to the 14th, there'll be 20 percent off all garden tools. Then, from the 15th to the 18th, you can get 30 percent off all garden machinery, including chain saws and leaf blowers. If you're looking for garden furniture, we'll be offering a massive 40 percent off our full range between the 19th and 23rd. And don't worry if you can't make it to the store in the next two weeks, as there'll be a special members' sale from the 24th to the 30th. Just sign up for our members' club to take advantage of a 15 percent discount on all products during that period.

こちらのガーデンワールドでは，これから2週間にわたって，厳選した商品を大幅な割引でご提供します。10日から14日までは，すべての園芸用具が20%オフとなります。そして，15日から18日までは，チェーンソーやリーフブロワーなどのすべての園芸用機器が30%オフとなります。庭園用の家具をお探しなら，19日から23日まで，全品40%オフの大特価です。また，24日から30日までは，特別なメンバーズセールを開催いたしますので，この2週間でお店に来ることができなくても大丈夫です。メンバーズクラブにご登録いただければ，その（メンバーズセールの）期間中，全商品が15%オフとなります。

状況：あなたは最も安い値段で庭園用のテーブルと椅子が欲しいと思っている。あなたはガーデンワールドのメンバーズクラブの会員だ。あなたはラジオで次のコマーシャルを聞く。

質問：あなたはいつガーデンワールドに行くのがよいか。

1 10日から14日の間。
2 15日から18日の間。
3 **19日から23日の間。**
4 24日から30日の間。

解説 状況の説明から，庭園用のテーブルと椅子を最も安い値段で欲しいということを把握しておく。第4文で，If you're looking for garden furniture, we'll be offering a massive 40 percent off our full range between the 19th and 23rd. とあることから，正解は**3**。テーブルと椅子がfurniture（家具）に含まれることに気付けるかがポイント。最後の2文でメンバーズセールについて触れられているが，割引率が15%なので最安値にはならず，**4**は不正解。

nowhere 名 どの場所も～ない　courthouse 名 裁判所（の建物）　cove 名 入江　dock 名 埠頭（ふとう）

実力完成模擬テスト

1 To complete each item, choose the best word or phrase from among the four choices. Then, on your answer sheet, find the number of the question and mark your answer.

□□ **(1)** ***A:*** Oh! You really (　　　) me by walking up so quietly!
B: Sorry, I didn't mean to. I just wanted to ask you about these documents.
1 drenched　**2** distracted　**3** consoled　**4** startled

□□ **(2)** Customs will permit the entry of these containers into the United States as soon as they can (　　　) their contents.
1 confiscate　**2** deduct　**3** privatize　**4** verify

□□ **(3)** Strong winds and heavy rain (　　　) to ruin the family's picnic in the park. They decided to pack up their gear and go and have lunch at a restaurant instead.
1 conspired　**2** impaired　**3** deserved　**4** alerted

□□ **(4)** ***A:*** You're here until late almost every day! What's your (　　　) for working so hard?
B: Apart from job satisfaction, I hope to get a bonus at the end of the year if I do my job well.
1 outlet　**2** incentive　**3** pursuit　**4** impact

□□ **(5)** The police force carried out an internal investigation when it received reports that senior officers had received money from criminals, but it found no evidence of (　　　).
1 severity　**2** despair　**3** rehearsal　**4** corruption

□□ **(6)** The cockroach is an interesting insect because it can (　　　) in so many temperature extremes, from near-arctic regions to jungles.
1 wither　**2** thrive　**3** plunge　**4** interfere

□□ **(7)** The author wrote many books during his life, but very few people read them at the time. His work did not become popular until around a hundred years after he was ( ).

1 convicted **2** thrilled **3** massaged **4** deceased

□□ **(8)** Peter was almost ( ) by the fake e-mail asking for his bank details and password. He decided not to send a reply when he noticed his name in the e-mail address was slightly wrong.

1 related **2** deceived **3** imagined **4** spoiled

□□ **(9)** Karla was in high demand because of her financial ( ). Many organizations wanted to hire her to help them improve their efficiency and increase their profits.

1 specification **2** bitterness **3** expertise **4** disposal

□□ **(10)** Jemima's doctor told her that she was suffering from ( ). He said she should take some days off work and get some rest.

1 empathy **2** prevention **3** declaration **4** fatigue

□□ **(11)** The restaurant is popular with couples because of its ( ) atmosphere. The tables are lit with candles and soft music is always playing in the background.

1 intimate **2** tasteless **3** eligible **4** competitive

□□ **(12)** When the scientists discovered damage to the outside of the rocket, they decided to ( ) the launch. They said it would have been dangerous for the rocket to take off.

1 demote **2** abort **3** relieve **4** plague

□□ **(13)** Fraser's mother always had to force him to wash the dishes, so when he did it ( ), she thought he must want something. As she expected, he asked to be given his pocket money earlier.

1 quarterly **2** voluntarily **3** regrettably **4** durably

□□ **(14)** When the man built a fence around his yard, he made sure it was ( ). He did not want his dog to be able to break the fence and escape.

1 divided **2** sturdy **3** foggy **4** peculiar

□□ **(15)** Elyse always (　　　　) a part of her salary each month so that she can save up enough money to travel overseas every summer.

1 looks into　**2** takes over　**3** sets aside　**4** drives up

□□ **(16)** Jennifer quit her office job five years ago to (　　　　) a new career as a writer. She did not make much money at first, but she has now published two successful novels.

1 embark on　**2** tie up　**3** come across　**4** sit by

□□ **(17)** ***A:*** How did Maria get a promotion so quickly?

B: She (　　　　) several new marketing strategies that the vice-president liked.

1 tore down　**2** pulled back　**3** dreamed up　**4** ruled out

□□ **(18)** The company lost a lot of money during the financial crisis, but the hard work of its employees helped it to (　　　　) and it is now making a profit again.

1 wander off　**2** pull through　**3** deal in　**4** fall under

2 Read each passage and choose the best word or phrase from among the four choices for each blank. Then, on your answer sheet, find the number of the question and mark your answer.

Smart Mobs

The IT era has impacted society in profound ways. Apart from obviously making communication easier, it has also influenced social and political movements. One such phenomenon is the emergence of "smart mobs," composed of people who gather for specific events, and do not necessarily hold any membership to a group. (**19**), some political activists are known for using social media, such as Facebook, to get people to show up at a protest, resulting in a "mob."

People used to gather for events through a central organizer. A rally for a politician, for example, would be headed by a public relations firm to get like-minded people together. Similarly, companies would arrange public events for fans of their products. Recently, however, social media have made it possible for people to (**20**), eliminating the need for the middleman.

Another term, "flash mob," has arisen to describe social behavior such as public dancing while the expression "smart mob" has shifted in use to refer mainly to activities that (**21**). Indeed, in 2011, through social media, hundreds of Londoners demonstrated against racist crimes allegedly committed by a police officer. However, due to the chaos, many criminals from all over England started looting stores and burning businesses, causing this event to be known as the "England Riots." Even so, it is clear that nothing is going to stop these technologies from evolving, and these tools will continue to allow people to quickly organize themselves, whether it is for good or bad.

□□ **(19)** **1** For example
2 Afterwards
3 Otherwise
4 Instead

□□ **(20)** **1** effortlessly gather on their own
2 communicate with public relations firms
3 distract themselves by sharing videos
4 donate money to political causes online

□□ **(21)** **1** require more technology
2 support the government
3 are far more politicized
4 are slightly less physical

Firefighting Prisoners

Natural forest fires are common in the US state of California and the state's fire service is highly experienced in dealing with them. However, recent climate change is leading to drier conditions, higher temperatures, and a greater frequency of thunderstorms. (**22**), forest fires are happening more often and on a larger scale, and this is putting a strain on the fire service. Although efforts have been made to train more firefighters, there are still not enough to deal with the increasing number of fires.

In fact, since World War II, California has depended partly on local prisoners to help fight forest fires. In a scheme designed to assist the state fire service, the prisoners are given training and work in teams led by professional firefighters. Their main job is to create "fire breaks" by cutting down trees and clearing vegetation in the path of spreading fires. The aim of doing this is to (**23**). In many cases, fire breaks created by the prisoners have prevented the flames from reaching homes that would have otherwise been burned down.

The scheme's supporters say that prisoners who take part in it can learn new skills and gain a sense of worth. However, some people believe the scheme (**24**). Although they are paid for their work, the prisoners receive just a fraction of the minimum wage in the United States. Critics claim this is too little considering that the prisoners risk their lives. Since they work so close to the edge of the fires, they face intense heat and are in constant danger of being trapped by the flames, which can change direction without warning.

□□ **(22)** **1** Even so
2 As a result
3 In contrast
4 Rather

□□ **(23)** **1** reduce crime in the area
2 allow professional firefighters to rest
3 stop prisoners from escaping
4 keep nearby residents safe

□□ **(24)** **1** does little to help the state fire service
2 is perfect the way it currently is
3 takes advantage of the prisoners
4 should be introduced in other areas

3 Read each passage and choose the best answer from among the four choices for each question. Then, on your answer sheet, find the number of the question and mark your answer.

Reality TV

Reality TV has become one of the most prominent genres of entertainment in the world today, particularly in America, where it rose in popularity in the 1990s. Reality TV shows vary in format, but often feature amateurs participating in song, dance, comedy, or other performance activities with an additional focus on their daily lives. American entertainment companies have gained enormous economic benefits from these shows. For them, they are much cheaper to produce than comedies, dramas, or TV movies, as salaries for participants can be as low as a couple of hundred dollars per episode. There is no need for highly paid scriptwriters or actors — nor is there any possibility of interruption from strikes by these groups as there is on other shows.

There is also no shortage of criticism of reality TV's perceived shortcomings, though. Some analysts claim that the "reality" in reality TV is only superficial. After all, how realistic is it to leave ordinary people isolated on an island and force them to live there? Since the participants are being monitored both by the producers and the TV audience, their conduct may not be very realistic, either. Since the participants strive to win a prize, the shows have also caused negative feedback from some American viewers for focusing on competitive rather than cooperative human conduct.

From a business perspective, too, reality TV may not be as profitable over the long term as conventional TV. Many analysts have asserted that reality TV will be difficult or impossible to syndicate, or sell as "reruns." As the main attraction of reality shows is the "live" aspect, viewers are quick to perceive the shows as outdated once the TV season has ended. On the other hand, successful comedies, which typically run for years, for instance, often build up a loyal fan base who will continue to watch reruns of the show in syndication. This is important since syndication generates the bulk of the profit for TV programs, and in some cases those profits can last for decades. Some scripted shows canceled in the 1960s continue to run in syndication today, for example. Still, because the production of conventional TV shows has higher risks along with their rewards, the importance of reality TV is continuing to rise in the American market, as the scheme of low risk with moderate rewards helps keep production companies profitable. According to some analysts, it may even eventually become the dominant format of TV.

□□ **(25)** What is one thing we learn about reality TV shows in the first paragraph?

1 The high production costs of reality TV shows are easily offset by their large revenues gained through broadcasting.

2 Scriptwriters for reality TV shows work for much cheaper rates than those for drama or comedy shows.

3 Growing entertainment company operating budgets can now accommodate reality TV shows more easily.

4 Reality TV shows run without the threat of work interruption that other shows have.

□□ **(26)** What is one piece of criticism made about reality TV?

1 Reality TV show outcomes are less predictable than outcomes in real life.

2 Many participants are only interested in making new friends, which can be boring to watch.

3 The format of reality TV awards prizes that are not practical for participants.

4 Reality TV shows are designed to unrealistically emphasize some forms of behavior over others.

□□ **(27)** One obstacle to further growth of the reality TV market may be

1 high fees charged by entertainment companies to run reality TV shows in syndication form.

2 difficulties in developing a viewer base willing to watch the same reality TV shows repeatedly.

3 the many years necessary for reality TV shows to build up a substantial loyal fan base.

4 the willingness of production companies to focus solely on making high-risk, high-reward conventional TV programs.

Space-Based Solar Power

In Australia and the Middle East, solar power has become the cheapest way to generate electricity, and it is predicted that almost half of Europe's energy will eventually come from solar power. Despite the obvious problems with solar power, such as what to do at night and during cloudy weather, innovative ways are being found to harness as much of the sun's energy as possible. Researchers in Australia, for example, have developed a device that can make electricity from infrared radiation instead of sunlight. During the day, heat from the sun is stored by the earth, and this is then released as infrared radiation, which can be used to produce electricity throughout the night.

However, no matter how creative technology becomes, the biggest limiting factor for how much energy can be produced from solar power is the earth's atmosphere, which blocks around 50% of the sunlight from reaching the earth's surface. In order to overcome this issue, scientists are investigating the idea of space-based solar power. This involves putting satellites into orbit with solar panels that have the potential to create more than double the amount of energy that can be produced by those on the earth's surface. In fact, this is not a new idea. In 1958, the United States launched the Vanguard 1 satellite, which was the first satellite to create its own electricity supply from sunlight, and solar power has since become the preferred form of energy in satellites. Vanguard 1's specially designed solar panels could only convert less than 10 percent of the sun's energy into electricity, but modern technology has made the process at least twice as efficient.

The European Space Agency (ESA) already has plans to build a solar power station in space, and similar projects are being considered in the United States, China, and Japan. The idea seems feasible, since the technology needed to send electricity back to the earth's surface has existed for decades—telecommunications satellites have been converting electricity into microwaves in order to beam signals back to the earth since the 1960s. Moreover, Sanjay Vijendran of ESA says, the process "is exactly the same for space-based solar power, but the scale of it is completely different." Other than the obvious benefit of efficiency, space-based solar power can also have environmental benefits. Capturing sunlight on earth requires large areas of land to be covered with solar panels, and this often has to be done in ecologically sensitive areas.

The plans for space-based solar power still face some obstacles, however. One problem that must be resolved is how the satellites will be disposed of when they stop working. This is a valid concern, as it is estimated there are currently 3,000 dead satellites and over 30,000 large pieces of space debris floating around in the earth's orbit. Furthermore, despite the fact that solar technology is getting cheaper, building a space-based power station will cost billions of dollars. In a world where people are suffering due to cuts in government spending, it may be difficult to justify investing so much money in such risky and untested projects.

□□ **(28)** According to the first paragraph, what is true about solar power on earth?

1 Despite scientists' best efforts, attempts to improve the technology needed to use solar power have been unsuccessful.

2 Countries with poor weather have started getting some of their electricity from countries with conditions more suitable for solar power.

3 The amount of energy produced from solar power in Europe will never reach the level that has been achieved in Australia and the Middle East.

4 Although there are times when sunlight cannot be collected, scientists have come up with alternative ways to use the sun's energy at those times.

□□ **(29)** What is one thing the author of the passage says about the Vanguard 1 satellite?

1 Since it was launched, solar power has become the main method used to provide electricity for satellites.

2 Because of the poor efficiency of its solar panels, it was unable to produce enough electricity for its own power.

3 The electricity it produced could not be sent back to the earth's surface because it was blocked by the earth's atmosphere.

4 Its solar panels were not designed for use in space, but they were still capable of producing electricity.

□□ **(30)** What does the author of the passage say about solar power stations?

1 The additional electricity they will produce may not be sufficient to justify the environmental damage it will cause.

2 The need for solar panels on the earth's surface will remain even if they are used.

3 The idea of building them is feasible because they make use of technology that has already been used for many years.

4 The European Space Agency has a greater chance of succeeding than other organizations because the satellites it plans to use are more efficient.

□□ **(31)** One issue that could prevent space-based solar power from further advancement is that

1 governments have reduced funding for scientific research, so producing the necessary technology may take longer than expected.

2 when the satellites stop functioning, a solution for how to dispose of non-working satellites has not yet been found.

3 although the technology for producing a space-based solar power station is available, there is currently no way to get it into the earth's orbit.

4 there is a risk that space junk would damage space-based solar power stations, preventing them from producing electricity.

4 English Summary

- Instructions: Read the article below and summarize it in your own words as far as possible in English.
- Suggested length: 60-70 words
- Write your summary in the space provided on your answer sheet. Any writing outside the space will not be graded.

Car ownership in the United Kingdom grew rapidly at the end of the 20th century, leading to severe traffic jams in urban areas. London was particularly badly affected, so in 2003, a fee for vehicles entering its city center was introduced. Data shows that this fee, known as the congestion charge, reduced traffic by 33%.

Those in favor of the charge say it has improved the lives of people living and working in the city. Emissions of one harmful gas found in vehicle exhaust have dropped by over 13%. This has reduced the risk of people suffering from breathing problems that are caused by the gas. The charge has also provided a large amount of income for the city. This money has been used to improve public transportation and make traveling in the city easier and more comfortable.

On the other hand, critics claim the charge has had a negative effect on some businesses. According to a survey carried out in London, over 80% of shops reported a drop in sales after the charge was introduced. The majority of shop owners believed this was because the charge discouraged customers from visiting their shops.

5 English Composition

- Write an essay on the given TOPIC.
- Use TWO of the POINTS below to support your answer.
- Structure: introduction, main body, and conclusion
- Suggested length: 120-150 words
- Write your essay in the space provided on your answer sheet. Any writing outside the space will not be graded.

TOPIC

Should companies that damage the environment be made to pay fines?

POINTS

- ***Company profits***
- ***Nature***
- ***Technology***
- ***Health***

Listening Test

There are three parts to this listening test.

Part 1	**Dialogues:** 1 question each	Multiple-choice
Part 2	**Passages:** 2 questions each	Multiple-choice
Part 3	**Real-Life:** 1 question each	Multiple-choice

※Listen carefully to the instructions.

Part 1 46~58

□□ **No. 1**
1 Contact the police.
2 Go to the man's house.
3 Speak to her neighbors.
4 Get some more advice.

□□ **No. 2**
1 Try a larger size.
2 Go to a different store.
3 Focus on another style.
4 Purchase what she is wearing.

□□ **No. 3**
1 Visit another store.
2 Search for his receipt.
3 Get some replacement earphones.
4 Buy a different brand of earphones.

□□ **No. 4**
1 His boss does not listen to her workers.
2 His boss is a skilled designer.
3 His team will likely quit the company soon.
4 His team's design is problematic.

□□ **No. 5**
1 Go speak to the professor.
2 Study in various places.
3 Look for books on discount.
4 Get information from the library.

□□ **No. 6**
1 Only indoor parking is available.
2 Parking is free for everyone.
3 Getting a second parking space might be hard.
4 Parking for two cars is very expensive.

□□ **No. 7**
1 He needs to buy new clothes.
2 He does not shop for apparel online.
3 Kelly's new clothes do not suit her.
4 Kelly should return her new clothes.

□□ **No. 8**
1 She cannot rely on her colleagues.
2 She sometimes has trouble with temporary workers.
3 She cannot find a staffing agency in town.
4 She does not want the man to work overtime.

□□ **No. 9**
1 She should move back to the city.
2 She should avoid eating seafood.
3 She can take a two-week vacation.
4 She can receive a nice meal in his hometown.

□□ **No. 10**
1 Go out for pizza.
2 Try to get a table at a special restaurant.
3 Have a relaxing meal at home.
4 Eat out at a French restaurant.

□□ **No. 11**
1 She is tired from running a marathon.
2 She is late for a training session.
3 She is not very fit.
4 She cannot follow her diet.

□□ **No. 12**
1 More driving will be required in the future.
2 There have been many traffic jams lately.
3 She lives too close to her office.
4 The new policy may not benefit her.

Part 2 59~65

(A)

□□ **No. 13** **1** Some people do not appreciate the behavior.
2 Many people are not good at taking photos.
3 Sharing photos is too costly.
4 Older people do not like sharing their photos.

□□ **No. 14** **1** Face-to-face communication is no longer important.
2 Selfies are being used in fashion magazines.
3 People can express themselves using images.
4 Some people have become socially disadvantaged.

(B)

□□ **No. 15** **1** EV sales have increased less than people expected.
2 Making batteries for EVs causes harm to the environment.
3 EV manufacturers cannot produce enough vehicles to meet demand.
4 Developing alternative types of batteries for EVs is difficult.

□□ **No. 16** **1** The vehicles are expensive to make.
2 There are few places to buy fuel.
3 Producing hydrogen releases harmful substances.
4 Refueling the vehicles takes a long time.

(C)

□□ **No. 17** **1** Governments are trying to increase them to 76%.
2 They have stayed the same since the 1960s.
3 High rates benefit the rich more than the poor.
4 Low rates cause governments to stop listening to people's voices.

□□ **No. 18** **1** A country's wealth affects how many people vote.
2 People living in poverty lose interest in politics.
3 There will be fewer elections in the future.
4 Disappointment with governments stops people from voting.

(D)

□□ **No. 19**
1 Consumers are interested in trying out new foods.
2 Gluten-free grains are cheaper than wheat.
3 People worry about the effects of gluten on the body.
4 Wheat is in short supply these days.

□□ **No. 20**
1 People may not get proper nutrition.
2 Gluten-free foods are too addictive.
3 There is a risk of developing a small intestine disease.
4 The prices of gluten-free products will become higher.

(E)

□□ **No. 21**
1 They are operated by the government.
2 Workers may benefit in more than one way.
3 Kitchens and lounges are included.
4 Employees are required to participate.

□□ **No. 22**
1 It is difficult to collect accurate health data.
2 Some employees are treated unfairly.
3 The government has run out of money for supporting it.
4 The nation's healthcare costs are sharply rising.

(F)

□□ **No. 23**
1 They ran away from foreign intruders.
2 Their land was taken away by Europeans.
3 They got sick due to the arrival of outsiders.
4 They were able to defeat Europeans in conflict.

□□ **No. 24**
1 The islanders' homes were destroyed by natural disasters.
2 The inhabitants were unskilled at producing food.
3 Moving across the island was part of the natives' culture.
4 Lack of water influenced the people's chances of survival.

Part 3 66~71

(G)

□□ **No. 25** ***Situation:*** You are at a train station. You have a reservation for the train to Detroit. You hear the following announcement.

Question: What should you do?

1 Wait for Train Number 873 to arrive.

2 Go to Track 36 within 15 minutes.

3 Transfer to Train Number 412 on Track 14.

4 Take your bags through security.

(H)

□□ **No. 26** ***Situation:*** You are in a company meeting with your marketing coworkers. The department head gives the following talk.

Question: What should you do right now?

1 Describe sales figures for Cloud Lady dresses.

2 Research what kind of product would be most popular.

3 Talk about the various marketing choices.

4 Make a presentation to Ted and Lisa's team.

(I)

□□ **No. 27** ***Situation:*** You are in a class at university. You missed one class last week because you had the flu. Your professor tells everyone the following.

Question: What should you do to avoid losing five points?

1 Send an e-mail to your professor.

2 Fill in a form from the University Office.

3 Complete some extra homework.

4 Take the exam on a different day.

(J)

□□ **No. 28** ***Situation:*** You call your insurance company to add your wife to your car insurance. Your wife has never had an accident. The representative tells you the following.

Question: What should you do?

1 Visit your insurance company's office.

2 Submit a copy of your wife's driver's license.

3 Make an insurance claim for a car accident.

4 Get some additional information from the representative.

(K)

□□ **No. 29** ***Situation:*** You are a visitor at the city zoo. You want to make a donation today and the receptionist tells you the following.

Question: What should you do?

1 Visit the zoo's website.

2 Meet with John.

3 Mail an application.

4 Come back later.

実力完成模擬テスト 解答一覧

正解を赤で示しています。（実際の試験ではHBの黒鉛筆またはシャープペンシルを使用してください。）

筆記解答欄

問題番号		1	2	3	4
1	(1)	①	②	③	❹
	(2)	①	②	③	❹
	(3)	❶	②	③	④
	(4)	①	❷	③	④
	(5)	①	②	③	❹
	(6)	①	❷	③	④
	(7)	①	②	③	❹
	(8)	①	❷	③	④
	(9)	①	②	❸	④
	(10)	①	②	③	❹
	(11)	❶	②	③	④
	(12)	①	❷	③	④
	(13)	①	❷	③	④
	(14)	①	❷	③	④
	(15)	①	②	❸	④
	(16)	❶	②	③	④
	(17)	①	②	❸	④
	(18)	①	❷	③	④

筆記解答欄

問題番号		1	2	3	4
2	(19)	❶	②	③	④
	(20)	❶	②	③	④
	(21)	①	②	❸	④
	(22)	①	❷	③	④
	(23)	①	②	③	❹
	(24)	①	②	❸	④
3	(25)	①	②	③	❹
	(26)	①	②	③	❹
	(27)	①	❷	③	④
	(28)	①	②	③	❹
	(29)	❶	②	③	④
	(30)	①	②	❸	④
	(31)	①	❷	③	④

リスニング解答欄

問題番号			1	2	3	4
Part 1		No. 1	①	②	❸	④
		No. 2	①	②	③	❹
		No. 3	①	②	❸	④
		No. 4	❶	②	③	④
		No. 5	①	❷	③	④
		No. 6	①	②	❸	④
		No. 7	①	❷	③	④
		No. 8	①	❷	③	④
		No. 9	①	②	③	❹
		No. 10	❶	②	③	④
		No. 11	①	②	❸	④
		No. 12	①	②	③	❹
Part 2	A	No. 13	❶	②	③	④
		No. 14	①	②	❸	④
	B	No. 15	①	❷	③	④
		No. 16	①	❷	③	④
	C	No. 17	①	②	③	❹
		No. 18	❶	②	③	④
	D	No. 19	①	②	❸	④
		No. 20	❶	②	③	④
	E	No. 21	①	❷	③	④
		No. 22	①	❷	③	④
	F	No. 23	①	②	❸	④
		No. 24	①	②	③	❹
Part 3	G	No. 25	①	❷	③	④
	H	No. 26	①	②	❸	④
	I	No. 27	①	❷	③	④
	J	No. 28	①	❷	③	④
	K	No. 29	①	②	③	❹

筆記4，5の解答例はp.224～227を参照してください。

NOTES

筆記 1 問題 p.195～197

(1) 解答 4

A：まあ！　そんなに静かに近づいてくるから本当に**びっくりしたわ**！
B：ごめん，驚かすつもりはなかったんだ。これらの書類について君に尋ねたかっただけなんだよ。

解説 Bが謝っているのは，Aを「びっくりさせた」からだと考えるのが自然なので，startled「～をびっくりさせた」が正解。**1**「～を水浸しにした」，**2**「～の気を散らせた」，**3**「～を慰めた」

(2) 解答 4

税関は，中身**を確認**でき次第，これらのコンテナのアメリカ合衆国への入国を許可するだろう。

解説 税関は入国を許可する前にコンテナの中身を「確認する」はずである。よって，verify「～を確認する」が正解。**1**「～を没収する」，**2**「～を差し引く，控除する」，**3**「～を民営化する」

□customs　税関

(3) 解答 1

強風と大雨の**結果**，公園での家族のピクニックが台無し**になった**。彼らは荷物をまとめて，代わりにレストランで昼食をとることにした。

解説 強風と大雨で家族のピクニックが台無しになったという空所の前後の内容から，conspire to *do*「（事件などが）重なり合って～する」が当てはまる。**2**「～を弱くした」，**3**「～に値した」，**4**「～に警告する」

(4) 解答 2

A：君はほとんど毎日遅くまでここにいるね！　そんなに一生懸命仕事をする**動機**はなんだい？
B：仕事に対する満足度もありますが，自分の仕事でよい業績を出したら，年末にボーナスをもらいたいのです。

解説 AはBに一生懸命仕事をするincentive「動機」を尋ねたと考えるのが自然である。**1**「出口，直販店」，**3**「追求」，**4**「衝撃」

□apart from ～
～は別として，～を除けば

(5) 解答 4

警察は，幹部職員が犯罪者から金銭を受け取ったという報告を受けて内部調査を行ったが，**汚職**の証拠は見つからなかった。

解説「証拠は見つからなかった」という内容から，空所にはcorruption「汚職」が最適であるとわかる。**1**「深刻さ」，**2**「絶望」，**3**「予行準備」

(6) 解答 2

ゴキブリというのは興味深い昆虫である。なぜなら，北極に近い地域からジャングルまで，両極端な気温で**丈夫に育つ**ことができるからである。

解説 厳しい条件の中でもthrive「丈夫に育つ」ことができるからこそ，ゴキブリは興味深いと考える。**1**「しおれる」，**3**「飛び込む」，**4**「干渉する」

□near-arctic　北極に近い
□extreme
（物事の）極度，極地

(7) 解答 4

著者はその生涯で多くの本を書いたが，当時それを読んだ人はほとんどいなかった。彼の作品が人気となったのは，彼が**亡くなって**から約100年後のことである。

解説 彼がdeceased「亡くなった」約100年後に人気が出たとすれば文意が通る。**1**「有罪判決を受けた」，**2**「ぞくぞくした」，**3**「もみほぐされた」

NOTES

(8) 解答 **2**

ピーターは銀行口座やパスワードを尋ねる偽のメールに**だまされ**そうになった。メールアドレスの中の自分の名前が少し間違っていることに気付いて返信をしないことにした。

解説 偽のメールにdeceived「だまされた」と考えるのが自然。**1**「結び付けられた」，**3**「想像された」，**4**「台無しにされた」

(9) 解答 **3**

カーラには金融に関する**専門知識**のために高い需要があった。多くの組織が効率向上と利益増加のために彼女を雇いたいと考えた。

解説 カーラに高い需要があったのは彼女の金融に関するexpertise「専門知識」によるものと考えるのが自然。**1**「仕様書」，**2**「苦み」，**4**「処分」

(10) 解答 **4**

ジェマイマの担当医は，彼女は**過労**がこたえていると告げた。数日仕事を休んで，休養をとるようにと言った。

解説 空所直前のsuffering from ～「～を患っている，～がこたえている」に続けるのはfatigue「疲労，過労」が適切。**1**「感情移入」，**2**「防ぐこと」，**3**「宣言」

(11) 解答 **1**

そのレストランは**居心地がよい**雰囲気で，カップルに人気である。テーブルにはキャンドルが灯され，いつも静かな音楽が流れている。

解説 空所直後の「雰囲気」と合うのはintimate「居心地がよい」である。**2**「味のない」，**3**「適格の」，**4**「競争の」

(12) 解答 **2**

ロケットの外側の破損を発見した科学者たちは，打ち上げ**を中止する**ことにした。彼らは，ロケットを飛び立たせるのは危険であると述べた。

解説 ロケットに破損があったことを考えれば，ロケットの打ち上げを「中止する」と決めたとするのが自然。よって，abort「～を中止する」が正解。**1**「～を降格する」，**3**「～を和らげる」，**4**「～を疫病にかからせる」

(13) 解答 **2**

フレイザーの母親は，いつも彼に無理やり皿洗いをさせていたので，彼が**自ら進んで**皿洗いをしたとき，何か欲しいものがあるに違いないと思った。彼女が予想したとおり，彼はいつもより早くお小遣いをもらいたいと頼んだ。

解説「皿洗いをする」と合うのはvoluntarily「自主的に」だけである。**1**「年4回」，**3**「残念なことに（は）」，**4**「長持ちして」

(14) 解答 **2**

男性は庭の周りに柵を作る際に，**頑丈で**あることを確認した。犬が柵を壊して逃げられないようにするためだった。

解説 犬が柵を壊して逃げられないようにするためには柵がsturdy「頑丈で」ある必要がある。**1**「分割された」，**3**「かすんだ」，**4**「奇妙な」

(15) 解答 3

エリースは毎月必ず給料の一部**を積み立て**て，毎年夏に海外旅行に行くのに十分な資金を貯めている。

解説 set aside ～で「（お金など）を取っておく」の意味。so that 以下の「海外旅行に行くために」が手がかりになる。**1**「～を調査する」，**2**「～を引き継ぐ」，**4**「～をつり上げる」

(16) 解答 1

ジェニファーは5年前に会社員を辞め，作家として新たなキャリア**を開始させ**た。最初はあまり儲からなかったが，今では2冊のヒット作の小説を出版している。

解説 作家としての新しいキャリアを「始めた」とすれば意味が通る。よって，embark on ～「～を始める，着手する」が正解。**2**「～を締めくくる」，**3**「～に出くわす」，**4**「傍観する」

(17) 解答 3

A：どうやってマリアはそんなにすぐに昇進したの？
B：副社長が気に入るような新しい販売戦略**を**いくつか**考え出した**んだよ。

解説 上司の気に入る新しい販売戦略を「思いついた」から，マリアはすぐに昇進できたと考えるのが自然。よって，dreamed up ～「～を思いついた，考え出した」が正解。**1**「～を引きはがした」，**2**「～を引っ込めた」，**4**「～を除外した」

(18) 解答 2

その企業は金融危機で大きな損失を出したが，社員の頑張りのおかげで**苦境を切り抜け**，現在では再び利益を出している。

解説 pull through で「苦境を切り抜ける」の意味。**1**「逸脱する」，**3**「～を扱う」，**4**「（影響・支配）を受ける」

NOTES

□vice-president　副社長

NOTES

□profound　重大な，深い

□phenomenon
現象，事象

□rally
（政治・宗教的）集会

□be headed by ～
～に率いられる

□like-minded
同じ意見の

□allegedly　伝えられるところによると，～したとされている

□racist　人種差別主義の

□loot　～に強奪に入る，～を略奪する

筆記2　問題 p.198～199

スマート・モブ（賢い群衆）

IT時代は，社会に根底から強い影響を与えてきた。明白にコミュニケーションをとりやすくしていることを別にしても，それは社会的・政治的な運動にも影響を及ぼしている。そのような現象の1つが，特定のイベントに集まってはいるが，必ずしもグループの一員になっているわけではない人々から構成される「スマート・モブ」の出現である。**例えば**，ある政治活動家たちはフェイスブックのようなソーシャルメディアを利用して，最終的に「モブ（群集）」を形成するように人々を抗議に向かわせることで知られている。

かつて人々は，中心となる主催者を通じてイベントに集まったものだ。例えば，政治家の集会は広報会社に率いられ，似た考えを持つ人々が集められた。同様に，企業は自社製品のファンのための公開イベントを手配した。しかしながら最近では，ソーシャルメディアのおかげで人々が**たやすく自ら集まる**ことができるようになり，このことが仲介者の必要性を消し去ったのだ。

「フラッシュ・モブ」というもう1つの用語が，公共の場での踊りのような社会的行動を言い表すために現れた一方で，「スマート・モブ」という表現は主に，**はるかに政治色を帯びた**諸活動を指す意味に変わってきた。確かに，2011年，ソーシャルメディアを通して集まった数百人のロンドン市民が，ある警官が犯したとされる人種差別的犯罪に抗議してデモを起こした。しかし，大混乱に乗じて，イングランドのいたる所からやって来た多くの犯罪者が店に強奪に入り，会社を燃やしたので，この事件は「イングランドの暴動」として知られるようになってしまった。たとえそうだったとしても，こういった技術が進化するのを止めるものは何もないことは明らかであり，これらのツールは，よかれ悪しかれ，人々がすばやく自らを組織化するのを可能にし続けるだろう。

(19) 解答 **1**

1 例えば　　**2** 後に
3 そうでなければ　　**4** その代わりに

解説 空所の前には「スマート・モブ」の説明があり，空所のあとにはその具体例と思われる内容が書かれている。よって**1**「例えば」が正解。

(20) 解答 **1**

1 たやすく自ら集まる　　**2** 広報会社と連絡を取る
3 動画を共有して気分転換する　　**4** オンラインで政治的目的に募金する

解説 空所を含む文の冒頭にRecently, however,「しかしながら最近では」とあるので，これまでの流れとは反対の内容で，かつ「ソーシャルメディアの出現によって可能になったこと」が空所には入ると考えられる。第2段落ではこれまで人々が主催者を中心に集まってきたことが述べられており，また空所の後ろに「仲介者の必要性を消し去った」とあるため「人々はたやすく自ら集まることができるようになった」という内容になる**1**が正解。

(21) 解答 **3**

1 より科学技術を必要とする　　**2** 政府を支持する
3 はるかに政治色を帯びた　　**4** わずかに身体的でない

解説 空所直後の文がIndeed,「確かに,」で始まっていることから，以降の内容は空所までの文章の裏付けとなるものが続くと考えられる。警官が犯したとされる人種差別的犯罪に抗議するデモは，ただ踊るだけのflash mobよりもはるかに政治的だと考えられるので，正解は**3**。空所を含む文では，whileの前と後ろでそれぞれのmobの目的の違いが対照的に述べられていることを確認しよう。

NOTES

□politicize　政治に携わる

NOTES

□strain　重圧，緊張

□vegetation　植物

消防活動をする受刑者

アメリカ合衆国カリフォルニア州では自然発火による森林火災が多く，同州の消防隊はその対応において豊富な経験を持っている。しかし，近年の気候変動により，乾燥，気温上昇，非常に高頻度の雷雨が起きている。**その結果**，森林火災の発生頻度や規模が大きくなり，消防に負担がかかっている。より多くの消防士を訓練する努力は行われているが，増え続ける火災に対応するにはまだ十分とは言えない。

実は，第二次世界大戦以来，カリフォルニア州では，森林火災の消火活動を部分的に地元の受刑者に頼ってきた。受刑者たちは訓練を受け，プロの消防士が率いるチームに所属し，州消防を支援する仕組みだ。主な仕事は，燃え広がる火の通り道で木を切ったり，草木を取り除いたりして，「防火帯」を作ることだ。その目的は，**周辺住民の安全を確保する**ことにある。多くの場合，受刑者たちが作った防火帯のおかげで，焼け落ちたはずの家屋に炎が届くのを防ぐことができた。

この計画の支持者は，この計画に参加する受刑者は新しい技術を学び，価値観を得ることができると言う。しかし，この計画は**受刑者に付け込んでいる**と思う人もいる。労働に対する報酬は支払われるが，受刑者たちが受け取るのはアメリカ合衆国の最低賃金の数分の一にすぎない。批判者たちは，受刑者たちが命をかけていることを考えると，これは少なすぎると主張する。火事の現場に近いところで働くため，猛烈な熱さに直面し，前触れなく方向を変える炎に閉じ込められる危険に常にさらされているのだ。

(22) 解答 2

1 それでも
2 **その結果**
3 対照的に
4 むしろ

解説 空所の直前に「乾燥，気温上昇，非常に高頻度の雷雨が起きている」とあり，一方で空所の直後には「森林火災の発生頻度や規模が大きくなり，消防に負担がかかっている」とあることから，因果関係が見て取れる。したがって，正解は**2**。

(23) 解答 4

1 地域の犯罪を減らす
2 プロの消防士を休ませることができる
3 受刑者の逃亡を防ぐ
4 **周辺住民の安全を確保する**

解説 空所を含む文の前で述べられている「燃え広がる火の通り道で木を切ったり，草木を取り除いたりして，『防火帯』を作ること」の目的を答えればよい。空所の直後に，「受刑者たちが作った防火帯のおかげで，焼け落ちたはずの家屋に炎が届くのを防ぐことができた」とあることから，正解は**4**。

(24) 解答 3

1 ほとんど州の消防隊の役に立たない
2 現在のままで完璧である
3 **受刑者に付け込んでいる**
4 ほかの地域でも導入されるべきだ

解説 空所を含む文冒頭の「しかし」という逆接がポイント。第3段落第1文（The scheme's ...）で，計画についてポジティブなことが述べられているから，Howeverによって導かれる第2文にはネガティブな内容がくることがわかる。第3文（Although ...）では，ネガティブな意見を持つ理由が述べられており，賃金と労働内容が見合っていないことが指摘されている。したがって，「受刑者に付け込んでいる」ことがわかるので，正解は**3**。

NOTES

□resident　住民

□take advantage of ～　～を利用する，～に付け込む

未知語の意味を推測する

準1級の英文に使用される語彙レベルは決してやさしいものではないので，未知語に出くわすことも多いだろう。しかし，未知語の意味は文脈から十分に推測できる場合が多い。特に，次の英文の3つの特徴を頭に入れておくと，未知語の意味を推測するのに役立つはずだ。

① 専門用語や難解な語には，直後に説明が付け加えられることが多い。
② 専門用語や難解な語は，説明の代わりにわかりやすい具体例が挙げられることがある。
③ 単調になることを避けるために，ある単語が別の表現で言い換えられることが多い。

NOTES

□prominent 際立った，有名な

□amateur 素人，アマチュア

□interruption 中断，妨害

□no shortage of ～ ～にこと欠かない

□superficial 表面的な

□conventional 従来の

□syndication 配給

筆記3 問題 p.200～203

リアリティ・テレビ

リアリティ・テレビは，今や世界で最も際立った娯楽ジャンルの1つで，特にアメリカにおいて1990年代に人気が上昇した。リアリティ・テレビ番組の形態はさまざまだが，たいてい，歌，ダンス，コメディやその他のパフォーマンスに参加する素人を，彼らの日常生活にも注目させながら呼び物にしている。アメリカの娯楽関連の会社は，こうした番組から莫大な経済的利益を手に入れてきた。こういった会社にとって，それらはコメディやドラマ，テレビ映画と比べるとはるかに安く制作できる。なぜなら参加者への報酬は1回の放送分につき二，三百ドルにすぎないことがあるからである。報酬が高い脚本家や俳優は全く必要としないし，ほかの番組では起こるような，これらの団体によるストライキで中断する可能性も全くないのだ。

しかし，リアリティ・テレビに見られる欠点に対する批判もまた，こと欠かない。リアリティ・テレビにおける「リアリティ(現実性)」は表面的なものにすぎないと主張する評論家もいる。しょせん，一般の人たちを島に置き去りにし，そこで生活を強いたりすることが，どれだけ現実的なのか。参加者たちはプロデューサーとテレビ視聴者の双方から監視されているので，彼らの行動もあまり現実的であるとは言えないだろう。参加者は賞を獲得することに必死なので，こういった番組はまた，協調的ではなくむしろ競争的な人間の行動に焦点を定めていると，一部のアメリカの視聴者から否定的な反応を引き出してきた。

ビジネスの観点で考えても，リアリティ・テレビは長期的に見ると，従来のテレビと同等の利益を生むとは限らない。多くの評論家が，リアリティ・テレビは独立系放送局へ配給すること，つまり「再放送」用として販売することが困難であるか，不可能であろうと主張してきた。リアリティ番組の最大の魅力は「ライブ」であることのため，テレビシーズンが終わると視聴者はすぐにその番組を時代遅れのものと認識してしまう。一方で，例えば，何年もの間決まって放送される大当たりしたコメディは，シンジケーション（独立系放送局への配給）による番組の再放送を見続けてくれる忠実なファン層を築くことが多い。これが重要なのは，テレビ番組の利益の大部分はシンジケーションによって生み出されるからであり，場合によっては，その利益が何十年にもわたって続くこともあるからである。例えば，1960年代に放送が打ち切られた台本のある番組の中には，今日でもシンジケーションによって放送され続けているものもある。それでもなお，従来のテレビ番組の制作では見返りを得るのに高いリスクを伴うため，リアリティ・テレビの重要性はアメリカ市場において高まり続けている。低いリスクで適度な見返りを得るという構造が制作会社に利益をもたらし続けるからだ。業界の専門家の中には，リアリティ・テレビがいつかテレビの最も有力な形態になると予測する者さえいる。

(25) 解答 4

第1段落において，リアリティ・テレビ番組についてわかることの1つは何か。

1 リアリティ・テレビ番組の高い制作費は，放送することによって得られる大きな収益によって容易に相殺される。

2 リアリティ・テレビ番組の脚本家は，ドラマやコメディ番組の脚本家よりもずっと安い料金で仕事をする。

3 娯楽関連の会社の運営費は増えてきていて，今では以前より簡単にリアリティ・テレビ番組を提供することができる。

4 リアリティ・テレビ番組は，ほかの番組で起こるような仕事の中断の恐れなく進行する。

解説 第1段落最終文（There ...）のnor以下に，リアリティ・テレビは脚本家や俳優の団体によるストライキで中断されることがない，と述べられているので**4**が正解。

(26) 解答 4

リアリティ・テレビに関してなされる批判の1つは何か。

1 リアリティ・テレビ番組の結末は実生活における結末よりも予測が難しい。

2 参加者の多くが，新しい友人を作ることにしか興味を持たず，見ていて退屈になることがある。

3 リアリティ・テレビという番組形態は，参加者にとって実用的ではない賞品を与える。

4 リアリティ・テレビ番組は，ほかの行動形態よりもいくつかの行動形態を非現実的なまでに強調するように企画されている。

解説 第2段落のトピック・センテンスである第1文（There ...）の内容から，この段落の中に正解を導くヒントがあると予測できる。同段落最終文（Since ...）に着目すると，リアリティ・テレビは人間の行動の協調的ではなく競争的な面に焦点を定めていると，一部のアメリカの視聴者から否定的な反応をされている，とあるので，これを言い換えた**4**が正解。

(27) 解答 2

リアリティ・テレビの市場がさらに成長するのに障害となるものの1つはおそらく

1 リアリティ・テレビ番組を配給方式で放送するために娯楽関連の会社が課す高額な料金である。

2 同じリアリティ・テレビ番組を繰り返し見たいという視聴者層を開拓することの難しさである。

3 リアリティ・テレビ番組が相当な数の忠実なファン層を築くために必要な何年もの歳月である。

4 制作会社がリスクと見返りが多い従来のテレビ番組を制作することのみに重点を置きたがることである。

解説 第3段落第2文（Many ...）のthat以下に，リアリティ・テレビは再放送用の販売が困難か不可能だとあり，次文以降でその理由が挙げられている。つまり，リアリティ・テレビは，コメディなどとは異なり，利益を生み出す再放送を支える忠実なファン層を獲得できそうにないということなので，正解は**2**。

NOTES

□revenue　収益

□offset　～を相殺する，埋め合わせる

NOTES

□generate　～を生み出す
□harness　～を利用する
□innovative　革新的な
□infrared radiation　赤外線放射
□no matter how ～　どれだけ～であっても
□atmosphere　大気
□overcome　～に打ち勝つ，克服する
□satellite　人工衛星
□orbit　軌道
□launch　～を打ち上げる
□convert　～を変換する
□feasible　実現の見込みのある
□capture　～を捕える
□obstacle　障害
□dispose of ～　～を処分する
□valid　有効な，妥当な
□suffer　苦しむ，悩む
□attempt　試み

宇宙を利用した太陽光発電

オーストラリアや中東では，太陽光発電は最も安価な発電方法となっており，いずれヨーロッパのエネルギーの半分近くが太陽光発電になると予測されている。夜間や曇天時にどうするかなど，太陽光発電の問題点は明らかだが，太陽のエネルギーをできるだけ多く利用するための革新的な方法が見つかっている。例えば，オーストラリアの研究者たちは，太陽光の代わりに赤外線で電気を作る装置を開発した。日中，太陽からの熱を地表に蓄え，それを赤外線として放出し，夜間はその赤外線で電気を作ることができるというものである。

しかし，どんなに技術が進歩しても，太陽光発電でエネルギーが生み出される量を制限してしまう最大の要因は地球の大気であり，太陽光の約50％は地表に届く前に遮られてしまう。この問題を解決するために，科学者たちは宇宙太陽光発電のアイデアを検討している。これは，人工衛星に地表で生み出されるエネルギーの2倍以上を作り出す能力のある太陽電池パネルを搭載して軌道上に乗せるというものである。実のところ，このアイデアは新しいものではない。1958年にアメリカ合衆国が打ち上げた人工衛星ヴァンガード1号は，太陽光から自らの電力の供給を作り出した最初の人工衛星で，それ以来，太陽光発電は人工衛星のエネルギー源として好まれるようになった。ヴァンガード1号が搭載していた特殊な太陽電池パネルでは，太陽エネルギーの10％未満しか電気に変換できなかったが，現代の技術では少なくとも2倍の効率で変換できるようになった。

欧州宇宙機関（ESA）はすでに宇宙に太陽光発電所を建設する計画を持っており，アメリカ，中国，日本でも同様のプロジェクトが検討されている。電気を地上に送る技術は何十年も前から存在しており，1960年代から通信衛星が電気をマイクロ波に変換して地上に信号を送っているため，このアイデアは実現可能であると考えられる。さらに，ESAのサンジェイ・ヴィジェンドランは，このプロセスは「宇宙太陽光発電でも全く同じであるが，規模が全く異なる」と言う。効率という明らかな利点のほかに，宇宙を利用した太陽光発電は環境面においても利点がある。地球上で太陽光を取り込むには，広大な土地を太陽電池パネルで覆う必要があり，しかも生態系に影響を与えやすい場所で行わざるを得ないことが多い。

しかし，宇宙太陽光発電の計画には，まだいくつかの障壁がある。解決しなければならない問題の1つは，人工衛星が停止した場合，どのように処分するかということだ。現在，地球の軌道上には3,000基の機能しなくなった人工衛星と3万個以上の大きな宇宙ごみがあると言われていることから，もっともな懸念である。さらに，太陽光発電の技術が安価になっているにもかかわらず，宇宙発電所の建設には数十億ドルの費用がかかる。政府支出の削減で人々が苦しんでいる世の中で，このような冒険的で未検証のプロジェクトに多額の資金を投資することを正当化するのは難しいかもしれない。

(28) 解答 4

第1段落によれば，地球上の太陽光発電について正しいことは何か。

1 科学者たちの最善の努力にもかかわらず，太陽光発電を利用するために必要な技術を向上させる試みは成功してこなかった。

2 天候の悪い国は，太陽光発電に適した条件の国から電力の一部を調達するようになった。

3 ヨーロッパの太陽光発電の発電量は，オーストラリアや中東のようなレベルには決して達しないだろう。

4 太陽光を集めることができない時間もあるが，科学者たちはそれらの時間に太陽のエネルギーを利用する別の方法を考え出した。

解説 第1段落後半が手がかりとなる。第3文（Researchers ...）以降では，太陽光の代わりに夜間は赤外線から電気を作る装置が開発されたことが述べられている。このことが言い換えられた**4**が正解。

(29) 解答 1

人工衛星ヴァンガード1号について，文章の筆者が言っていることの1つは何か。

1 打ち上げ以来，人工衛星に電力を供給する主な方法として太陽光発電が利用されるようになった。

2 太陽電池パネルの効率が悪いため，衛星自体のための十分な電気を作ることができなかった。

3 大気圏に阻まれて，発電した電気を地上に送り返すことができなかった。

4 太陽電池パネルは宇宙用ではなかったが，それでも電気を作ることはできた。

解説 第2段落第5文（In 1958, ...）に，ヴァンガード1号は太陽光から自らの電力の供給を作り出した最初の人工衛星であり，それ以来，太陽光発電は人工衛星のエネルギー源として好まれるようになったとあるので，内容が合致する**1**が正解。

(30) 解答 3

文章の筆者は太陽光発電所について何と言っているか。

1 太陽光発電所が生み出す追加の電力は，それが引き起こす環境破壊を正当化できるほど多くないかもしれない。

2 太陽光発電所を利用しても，地表に太陽電池パネルを設置する必要性は残る。

3 何年もの間，すでに使われている技術を利用するため，太陽光発電所を建設するという案は実現可能である。

4 欧州宇宙機関が利用を計画している人工衛星はより効率がよいため，ほかの機関よりも成功する可能性がとても高い。

解説 太陽光発電所については第3段落で触れられており，第2文（The idea ...）に「このアイデアは実現可能であると考えられる」とある。また，その理由として「電気を地上に送る技術は何十年も前から存在している」こと，さらには「通信衛星が電気をマイクロ波に変換して地上に信号を送っている」ことが述べられているから，**3**が正解。

(31) 解答 2

宇宙太陽光発電のさらなる発展を阻むかもしれない問題の1つは，

1 政府が科学研究費を削減したため，必要な技術を生み出すのに予想以上に時間がかかる可能性があることである。

2 人工衛星が停止した場合，停止した人工衛星をどのようにして処分するか，その解決策が見つかっていないことである。

3 宇宙太陽光発電所を作り出す技術はあるが，現状では，それを地球の軌道に乗せる方法がないことである。

4 宇宙ごみが宇宙太陽光発電所を損傷し，発電を阻む危険性があることである。

解説 第4段落第1文（The plans ...）で「宇宙太陽光発電の計画には，まだいくつかの障壁がある」と述べられており，第2文で具体的には，人工衛星が停止した場合，それをどのように処分するかが問題であると言われている。よって，**2**が正解。

NOTES

□capable
～する能力のある

□sufficient 十分な

NOTES

筆記4 問題 p.204

イギリスでは20世紀末に自動車保有台数が急増し，都市部では深刻な交通渋滞を引き起こした。特にロンドンは深刻な影響を受けたため，2003年には市街地への車の乗り入れ料金が導入された。データによれば，渋滞税として知られるこの料金によって，交通量が33%減少した。

この料金に賛成する人々は，渋滞税によって市内で生活し働く人々の生活が改善されたと述べている。自動車の排気ガスに含まれるある有害ガスの排出量は13%以上減少した。これによって，そのガスが原因で人々が呼吸困難に陥るリスクが減少した。また，この渋滞税は市に多額の収入をもたらした。この収入は公共交通機関を改善し，市内の移動をより簡単で快適にするために使用された。

その一方で，渋滞税によって一部のビジネスが悪い影響を受けたと批判する人々もいる。ロンドンで実施された調査によると，80%以上の店で渋滞税が導入されたあとに売り上げが落ちたことが報告された。店主の多くは，渋滞税が客に，店を訪れる気をなくさせたからだと考えた。

解答例

① London started making drivers pay a congestion charge to help decrease traffic downtown. ② This has made air quality in the city better and health risks lower. ③ Also, the revenues from the charge have been used to make the city's transportation systems more convenient. ④ Nevertheless, the shops in the area have been negatively affected, with owners reporting that it held people back from going there. (64語)

ロンドンでは中心街の交通渋滞を緩和させるため，ドライバーに渋滞税を課すようになった。その結果，市内の空気の質が改善され，健康上のリスクが減少した。また，税収入は市内の交通システムをより便利なものにするために使われた。それにもかかわらず，その地域の店舗には悪影響が出ており，店主たちは渋滞税によって人々がそこに行くことが妨げられたと報告している。

解説 問題文はロンドンで導入された「渋滞税」に関する文章である。第1段落では「渋滞税」が導入された背景とその結果について述べられている。第2段落では，「渋滞税」のメリットが2点紹介されており，第3段落では，「渋滞税」のデメリットが述べられている。続いて，各段落で押さえるべきポイントを詳しく見ていこう。

第1段落では，第1文が話題の導入，第2文と第3文が原因と結果の関係になっていることを押さえる。第1文では，「自動車保有台数が急増し，都市部では深刻な交通渋滞を引き起こした」という背景，そして第2文では，その対応策として「市街地への車の乗り入れ料金が導入された」ことを読み取る。第3文では，渋滞税を課すようになった結果，「交通量が減少した」ことを押さえておく。

第2段落では，第1段落で記述されている渋滞税の導入を受けて2つのメリットがあることが述べられている。1つ目のメリットである「ある有害ガスの排出量が減少したこと」が第2文から読み取れ，続く第3文で，有害ガスの排出量が減ったことによって，「そのガスが原因で人々が呼吸困難に陥るリスクが減少した」という結果をもたらしたことが述べられている。また，2つ目のメリットは，第4文から「市に多額の収入をもたらした」ことであるとわかり，続く第5文では，渋滞税による多額の収入が「公共交通機関を改善し，市内の移動をより簡単で快適にするために使用された」と説明されている。前後の文の関係をしっかりと把握しながら読み進めよう。

第3段落では，デメリットが紹介されている。第2文に「80%以上の店で渋滞税が導入されたあとに売り上げが落ちた」と具体的に説明されており，続く第3文に「店主の多くは，渋滞税が客に，店を訪れる気をなくさせたからだと考えた」とあるので，要点は「渋滞税によって客足が遠のき，売り上げが落ちた」ことであるとわかる。

問題文の要旨をつかんだ上で，解答例にある要約を見ていこう。

① 第1段落第1文と第2文の内容を因果関係に注意を払いながら1文にまとめると，「交通渋滞がひどいため，渋滞税を課すことにした」や「交通渋滞を緩和させるために渋滞税を導入した」という内容に言い換えることができる。解答例では，a fee for vehicles ... was introducedがmaking drivers pay a congestion chargeへ，city centerがdowntownへ言い換えられている。

② 第1段落で「渋滞税の導入」が述べられているため，解答例では，This has made ...「このことで…になった」という表現を用いて第1段落と第2段落の論理展開を明確にしながら，メリットの1つ目に言及している。第2段落第2文で述べられている「有害ガスの排出量の減少」は，has made air quality in the city better「市内の空気の質が改善された」と言い換えられ，第3文の「ガスが原因で人々が呼吸困難に陥るリスクの減少」は，(made) health risks lower「健康上のリスクが減少した」と言い換えられている。

③ 第2段落で述べられている2つ目のメリットについてまとめている。第2段落第5文で述べられている「公共交通機関を改善し，市内の移動をより簡単で快適にする」をconvenient「便利な」という語と〈make＋目的語＋補語〉の構文を用いてmake the city's transportation systems more convenient「市内の交通システムをより便利にする」のように言い換えている。②で1つ目のメリットを述べているため，解答例ではAlso, を文頭に付け加えていることにも注意しよう。

④ 最後に，第3段落で述べられているデメリットをまとめる。第2段落と対照的な内容を述べるので，解答例では逆接のつなぎ言葉Nevertheless, を用いて論理展開を明確にしている。次に，要点である「渋滞税によって客足が遠のき，売り上げが落ちた」という指摘があることを続ける。解答例では，第3段落第1文にあるa negative effect on some businessesがthe shops in the area have been negatively affectedに，第3文にあるdiscouraged customers from visiting their shopsがheld people back from going thereに，それぞれ意味を大きく変えずに言い換えられている。ほかにも，made less people go thereやfewer people were motivated to go thereなど様々な言い換えが可能である。解答例とは別に，どのような言い換えができるかを考えて，言い換えの練習を積もう。

NOTES

NOTES

□fine　罰金

□manufacture　～を生産する，製造する

□consequence　結果

□go out of business　廃業する，倒産する

□substance　物質

筆記5　問題 p.205

TOPIC

環境に損害を与える企業には罰金を支払わせるべきか。

POINTS

・企業利益
・自然
・技術
・健康

解答例

① In my opinion, companies should not have to pay fines for causing environmental damage. There are two reasons: negative effects on company profits and the use of environmentally friendly technology.

② It is true that manufacturing goods results in the production of greenhouse gases such as CO_2, but this is an unavoidable consequence of industrialization. If companies were made to pay fines, they could not make profits and would likely go out of business. This would result in a lack of goods for consumers to buy.

③ Furthermore, modern technology has greatly reduced the amount of harmful substances released into the atmosphere. Companies invest a lot of money to install this kind of technology, so it is unreasonable to also make them pay fines.

④ In conclusion, because of any risk of companies going bankrupt and the existence of cleaner technology, I do not think it is necessary for companies to pay fines. (150語)

私の意見では，企業は環境破壊を起こしたために罰金を支払わされるべきではありません。理由は2つあります。企業利益への悪影響と，環境にやさしい技術の使用です。

確かに商品を作るとCO_2などの温室効果ガスが発生しますが，これは産業化には避けられない結果です。罰金を支払わされれば，企業は利益を上げられなくなり，倒産する可能性が高くなります。そうなれば，消費者が購入する商品が不足することにつながります。

さらに，現代の技術は，大気中に放出される有害物質の量を大幅に減らしています。企業は多額の資金を投じてこのような技術を導入しているため，罰金まで支払わせるのは不合理です。

結論として，企業が倒産するリスクや，よりクリーンな技術の存在があるため，企業が罰金を支払う必要はないと考えます。

NOTES

解説 環境に損害を与える企業には罰金を支払わせるべきかどうかを問う問題である。トピックに対して，賛成と反対のそれぞれの立場からどのような論の展開ができるのかを確認していこう。

まずは，反対の立場をとった解答例を見ていこう。解答例では，トピックに対して「反対」の立場から，「企業利益」（②）と「技術」（③）の2つのポイントを取り上げて論じている。

① 「序論」は，賛否を明確にし，4つのポイントのうち2つを理由や根拠として提示するのが基本である。解答例では，罰金に反対の立場を明らかにし，選択したポイントである「企業利益」と「(環境にやさしい）技術」をその根拠として挙げている。

② 罰金への反対の1つ目の根拠には，罰金を支払わされれば，企業は利益を上げられなくなることが挙げられている。その結果，企業の倒産，さらには商品の不足につながることも指摘されている。

③ 罰金への反対の2つ目の根拠には，現代の技術は大気中に放出される有害物質の量を大幅に減らしており，このような技術への投資を行った企業に罰金を課すことは不合理であることが挙げられている。

④ 「結論」では，②と③で挙げた根拠を別の表現を用いて簡単に言い換えている。例えば，②の内容は“any risk of companies going bankrupt”とまとめられており，③の内容は“the existence of cleaner technology”とまとめられている。順番は前後してもかまわないが，解答例のように，②と③の内容のまとめに続けて，「反対」の立場であることを再度明確に述べて，論を締めくくるとよいだろう。

ここまで解答例をもとに，「反対」の立場からの論の展開を見てきたが，賛否の立場を2つのポイントから検証していくためには，十分な根拠や理由付けを用いて論証していく必要がある。どうしてもうまく論を組み立てられそうにない場合には，逆の立場から論を組み立ててみることも考えよう。罰金に「賛成」の立場から論じる場合，どのように論が展開できるであろうか。

例えば，「自然」と「健康」の2つのポイントから根拠を考えてみると，以下のような根拠を挙げることができる。

根拠1：「自然」

破壊された自然の復旧や自然を保護するためには，多額の資金が必要となることから，企業から罰金を取ることで，木を植えることや海洋ごみを取り除くことなど，自然を守るために必要な活動の資金を確保できるようになる。

根拠2：「健康」

環境破壊によって大気汚染が急速に進み，人や動物の健康を脅かす問題にもつながる。罰金制度を設けることで，企業の環境保護への意識向上が期待できる。その結果，環境汚染による生物への健康被害を減らすことができるはずである。

以上のように，根拠の書きやすさを考慮して柔軟に賛否の立場を変えることが1つのテクニックである。

NOTES

□over the top
大げさに

リスニング Part 1 46～58 問題 p.206～207

No. 1 解答 **3**

☆：Simon, can I ask your advice about something?
★：Sure. What's up?
☆：The people who live next door to me are really noisy. I think they must be students because they seem to have parties every night. Do you think I should report them to the police?
★：That sounds a bit over the top. Have you talked to your neighbors?
☆：Not yet. To be honest, I'm a little scared to go over there.
★：Maybe you should do that before you go to the police. They might be reasonable and agree to keep the noise down.
☆：OK, but could you come with me?
★：Of course.
Question: What will the woman do first?

☆：サイモン，ちょっと相談があるんだけどいいかしら？
★：もちろん。どうしたの？
☆：隣に住んでいる人たちがすごく騒がしくて。毎晩パーティーをしているようだから，学生なんだと思うわ。警察に通報したほうがいいと思う？
★：それはちょっと大げさな気がするな。お隣さんとは話をしたのかい？
☆：まだなの。正直なところ，お隣さんのところに行くのがちょっと怖いの。
★：警察に行く前に，そうしたほうがいいかもしれないよ。お隣さんたちは納得して騒音を抑えてくれるかもしれないし。
☆：わかったわ，でも一緒に来てくれる？
★：もちろんだよ。
質問：女性はまず何をするか。
1 警察に連絡する。
2 男性の家に行く。
3 **隣人と話をする。**
4 さらにアドバイスをもらう。

解説 隣人を警察に通報すべきかを相談する女性に対して，女性が隣人と話をしていないことから，男性は3番目の発言でMaybe you should do that（＝talk to your neighbors） before you go to the police. と提案している。続く発言で女性が提案に同意しているので，正解は**3**。

No. 2 解答 **4**

☆：Do you like this dress?
★：No, it looks too tight. Why don't you try the next size up?
☆：They don't have this in anything bigger. What should I do?
★：How about considering a whole new style, then? You don't have to focus only on this one.
☆：Hmm. I really don't see anything else in the store I like, though. Even if this isn't a perfect fit, I think I'm going to get it.
★：OK, but don't say I didn't warn you.
Question: What will the woman probably do?

☆：このドレスはどうかしら？
★：いや，あまりにもきつそうだよ。1つ上のサイズを試したらどう？
☆：これより大きいのはないの。どうしたらいいかしら？
★：それだったら全く別の服はどう？　こればかりに目を向ける必要はないよ。
☆：うーん。だけど私の好きなものはこの店ではほかに全然見つからないのよ。これがちょうどいいサイズじゃなくても，買おうと思うわ。
★：わかった。でも僕が忠告しなかったとは言わないでくれよ。
質問：女性はおそらく何をするか。
1 もっと大きいサイズを試着する。
2 別の店に行く。
3 ほかの服に目を向ける。
4 着ているものを購入する。

解説 女性の最後の発言にEven if this isn't a perfect fit, I think I'm going to get it.とあるので，**4**が正解。getが選択肢ではpurchaseと言い換えられている。

NOTES

No. 3 解答 **3**

★：Hello. I'd like to get a refund for these earphones I bought last week. I charged them fully, but I can't hear anything through the left one.
☆：Certainly, sir. Could I see your receipt?
★：Actually, I threw it away by mistake.
☆：In that case, I'm afraid we can't give you your money back. We can replace the earphones, though.
★：But they're your store's brand, so I couldn't have bought them anywhere else.
☆：I understand that, sir, but we still need a receipt.
★：I suppose I don't have a choice, then.
Question: What will the man probably do?

□refund 返金
□replace ～を取り替える

★：こんにちは。先週購入したこのイヤホンの返金をお願いしたいのですが。完全に充電したのですが，左のイヤホンから何も聞こえなくて。
☆：かしこまりました。レシートを見せていただけますか。
★：実は，誤って捨ててしまったんです。
☆：そうなると申し訳ございませんが，お代をお返しすることができません。イヤホンを交換することはできるのですが。
★：でも，そちらのお店のブランドのものなので，ほかでは買うことができなかったはずです。
☆：それは承知しておりますが，それでもレシートが必要です。
★：それじゃあ，仕方ないですね。
質問：男性はおそらく何をするか。
1 別の店に行く。
2 彼のレシートを探す。
3 代わりのイヤホンを手に入れる。
4 別のブランドのイヤホンを購入する。

□replacement 代わりの物

解説 女性によれば，返金にはレシートが必要であるが，イヤホンの交換はレシートがなくても可能であるという。レシートを紛失した男性の4番目の発言にI suppose I don't have a choice, then.とあり，男性はイヤホンの交換を依頼すると思われるので，正解は**3**。

No. 4 解答 **1**

☆：What's up, Nick? You look frustrated.
★：I've just had a meeting with the boss. She suddenly decided to make changes to the design my team's been working on.
☆：That sounds typical of her. She just can't leave things alone, can she?
★：I wouldn't mind so much if she knew what she was talking about. The changes she's demanding are problematic, but she just ignored my

□frustrated いらいらする
□leave *A* alone Aを放っておく
□problematic 問題のある

NOTES

team when they tried to explain why.
☆：She always thinks she knows better than everyone else.
★：Well, I hope she realizes how it makes us lose our motivation. I'm seriously considering finding another job.
Question: What is the man's opinion?

☆：どうしたの，ニック？　いらいらしているみたいだけど。
★：今，上司と会議をしていたんだ。彼女が僕のチームが手がけてきたデザインをいきなり変えることにしたんだ。
☆：いかにも彼女らしいじゃない。彼女は物事を放っておけないのよね。
★：彼女が自分の言っていることをわかっていたら，それほど気にすることはないんだけどね。彼女が要求している変更には問題があるんだけど，僕のチームが理由を説明しようとしても，彼女はただ無視するだけだったんだ。
☆：彼女はいつだって自分がほかの誰よりもよくわかっていると思っているのよ。
★：まあ，それがどれだけやる気をなくさせるか，わかってくれるといいのだけど。真面目に，僕はほかの仕事を探そうと考えているよ。
質問：男性の意見は何か。
1 **彼の上司は従業員の話を聞かない。**
2 彼の上司は腕のいいデザイナーだ。
3 彼のチームはもうすぐ会社を辞めそうだ。
4 彼のチームのデザインには問題がある。

解説 男性の意見は，男性の２番目の発言のshe just ignored my team when they tried to explain whyからうかがえる。ignore my teamを言い換えた**1**が正解。

No. 5 **解答** **2**

□get through ～　～をやり終える

□tip　有益なヒント，助言

★：Have you seen the reading list for Professor Fielding's next class?
☆：Yes, it looks interesting, but I'll never find the time to get through all the books on the list. It's so long.
★：Why not? All you need to do is make sure you always carry a book with you.
☆：Carry a book with me?
★：Yes. You can read pretty much anywhere: on the subway, on the bus, in line at the supermarket ...
☆：I never thought of that. Thanks for the tip.
★：You're welcome. You don't have to only study at your desk or in a library.
Question: What does the man suggest the woman do?

★：フィールディング教授の次の授業のための読書リストはもう見た？
☆：ええ，面白そうだけど，リストに載っている本を全部読む時間なんてとてもないわよ。多すぎるわ。
★：どうしてさ？　必ず本を持ち歩くようにするだけで済むことだよ。
☆：本を持ち歩くの？
★：そうだよ。どんな場所でもたいていは読書ができるよ。地下鉄の車内だって，バスに乗っているときだって，スーパーでレジに並んでいるときだって…。
☆：そんなふうに考えたことはなかったわ。助言してくれてありがとう。
★：どういたしまして。勉強するのに必ずしも机に向かったり図書館に行ったりする必要はないんだ。
質問：男性は女性に何をするよう提案しているか。
1 教授のところに相談に行く。
2 **さまざまな場所で勉強する。**
3 安く売っている本を探す。

4 図書館で情報を手に入れる。

解説 男性の3番目の発言が聞き取れるかがポイント。具体例を挙げて「どんな場所でもたいていは読書ができる」と助言しているので，正解は**2**。

NOTES

No. 6 解答 3

★：Honey, we have to make a decision about what to do with our cars before we move next month.

☆：I think we should try to get two parking spaces inside our new apartment building.

★：That might be difficult. I was told that the building generally has only one parking space reserved for each apartment unit.

☆：Does that mean there's no chance of getting an additional spot?

★：Well, I wouldn't say it's impossible, but if we sell off one of our cars now, we'll be ready for whatever happens.

Question: What does the man say about the new building?

☐sell off ～ ～を（安く）売り払う

★：ねえ，来月引っ越す前に自動車をどうするか決めないといけないね。

☆：新しいアパートビルの中に2台分の駐車スペースをなんとか確保したほうがいいと思うわ。

★：それは難しいかもしれないな。普通はアパート各世帯につき1台分の駐車スペースしか割り当てられないと言われたよ。

☆：それは，もう1台分の場所を確保できる可能性はないってこと？

★：うーん，不可能だとは言わないけど，今ある車のうちの1台を売っておけば，何が起きても対応できるよ。

質問：男性は新しいビルについて何と言っているか。

1 屋内の駐車場だけが利用できる。
2 駐車代はすべての人が無料である。
3 2台目の駐車スペースを確保するのは難しいかもしれない。
4 2台の車を駐車するのはとてもお金がかかる。

解説 男性は一貫して，新しいアパートビルの限られた駐車スペースに懸念を示しているので，正解は**3**。男性が最後の発言で車を1台処分することを提案しているので，これも正解への決め手となる。

No. 7 解答 2

★：Hey, Kelly. Are those new clothes?

☆：They sure are. I ordered them online.

★：Really? Aren't you worried about buying stuff over the Internet?

☆：Do you mean in case there are quality or shipping issues?

★：No, I'm more anxious about choosing the right size without trying something on, and also the actual color or shape might be a little bit different from what I expected. That's why I prefer to buy clothes in person.

☆：I think you worry too much. The store I use offers returns and replacements. I didn't have any problems with their services when I felt the jacket I purchased was too tight and asked for a refund.

Question: What does the man imply?

☐shipping 配送

☐in person じかに，直接自分で

★：やあ，ケリー。それは新しい服だね？

☆：そのとおりよ。オンラインで注文したの。

★：本当？ インターネットで買い物をするのは心配じゃない？

NOTES

☆：品質や配送に問題があるかもしれないってこと？
★：いや，試着をしないで正しいサイズを選ぶのが心配だし，実際の色や形が期待していたものと少し違うことだってあり得るだろう。だから，自分で出かけて行って買うほうがいいな。
☆：心配しすぎだと思うわ。私が使うお店は返品と交換もしてくれるの。購入したジャケットがきつすぎると思って返金をお願いしたときはサービスに何も問題なかったわよ。
質問：男性は何をほのめかしているか。
1 彼は新しい服を買う必要がある。
2 彼はオンラインで衣料品を買わない。
3 ケリーの新しい服は彼女に合っていない。
4 ケリーは新しい服を返品すべきである。

解説 男性の3番目の発言の最後にあるI prefer to buy clothes in personが言い換えられた**2**が正解。放送文中の「自分で出かけて行って買うほうがいい」の部分が，選択肢では「オンラインで衣料品を買わない」と言い換えられていることに気付けるかどうかがポイントである。

Will that be a problem?（「大丈夫？（問題はある？）」）という問いかけに対して，Noと返答すれば「問題がない」，すなわち，「大丈夫」という肯定的な返答となる。

□temporary 一時的な，仮の

□qualification 必要条件

No. 8 解答 2

☆：John, I'm going to have to ask you to work overtime again. Will that be a problem?
★：No, I'm happy to help. But weren't you going to hire some temporary staff?
☆：I already asked the staffing agency, but they're taking longer than usual to respond.
★：Perhaps your request was hard to fill.
☆：You may be right. I wasn't too pleased with the workers' performance last time, so I added some additional qualifications this time.
★：Finding the right help isn't always easy, is it?
☆：No, that's why I'm glad I can rely on you.
Question: What do we learn about the woman?

☆：ジョン，また残業を頼みたいんだけど，大丈夫かな？
★：大丈夫ですよ。喜んでお手伝いします。でも臨時の職員を雇うつもりじゃなかったんですか。
☆：すでに人材派遣会社に頼んだんだけど，返事がいつもよりも長くかかっているの。
★：たぶん，あなたの要求に応えるのが難しいんですよ。
☆：そうかもしれないわね。この前の職員たちの仕事ぶりにはあまり満足できなくて，今度はいくつか必要条件を付け加えたの。
★：適切な人材を見つけるのはいつでも簡単にいくわけじゃないということですね。
☆：ええ，だからあなたに頼れるのがうれしいのよ。
質問：女性について何がわかるか。
1 彼女は自分の同僚を信頼できない。
2 彼女はときどき臨時職員に苦労している。
3 彼女は町内で人材派遣会社を見つけられない。
4 彼女は男性に残業をしてほしくない。

解説 女性の3番目の発言に，I wasn't too pleased with the workers' performance last timeとあり，臨時職員に満足できなかったことがあったとわかるので**2**が正解。

NOTES

No. 9 解答 **4**

☆：Do you have any plans for the summer, Jacob?
★：Actually, I'm going back to my hometown for a couple of weeks. I have a house there that I use for vacations.
☆：I thought you grew up here in the city.
★：No, I come from a small village by the sea. It's a beautiful place, and the seafood is just wonderful.
☆：That sounds like a great place for a holiday. I wish I could go there myself.
★：If you do, I will treat you to some great seafood. Just let me know.
☆：That would be lovely!
Question: What does the man tell the woman?

That would be lovely. は「楽しみだ，素敵だ」という肯定的な反応を示す定型句。特にイギリス英語で，人の申し出に同意する場合や，異論がない場合に用いる。

☆：夏は何か予定があるの，ジェイコブ？
★：実は，数週間ほど故郷に帰る予定なんだ。休暇で使う家があるんだ。
☆：ここの町で育ったんだと思ってたわ。
★：いや，僕は海のそばにある小さな村の出身なんだ。きれいな場所で，魚介類が本当に素晴らしいんだ。
☆：休暇にはうってつけの場所のようね。私も行ってみたいわ。
★：もし来てくれたら，おいしい魚介類をごちそうするよ。その時は言ってね。
☆：楽しみだわ！
質問：男性は女性に何を言っているか。

1 彼女は都会へ戻ったほうがいい。
2 彼女は魚介類を食べるのを控えたほうがいい。
3 彼女は2週間の休暇を取得できる。
4 彼女は彼の故郷でおいしい食事をごちそうしてもらえる。

解説 女性の3番目の発言のI wish I could go there myself. に対して，男性はIf you do, I will treat you to some great seafood. と返答している。男性が故郷で女性にごちそうすると言っているので，正解は**4**。

No. 10 解答 **1**

☆：So, what kind of restaurant did you book for tonight?
★：Oh, no. I forgot. Sorry, it totally slipped my mind.
☆：Oh, Tommy! How could you forget our anniversary dinner! We only get one chance a year to celebrate.
★：Well, there's a new pizza place up the road ...
☆：I was thinking of somewhere more special for tonight. We rarely treat ourselves.
★：You're right. But it might be hard to get a reservation at the last minute. How about if we have pizza tonight and then tomorrow, I'll book a table at that French restaurant I took you to on our first date?
☆：Now, that sounds like a good plan.
Question: What will the couple probably do tonight?

□slip *one's* mind
うっかり忘れる

□treat *oneself*
自分にごほうびをあげる

☆：それで，今夜はどんなレストランを予約したの？
★：ああ，まずい。忘れてた。すまないね，すっかり抜け落ちていたよ。
☆：もう，トミー！　どうやったら記念日のディナーを忘れられるのよ！　1年に1回しかないお祝いの機会なのよ。
★：ええと，道の先に新しいピザ屋さんがあるけど…。
☆：今夜はどこかもっと特別なところを考えていたの。私たち，めったにぜいたくしないんだから。
★：そうだね。でも直前じゃ予約を取るのはきっと大変だよ。今夜はピザにして，

NOTES

それで明日，最初のデートで僕が君を連れて行ったあのフランス料理店の席を予約するのはどうかな。
☆：ええ，それはいいプランね。
質問：夫婦は今夜おそらく何をするか。
1 **ピザを食べに出かける。**
2 特別なレストランの席を取ろうとする。
3 家でのんびりと食事する。
4 フランス料理店に食事に出かける。

解説 記念日の食事についての夫婦の会話。男性の最後の発言にある「今夜はピザにして，明日はフランス料理店の席を予約する」という提案に対し，女性はthat sounds like a good planと言って同意していることから，正解は**1**。

□out of breath
息が切れて

No. 11 解答 **3**
☆：You look out of breath. Are you OK?
★：I'm fine, thanks. I've just been jogging. I'm training for a five-kilometer race next month.
☆：I didn't know you liked running.
★：Yeah, I try to do three or four races a year. Why don't you run this upcoming one with me? It'd be fun, and this is a great way to stay in shape.
☆：Mmm ... I'll think about it. I'm really not prepared for anything so tough physically. I'm five pounds overweight!
Question: What is the woman's problem?

□pound
ポンド（＝約454グラム）

☆：息切れしているようね。大丈夫？
★：ありがとう，大丈夫だよ。ついさっきまでジョギングしていたんだ。来月の5キロレースのためにトレーニングしているところなんだ。
☆：あなたが走ることが好きだなんて知らなかったわ。
★：うん，僕は年に3，4回はレースに参加するようにしているんだ。僕と一緒に今度のレースに参加してみない？　きっと楽しいし，健康維持にはもってこいだよ。
☆：うーん…考えておくわ。そんなに体にきつそうなものには全く準備ができていないのよ。体重も5ポンドオーバーしているんだから！
質問：女性の問題は何か。
1 彼女はマラソンをして疲れている。
2 彼女は練習に遅刻している。
3 **彼女は体のコンディションがそれほどよくない。**
4 彼女は食事制限に従うことができない。

解説 女性の最後の発言から，女性は今，レースに出られるようなコンディションではないとわかるので，正解は**3**。

No. 12 解答 **4**
★：Hey, Emily. Did you hear the company's changing its gas policy?
☆：Yeah. I heard they're going to pay us for the gas we use commuting to work on a per mile basis from now.
★：I like it because my car uses very little gas per mile.
☆：I don't like it because everyone gets the same amount of money for each mile regardless of what kind of car you drive. I may end up losing money.
★：Are you saying your car uses a lot of gas?

□on a ～ basis
～基準で，～方式で

□end up ～（予想や意志に反して）最終的に～になる

NOTES

☆：That's right. And things will be even worse if we happen to get stuck in a traffic jam or something.

Question: What is the woman's concern?

★：やあ，エミリー。会社がガソリン代の方針を変えるのを聞いた？
☆：ええ。今後，通勤にかかるガソリン代をマイル数に基づいて支払うそうね。
★：僕の自動車はマイルあたりの消費ガソリンが少ないからそれがいいな。
☆：私はいやだわ。だって，どんな車を運転しているかにかかわらずマイルあたりみんな同じ金額をもらうんだもの。私は結局損するかもしれないわ。
★：君の自動車はたくさんガソリンを使うっていうことかい？
☆：そのとおりよ。交通渋滞やら何やらで立ち往生したら，もっと分が悪くなるわ。

質問：女性の心配事は何か。

1 将来もっとたくさん運転しなければならなくなる。
2 最近交通渋滞が多い。
3 彼女の住まいは会社に近すぎる。
4 新しい方針は彼女の得にならないかもしれない。

解説 女性は「マイルあたり同じガソリン代が支給されると，自分の車は燃費が悪いので損をする」と主張しているので，正解は**4**。

NOTES

□reflection 反映，投影

□narcissism ナルシズム，自己愛

□reach out to ～ ～に考えを伝える

リスニング Part 2 59～65 問題 p.208～209

(A) Taking Selfies

The first photographic self-portrait was taken in Pennsylvania in 1839 by Robert Cornelius, beginning the tradition that has now evolved into the selfie. Today, people can easily take snapshots of themselves and their environment with digital cameras and smartphones and share them through websites or social media. However, selfies are not always accepted by society. One common complaint in the US is that the selfie is a reflection of American youths and their narcissism.

Many sociologists believe that selfies have changed society in meaningful ways. First, people can share their status through pictures, which visually represent their relationships, feelings, and surroundings. Also, selfies can be used to spread messages and reach out to others. For example, activists have taken self-portraits that include handwritten political messages. Lastly, they celebrate everyday people and their appearance, because people can get fashion advice from friends or social media rather than having to rely solely on the media.

Questions: No. 13 What is an issue concerning selfies?

No. 14 According to sociologists, what is one way that society has been changed by selfies?

自分で自分の写真（セルフィ）を撮る

現在セルフィへと発展した慣習の始まりとなった，自分自身を撮った最初の写真は，1839年にペンシルベニア州でロバート・コーネリウスによって撮影された。今日，人々はデジタル・カメラやスマートフォンを使って自分自身や自分たちの身の回りのスナップショットを簡単に撮り，ウェブサイトやソーシャルメディアを通じて共有することができる。しかし，セルフィは常に社会に受け入れられているわけではない。アメリカ合衆国における1つのよくある不満は，セルフィはアメリカの若者と彼らのうぬぼれの反映であるということである。

多くの社会学者は，セルフィは社会を有意義な方法で変化させてきたと信じている。第一に，人々は自分の人間関係や感情，そして自分を取り巻く環境を視覚的に表す写真を通して，自分の状況を共有することができる。また，セルフィはほかの人にメッセージを広め，考えを伝えるために使うことができる。例えば，活動家は手書きの政治的メッセージを含む自分自身の写真を撮影してきた。最後に，セルフィは一般の人々やその姿を賛美している。なぜなら，人々はマスメディアだけを当てにしなければならないのではなく，友人やソーシャルメディアからファッションのアドバイスを得ることができるからである。

No. 13 解答 **1**

質問：セルフィにかかわる問題は何か。

1 その行動を評価しない人もいる。
2 多くの人は写真を撮るのが不得手だ。
3 写真を共有することはあまりにも費用がかかる。
4 高齢者は自分の写真を共有するのを好まない。

解説 第1段落第3文（However, ...）で，「セルフィは常に社会に受け入れられているわけではない」とあり，続く第4文にその具体例があげられている。これらと選択肢**1**にある「その行動を評価しない人もいる」という記述が内容的に一致しているので，正解は**1**。

NOTES

No. 14 解答 3

質問：社会学者によれば，セルフィが社会を変化させてきた方法の1つは何か。

1 直接会って行うコミュニケーションはもはや重要でない。
2 セルフィはファッション雑誌で使用されている。
3 **人々は画像を用いて自分自身を表現することができる。**
4 社会的に不利な立場に追い込まれた人がいる。

解説 第2段落では，社会学者が主張する，セルフィが社会を変化させた3つの方法が述べられている（First ..., Also ..., Lastly ...）。いずれの方法もセルフィを通じて自己表現（express themselves）することで社会を変化させることを可能にしてきたことが述べられているので，正解は**3**。

(B) Vehicles of the Future

Sales of electric vehicles, or EVs as they're more commonly known, have increased rapidly in recent years. However, natural supplies of the raw materials needed to manufacture the batteries for EVs may soon run out. What is more, removing these materials from the ground causes direct damage to nature and leads to the release of large amounts of CO_2. Because of these issues, there has been growing interest in hydrogen vehicles as an alternative to EVs.

□run out
なくなる，使い切る

One advantage of hydrogen vehicles is that they produce no harmful emissions, since the only waste product produced by creating energy from hydrogen is water. Furthermore, the vehicles can be filled with hydrogen in just a few minutes, while EVs can take hours to recharge. However, only a few car manufacturers have started producing hydrogen vehicles. One reason is the current lack of refueling stations for the vehicles. A further problem is safety, as hydrogen burns easily and has to be stored at high pressure.

Questions: No. 15 Why is there growing interest in hydrogen vehicles?
No. 16 What is one reason only a few car manufacturers are producing hydrogen vehicles?

未来の自動車

近年，電気自動車，すなわち，よく知られているところのEVの販売台数が急増している。しかし，EV用の電池を作るための原材料の自然からの供給は，もうすぐ枯渇してしまうかもしれない。さらには，地中からこれらの材料を取り出すと，自然への直接的なダメージとなり，大量のCO_2が排出されることにつながる。これらの問題のため，EVの代替として水素自動車に注目が集まっている。

水素自動車の利点の1つは，水素からエネルギーを作ることによって生じる廃棄物が水だけなので，有害な排気ガスが発生しないことである。さらに，EVが充電に数時間かかるのに対して，水素自動車には水素がほんの数分で充填できる。しかし，水素自動車の生産に着手している自動車メーカーはわずかである。その理由の1つは，今のところ，水素を充填するためのステーションが不足していることである。さらに，水素は燃えやすく，高圧で貯蔵しなければならないため，安全性にも問題がある。

No. 15 解答 2

質問：なぜ水素自動車への関心が高まっているか。

1 EVの販売台数は予想されたほど伸びていないから。
2 **EV用の電池を作ると，環境に悪い影響を与えるから。**
3 EVメーカーが需要に見合うだけの車両を生産できないから。

模擬テスト

NOTES

4 EV用の代替電池の開発が難しいから。

解説 第1段落第3文（What ...）で，EV電池の材料の採取がCO_2の排出と関連があると述べられている。放送文のdamage to natureをharm to the environmentと言い換えた**2**が正解。

No. 16 解答 **2**

質問：水素自動車を製造している自動車メーカーが少ない理由の1つは何か。

1 自動車の製造コストが高い。
2 燃料を購入できる場所が少ない。
3 水素を作る際に有害物質が発生する。
4 燃料補給に時間がかかる。

解説 第2段落後半が解答の決め手。「水素自動車の生産に着手している自動車メーカーはわずかである」ことが述べられた後に，第4文でOne reason ...とその理由の1つが述べられている。「水素を充填するためのステーションが不足している」とあるので，**2**が正解。

(C) Change of Voting Rates in the World

The number of people who vote in national elections has been declining around the world. Statistics show that voting rates in democratic countries today are around 66 percent, which can be compared to 76 percent in the 1960s. Experts believe this is bad for a large portion of the population because when fewer people vote, governments feel under less pressure to listen to public opinion. As a result, governments do not effectively create public policies which reflect upon the opinions of the general public.

A reason commonly given for voter decline is dissatisfaction with governments, but a recent study suggests this might not be true. In fact, the study showed that economic development has the biggest influence on voting rates. It appears that in rich nations with advanced economic development, people are less likely to obey their government and no longer feel a duty to vote. The study also suggested that because the frequency of elections has increased, people have become tired of going to them and voting.

Questions: No. 17 What is one thing the speaker says about voting rates?
No. 18 What does a recent study suggest?

□a large portion of ～ ～の大部分
□pressure 圧力
□be less likely to *do* ほとんど～しそうにない
□be(come) tired of ～ ～に嫌気がさす，うんざりする

世界の投票率の変化

国政選挙で投票する人の数が世界的に減ってきている。統計によると，民主主義国の投票率は現在約66%で，これに対して1960年代には76%であった。専門家によると，投票率が下がると，世論に耳を傾けなければならないという政府への圧力が弱まるため，国民の大部分にとってよくないことだという。結果として，政府は一般大衆の意見を反映した社会政策をあまり作らなくなる。

投票率低下の理由としてよく言われるのは，政府への不満であるが，最近の研究では，そうではない可能性があることが示唆されている。実は，投票率に最も大きな影響を与えるのは経済発展であることが，この研究で明らかになった。経済発展の進んだ豊かな国では，人々は政府に従順でなくなり，投票する義務も感じなくなるようだ。また，選挙の回数が増えたため，人々は選挙に行って投票するのがいやになったということも示唆されている。

No. 17 解答 **4**

質問：投票率について，話者が言っていることの1つは何か。

1 政府はそれらを76%に増やそうとしている。
2 1960年代以降，同じままである。
3 高い投票率は貧しい人々よりも金持ちのためになる。
4 低い投票率により，政府は人々の声を聞かなくなる。

解説 第1段落後半に注目する。第3文（Experts ...）で「投票率が下がると，世論に耳を傾けなければならないという政府への圧力が弱まる」とあり，また第4文（As ...）で「政府は一般大衆の意見を反映した社会政策をあまり作らなくなる」とあるので，正解は**4**。

No. 18 解答 **1**

質問：最近の研究で示唆されていることは何か。

1 国の豊かさがどれだけの人が投票するかに影響する。
2 貧困にあえぐ人々は，政治に関心を持たなくなる。
3 今後，選挙が少なくなる。
4 政府への失望が，人々の投票意欲を失わせる。

解説 第2段落第2文（In fact ...）から，「投票率に最も大きな影響を与えるのは経済発展である」ことがわかるので，**1**が正解。放送文の（advanced）economic developmentが選択肢ではA country's wealthと言い換えられている。

NOTES

(D) Anti-gluten Food Trends

People have been consuming gluten, commonly in the form of wheat, for at least ten thousand years. However, in the US, the demand for gluten-free foods has given rise to a multi-billion dollar industry. This trend is fueled by concerns about the human body's intolerance to digesting gluten. Some dieters even believe that gluten can make you fat. As wheat consumption falls, lesser-known gluten-free grains such as quinoa or sorghum have become more popular, leading to new food trends and recipes.

However, experts claim that gluten-free products only benefit the 1 percent of the US population who were born with celiac disease, a condition that hurts the small intestine when gluten is consumed. In fact, their research suggests that many Americans who avoid gluten are actually increasing their health risks. This is because the foods they eat instead are often low in vitamin B, calcium, and fiber. Regardless of this warning, this market is likely to continue to grow.

Questions: No. 19 What is one reason for the growth of the gluten-free food industry?

No. 20 What is mentioned as a problem for people who follow the anti-gluten trend?

□intolerance　アレルギー
□digest　～を消化する
□intestine　腸

非グルテン食品の流行

人々は，少なくとも1万年にわたり，一般に小麦の形態でグルテンを消費してきた。しかし，アメリカ合衆国においては，グルテンを含まない食品の需要が数十億ドルの産業を生んだ。この流行は，グルテン消化に対する人体のアレルギーについての懸念によって勢いづいている。ダイエットをする人の中には，グルテンを食べると肥満になると信じる者さえいる。小麦の消費量が減少するにつれて，キノアやソルガムのような，あまり知られていないグルテンを含まない穀物にはいっそう人気が出て，新しい食品の流行とレシピをもたらしている。

NOTES

しかし，グルテンを含まない製品は，アメリカ合衆国の人口の1%にあたる，グルテンを食べると小腸を傷つける病気であるセリアック病を生まれつき持つ人々にしか恩恵を与えないと専門家たちは主張する。事実，専門家の研究では，グルテンを避ける多くのアメリカ人が実際に健康リスクを高めていると示唆している。これは，彼らが代わりに口にする食品はしばしば，ビタミンBやカルシウム，食物繊維が少ないからである。この警告にもかかわらず，この市場は成長し続けそうである。

No. 19 解答 **3**

□try out ～　～を試す

質問：グルテンを含まない食品産業の成長の理由の1つは何か。

1 消費者は，新しい食品を試すことに関心があるから。
2 グルテンを含まない穀物は小麦より安いから。
3 **人々はグルテンの身体への影響を心配しているから。**
4 近ごろ，小麦は供給不足だから。

解説 第1段落第3文（This trend ...）で，グルテンを含まない食品産業の成長は「グルテン消化に対する人体のアレルギーについての懸念によって勢いづいている」とあるので，正解は**3**。放送文中のthe human body's intolerance to digesting gluten が選択肢では the effects of gluten on the body に言い換えられている。

No. 20 解答 **1**

質問：非グルテンの流行に追随する人々に対する問題として何が言及されているか。

1 **人々は適切な栄養を摂取しないかもしれない。**
2 グルテンを含まない食物はあまりに常食癖がつきやすい。
3 小腸の病気を引き起こす危険がある。
4 グルテンを含まない食品の価格はもっと高くなるだろう。

解説 第2段落第3文（This is ...）にあるように，グルテンを含まない食品を好む人々が代わりに食べる食品には，しばしばビタミンBやカルシウム，食物繊維が少ない。それはつまり may not get proper nutrition と言えるので，正解は**1**。

(E) Wellness in the Workplace

□monetary　金銭上の
□run　～を運営する
□installation　取り付け

One of the more recently introduced company benefits in the US is the workplace wellness program. A typical program offers financial support for health insurance for all employees and includes health education, gym fitness courses and medical check-ups. Recently, the federal government has started giving monetary aid to some companies that run these programs. As a result, many companies are offering them instead of expensive office benefits such as the installation of kitchens or lounges.

However, there have been issues with this trend. As part of cost-reduction measures, some companies have decided to set requirements that are so strict that they only have to reward the few employees that meet them. For example, smokers or unhealthy workers may get little or even no support for their health insurance. Another concern is that government analysts have found that these programs fail to reduce the nation's overall healthcare costs. Lastly, some employees dislike the fact that their health could be monitored by their companies.

Questions: **No. 21** What do we learn about the workplace wellness program?
No. 22 What is one problem with the workplace wellness

program?

職場における健康推進

アメリカ合衆国において比較的最近導入された福利厚生の1つは職場の健康推進プログラムである。典型的なプログラムは，すべての従業員に健康保険の金銭的援助を提供し，また健康教育，ジムのフィットネス・コースや健康診断を含んでいるものだ。最近，連邦政府はこれらのプログラムを運営するいくつかの企業に財政援助を提供し始めた。その結果，多くの企業が，給湯室や休憩室の設置などの高価なオフィス設備上の福利厚生に代えて，このプログラムを提供している。

しかし，この傾向にも問題はある。コスト削減手段の一部として，条件を厳格に設定して，その条件を満たす少数の従業員のみに報いればよいように決めてしまった企業もある。例えば，喫煙者や不健康な労働者は健康保険の援助をほとんど，あるいは全く得られない可能性がある。もう1つの懸念は，これらのプログラムが国の総合的な医療費の削減に役立っていないということを政府の分析家が発見したことである。最後に，自分の健康について会社が監視できるという事実を嫌う従業員もいる。

No. 21 解答 2

質問：職場の健康推進プログラムについて何がわかるか。

1 それらは政府によって運営されている。
2 **労働者は複数の方法で利益を得ることができる。**
3 給湯室や休憩室が含まれている。
4 従業員は参加するよう求められている。

解説 第1段落第2文（A typical ...）で，職場の健康推進プログラムについて説明されている。その内容として，健康保険の金銭的援助，健康教育，ジムのフィットネス・コース，健康診断といった複数の福利厚生が挙げられているので，**2**が正解。政府は企業に財政援助することはあるが，プログラムの運営はあくまでも企業がするので，**1**は誤り。

No. 22 解答 2

質問：職場の健康推進プログラムの問題の1つは何か。

1 正確な健康データを収集することは困難である。
2 **従業員の中には不公平に待遇されている者もいる。**
3 政府は健康推進プログラムを援助する金を使い果たした。
4 国の医療費は急増している。

解説 第2段落にはプログラムの問題点が3点，挙げられている。そのうちの1つは第2文(As part ...)～第3文にあり，条件の設定の仕方によっては喫煙者や不健康な労働者がほとんど援助を得られない可能性があると述べられている。待遇に不平等な点があることから，正解は**2**。

(F) Population Decline in Rapa Nui

Rapa Nui, also known as Easter Island, has a long-standing mystery, and that is the fate of the native Polynesians who had lived on the island from the 13th century. At a certain point in the 18th century, the island's population dropped from its high of 15,000 to 2,000 people. One proposed explanation by experts is that the natives died as a result of war and disease spread by contact with Europeans in 1722. Another view is that the people were killed before the Europeans appeared, due to internal political conflict.

Through archaeological and environmental research, New Zealand

NOTES

□fate 運命

□archaeological 考古学的

NOTES
□anthropologist 人類学者
□starve to death 餓死する
□massive 大規模な
□fertile 肥沃な
□intruder 侵入者
□inhabitant 住民

anthropologists have come up with a theory that holds that the natives starved to death. Over the centuries, massive climate changes occurred, and the natives suffered due to drought. As different parts of land became dry, including the island's most fertile areas, food production was cut, and the natives were forced to move to locations that could best provide them with food.

Questions: No. 23 What is one idea suggested about the natives?
No. 24 What does the theory by New Zealand anthropologists say about the natives?

ラパ・ヌイにおける人口減少

イースター島としても知られているラパ・ヌイには，長年の謎がある。それは，13世紀からこの島に住んでいた先住ポリネシア人の運命である。18世紀のある時点で，この島の人口は最大時の1万5,000人から2,000人まで減少した。専門家から提唱されている1つの説明は，先住民は，1722年のヨーロッパ人との接触による戦争と疾病の拡大の結果死んだというものである。もう1つの見解は，人々は，内部の政治紛争によって，ヨーロッパ人が現れる前に殺されたというものである。

ニュージーランドの人類学者たちは，考古学研究や環境研究によって，先住民は餓死したという理論に至った。何世紀にもわたって大きな気候変化が生じ，先住民は干ばつに苦しんだ。島の最も肥沃な地域も含め，土地のさまざまな場所が乾燥するにつれ，食料生産は減少し，先住民たちは，自分たちに食料を最も供給できる場所に移動することを余儀なくされた。

No. 23 解答 3

質問：先住民について示唆されている見解の1つは何か。

1 彼らは外国の侵略者から逃れた。
2 彼らの土地はヨーロッパ人に奪い取られた。
3 **彼らは外部の人間の到来のために病気になった。**
4 彼らは戦いでヨーロッパ人を打ち負かすことができた。

解説 第1段落では大幅な人口減少の原因として2つの見解が紹介されている。その1つが第3文（One ...）にあり，先住民はヨーロッパ人との接触による戦争と疾病の拡大の結果死んだと述べられているので，**3**が正解。

No. 24 解答 4

質問：ニュージーランドの人類学者たちによる理論は先住民について何を言っているか。

1 島の住民の住居が自然災害で破壊された。
2 住民は食料生産に熟練していなかった。
3 島中を移動してまわることは，先住民の文化の一部だった。
4 **水不足が人々の生存率に影響した。**

解説 第2段落第2文（Over ...）に，先住民は干ばつに苦しんだとある。これ以降でも，土地が乾燥するにつれ食料が手に入る場所への移動を余儀なくされたとあるので，先住民の生存に関わる問題は水不足だったことがわかる。よって，正解は**4**。

リスニング Part 3 66〜71 問題 p.210〜211

(G)

No. 25 解答 **2**

Your attention, please. Train Number 873 from Baltimore is delayed due to snow on the tracks. It will now arrive at approximately 10:30 p.m., instead of 9:15. Passengers may board that train on Track 21 for onward travel to Cleveland, Memphis, and points beyond. Train Number 918 for Detroit is now arriving. Passengers reserved on that train should proceed to Track 36 within the next 15 minutes. Passengers transferring from Train Number 401 to Train Number 412 to Los Angeles can board ahead of schedule, at 11:10 on Track 14. Please do not leave bags unattended at any time. Unattended bags will be removed by security.

お知らせします。ボルチモアからの873番列車は線路上の雪のために遅れております。現在のところ到着時刻は，午後9時15分ではなく，10時30分ごろになる予定です。クリーブランド，メンフィス，またはその先まで行かれるお客さまは，21番線からその列車にご乗車になれます。デトロイト行きの918番列車がまもなく到着いたします。その列車を予約したお客さまは15分以内に36番線にお進みください。401番列車からロサンゼルス行き412番列車に乗り継ぎをされるお客さまは14番線で予定より早い11時10分にご乗車できます。かばんは常に肌身離さずお持ちください。持ち主が見あたらないかばんは警備員により取り除かれます。

状況：あなたは駅にいる。あなたはデトロイトまでの列車を予約している。次のアナウンスが流れる。

質問：あなたは何をすべきか。

1 873番列車が到着するのを待つ。
2 **15分以内に36番線に行く。**
3 14番線で412番列車に乗り換える。
4 かばんをセキュリティーチェックに通す。

解説 列車番号，行き先，到着時間，発着ホーム番号などを整理して聞く。あなたの目的地であるデトロイトまで行く列車の情報は第5文（Train Number 918 ...）〜第6文にある。よって，正解は**2**。

NOTES

due to 〜「〜が原因で」，proceed to 〜「〜に向かう」，transfer from *A* to *B*「AからBに乗り換える」，ahead of schedule「予定よりも早く」などは，交通に関するアナウンスにはよく使われる表現なので覚えておこう。

□board （〜に）乗車［乗船］する
□onward 〜以遠へ
□unattended 付き添いのない

NOTES

□quarter　四半期

□endorsement
宣伝，推薦

□narrow ～ down to ...
～を…に絞り込む

□head　（権力の）長，頭

(H)

No. 26 解答 **3**

Thank you all for coming. As you know, we are launching a new product next quarter, the Cloud Lady dress line. We have to support the launch through a variety of promotions. These might include TV, radio or Web advertisements, celebrity endorsements, or other techniques or events. Right now, I'd like you to discuss which of these would be most helpful to us. After that, directors will meet tomorrow to narrow them down to two of these options, and then Ted and Lisa's team will make presentations on these a week after that.

皆さん，お越しいただきありがとうございます。ご存じのとおり，次の四半期に新製品の販売を開始する予定です。クラウド・レディというドレスシリーズです。私たちはさまざまなプロモーションによって，この発売を支えていかなければなりません。これにはテレビやラジオ，ウェブでの広告，有名人による推薦，その他の手法やイベントが含まれます。今から，これらのうちどれが最も効果があるかを皆さんに話し合ってもらいたいのです。そのあとで，役員が明日会議をして，これらの選択肢を2つに絞り込み，それからテッドとリサのチームにはその1週間後にこれらについてプレゼンをしてもらいます。

状況：あなたはマーケティング部の同僚と会社の会議に出ている。部長から次の話を聞く。

質問：あなたはただちに何をすべきか。

1 クラウド・レディのドレスの販売実績を説明する。
2 どんな種類の製品が最も人気が出るかを調査する。
3 さまざまなマーケティングの選択肢について話す。
4 テッドとリサのチームにプレゼンをする。

解説 マーケティングの会議に参加しているあなたが今すべきことは，第5文（Right now, ...）にある。discuss which of these would be most helpful to us「これら（の選択肢）のうちどれが最も効果があるかを話し合う」とあるので，正解は**3**。

(I)

No. 27 解答 2

Good morning. Before I start today's lecture, I'd like to remind you of the attendance policy for this course. I expect you to attend all classes, and you'll lose five points off your final grade for every class you miss. Exceptions will only be made for unavoidable situations such as sickness and family emergencies. In such cases, you should complete a permission form and submit it to me. The forms are available at the University Office. Also, if you know you're going to miss a class, please inform me in advance by e-mail. If you are absent, it's your responsibility to find out about any assignments that I give in class. That's important because material from all classes will be included in the final exam.

おはようございます。今日の講義を始める前に，この授業の出席規定について念を押しておきたいと思います。私は皆さんにすべての授業に出席してほしいと思っており，1回欠席するごとに最終成績から5点を減点します。病気や家族の緊急事態など，やむを得ない場合に限り，例外を認めます。そのような場合は，許可書に記入して私に提出してください。用紙は大学の事務室で入手できます。また，授業を欠席することが前もってわかっている場合には，事前にメールで私に知らせてください。欠席した場合，私が授業で出す課題について調べるのは，皆さんの責任です。すべての授業の教材が期末試験の範囲に含まれるため，それは大事なことです。

状況：あなたは大学での授業中である。あなたはインフルエンザに罹患したため，先週，授業を1回欠席した。教授は全員に次のように言っている。

質問：5点を失うことを避けるためにあなたは何をすべきか。

1 教授にメールを送る。
2 大学の事務室で入手する用紙に記入する。
3 追加の宿題を完成させる。
4 別の日に試験を受ける。

解説 教授の第5文の発言のIn such cases, you should complete a permission form and submit it to me.が手がかりとなる。また，第6文（The forms ...）で用紙は大学の事務室で入手できることが述べられている。これらの情報がまとめられている**2**が正解。

NOTES

be going to ～は前もって存在する「意図」や「兆候」に基づく未来の出来事を述べるのに使用される。そのためifと一緒にbe going to ～が用いられる場合には，「もし～することが前もってわかっていれば」のように解釈される。

□find out
情報を見つけ出す

NOTES

□make a claim　請求する

□all we need is ～
～だけが必要

(J)

No. 28 解答 **2**

Adding your wife to your car insurance should be no problem. Once you've given us the details we need, we'll tell you how much extra it'll cost for your wife to be added. If she's made any insurance claims for accidents in the past five years, there's some paperwork we'll need you to complete. We can mail everything to you so you don't have to come into the office. If your wife hasn't made any insurance claims, all we need is a copy of her driver's license. A digital copy is fine, so you can send that by e-mail. Based on what you told me, your wife will be in the same age category as you, so the rate won't change.

奥さまを自動車保険に加入させることは問題ないでしょう。必要事項をご記入いただいたあと，奥さまを追加する場合の追加料金をお知らせします。過去5年間に奥さまが事故を起こして保険金を請求したことがある場合には，いくつか書類を作成していただく必要があります。すべて郵送いたしますので，ご来店いただく必要はございません。奥さまが保険金を請求されていない場合は，運転免許証のコピーのみで結構です。写真データで結構ですので，メールでお送りください。お伺いしているところによれば，奥さまは同じ年齢区分に属するということですので，等級は変わりません。

状況：あなたは自分の車の保険に妻を追加するために，保険会社に電話をしている。妻は1度も事故を起こしたことがない。代理店の人が次のように言っている。

質問：あなたは何をしたらよいか。

1 保険会社のオフィスに行く。
2 **妻の運転免許証のコピーを提出する。**
3 自動車事故の保険金を請求する。
4 代理店の人から追加の情報をもらう。

解説 事故を起こして保険金を請求したことがある場合に必要な手続きが前半で述べられているが，状況の説明から妻はこれまでに事故を起こしたことがないということがわかる。第5文（If your ...）から妻の運転免許証のコピーをメールで提出すればよいので，正解は**2**。

(K)

No. 29 解答 **4**

Welcome to the member services office. My name is John. We have free maps and a $20 guidebook, which includes coupons for the food court in Bear Country. If you'd like to become a regular visitor, with discounts for entry, I can give you a membership application form. You can also do it online or send it in by mail. If you'd like to make a donation, please speak to our manager, Ms. Martin. She will be available later in the afternoon for appointments from 1 p.m. and walk-ins from 2 p.m. Our office will be closed for lunch soon and we'll reopen in one hour. Until then, I can answer any other questions you have.

会員サービス事務所にようこそ。私の名前はジョンです。ここでは無料の地図と20ドルのガイドブックをご用意しています。ガイドブックには，ベアー・カントリーにあるフードコートのクーポンが含まれています。もし定期的にお越しになるなら，入場料金の割引があるので，会員申込書をお渡しします。申し込みはオンラインでも，郵送でもできます。寄付をしたいとお考えであれば，所長のマーティンさんとお話しください。彼女には後ほど午後に，1時からは予約ありで，2時からは予約なしで会っていただけます。事務所はもうすぐ昼食のために閉まり，再開は1時間後です。それまでは，あなたのほかのご質問にお答えできます。

状況：あなたは市営動物園に来ている。あなたは今日，寄付をしたいと思っている。受付係が次のように伝える。

質問：あなたは何をすべきか。

1 動物園のホームページを見る。
2 ジョンに会う。
3 申込書を郵送する。
4 出直す。

解説 寄付の話が出てくるまで注意深く話を追っていこう。必要な情報は第6文（If you'd like to make ...）～第8文で述べられる。寄付するためには所長のマーティンさんと話さなければならないが，彼女に会えるのは午後1時以降である。事務所はこれから昼休みに入るので，マーティンさんに会うためには「出直す」必要がある。

NOTES

□application 申込（書）

□walk-in 予約なしの客，飛び入りの客

□receptionist 受付係，フロント係

一次試験に合格したら…

二次試験・面接はこんな試験！

一次試験に合格すると，二次試験に面接があります。

❶ 入室とあいさつ

係員の指示に従い，面接室に入ります。あいさつをしてから，面接委員に面接カードを手渡し，指示に従って，着席しましょう。

❷ 氏名と受験級の確認

面接委員があなたの氏名と受験する級の確認をします。その後，簡単な会話をしてから試験開始です。

❸ ナレーションの考慮時間

問題カードを手渡されます。指示文を黙読し，4コマのイラストについてナレーションの準備をします。時間は1分間です。

❹ ナレーション

ナレーションをするよう指示されるので，問題カードで指定された言い出し部分から始めます。時間は2分間です。超過しないよう時間配分に注意しましょう。

❺ 4つの質問

面接委員の4つの質問に答えます。イラストやトピックに関連した質問です。1つ目の質問に答える際には，問題カードを見てもかまいませんが，2つ目以降は問題カードを裏返して答えます。また，自然な聞き返しであれば減点の対象になりません。積極的に自分の意見を話しましょう。

❻ カード返却と退室

試験が終了したら，問題カードを面接委員に返却し，あいさつをして退室しましょう。

キリトリ線

準1級 実力完成模擬テスト 解答用紙

◎(HBの) 黒鉛筆またはシャープペンシル以外の筆記具を使用してマーク・記入した場合，解答が無効となるので，注意してください。

筆記解答欄					
問題番号		1	2	3	4
1	(1)	①	②	③	④
	(2)	①	②	③	④
	(3)	①	②	③	④
	(4)	①	②	③	④
	(5)	①	②	③	④
	(6)	①	②	③	④
	(7)	①	②	③	④
	(8)	①	②	③	④
	(9)	①	②	③	④
	(10)	①	②	③	④
	(11)	①	②	③	④
	(12)	①	②	③	④
	(13)	①	②	③	④
	(14)	①	②	③	④
	(15)	①	②	③	④
	(16)	①	②	③	④
	(17)	①	②	③	④
	(18)	①	②	③	④

筆記解答欄					
問題番号		1	2	3	4
2	(19)	①	②	③	④
	(20)	①	②	③	④
	(21)	①	②	③	④
	(22)	①	②	③	④
	(23)	①	②	③	④
	(24)	①	②	③	④
3	(25)	①	②	③	④
	(26)	①	②	③	④
	(27)	①	②	③	④
	(28)	①	②	③	④
	(29)	①	②	③	④
	(30)	①	②	③	④
	(31)	①	②	③	④

※筆記4・筆記5の解答欄は2枚目にあります。

リスニング解答欄						
問題番号			1	2	3	4
Part 1		No. 1	①	②	③	④
		No. 2	①	②	③	④
		No. 3	①	②	③	④
		No. 4	①	②	③	④
		No. 5	①	②	③	④
		No. 6	①	②	③	④
		No. 7	①	②	③	④
		No. 8	①	②	③	④
		No. 9	①	②	③	④
		No. 10	①	②	③	④
		No. 11	①	②	③	④
		No. 12	①	②	③	④
Part 2	A	No. 13	①	②	③	④
		No. 14	①	②	③	④
	B	No. 15	①	②	③	④
		No. 16	①	②	③	④
	C	No. 17	①	②	③	④
		No. 18	①	②	③	④
	D	No. 19	①	②	③	④
		No. 20	①	②	③	④
	E	No. 21	①	②	③	④
		No. 22	①	②	③	④
	F	No. 23	①	②	③	④
		No. 24	①	②	③	④
Part 3	G	No. 25	①	②	③	④
	H	No. 26	①	②	③	④
	I	No. 27	①	②	③	④
	J	No. 28	①	②	③	④
	K	No. 29	①	②	③	④

※実際の解答用紙に似せていますが，デザイン・サイズは異なります。

キリトリ線

・太枠に囲まれた部分のみが採点の対象です。
・指示事項を守り，文字は，はっきりと分かりやすく，濃く，書いてください。
・数字の1と小文字のl（エル），数字の2とZ（ゼット）など似ている文字は，判別できるよう書いてください。
・消しゴムで消す場合は，消しくず，消し残しがないようしっかりと消してください。
・解答が英語以外の言語を用いている，質問と関係がない，テストの趣旨に反すると判断された場合，0点と採点される可能性があります。

4 English Summary

Write your English Summary in the space below.（Suggested length: 60-70 words）

※筆記5の解答欄は裏面にあります。

キリトリ線

5 English Composition

Write your English Composition in the space below. (Suggested length: 120-150 words)